기독교 미술 이야기
여섯 개의 시선

당신이 하나님을 더 깊이 알아가고 더 널리 알리는 사람이 되는 것, 이 책에 담긴 도서출판 예수전도단의 마음입니다. 말씀을 통해 저자가 깨닫고, 원고를 통해 저희가 누릴 수 있었던 그 감동이 책을 통해 당신에게도 전해지기 원합니다. 그리고 당신을 통해 그 기쁨과 은혜가 더 많은 이에게 계속해서 흘러가기를 기도하겠습니다. 이 책을 통해 당신이 받은 은혜를 다른 분들에게도 나눠주십시오. 사랑하고 축복합니다.

ⓒ 라영환, 서성록, 손수연, 김진명, 안용준, 유경숙 2021

본 저작물의 저작권은 와웸퍼블에 있습니다.
저작권법에 의해 보호받는 저작물이므로 무단 전재와 복제를 금합니다.

기독교 미술 이야기
여섯 개의 시선

라영환   김진명
서성록   안용준
손수연   유경숙

와우웸퍼블

책 머리에

한국기독교미술인협회의 이론서인 프로 레게 5권(Pro Rege vol. 5)을 출판하게 돼, 기쁘게 생각합니다. '기독교 미술'과 관련한 인문학 서적이 많지 않은 현실 속에서 『기독교 미술 이야기: 여섯 개의 시선』이 출간되는 것은 참 반가운 일입니다.

이 땅에 복음이 전해진 지 150년이 됐습니다. 한국교회는 세계적으로 전례 없는 양적성장을 이루며 급성장했습니다. 그러나 짧은 시간 동안 성장한 탓에 기독교 문화는 신앙과 함께 균형을 이루지 못하고, 우리 삶 속에 체계적으로 자리 잡지 못했습니다. 기독교 미술의 이론이 체계적으로 정착되지 못함을 아쉬워하며 기독교미술인협회는 지속적으로 기독교 미술의 이론적 정립을 위하여 힘쓸 것입니다.

교회에서 예배에 중요한 역할을 하는 음악은 많은 관심 속에 세상을 앞서가고 있지만, 기독교 미술에 대한 한국교회의 이해는 일천한 것이 현실입니다. 그러나 점차 기독교 미술에 대한 이해가 높아지고 시각적인 복음의 메시지를 담은 미술작품에 관해 새롭게 조명되고 있음을 고무적으로 생각합니다. 현란한 세상의 문화가 우리의 눈과 귀를 마비시키고 있는 이때, 기독교 세계관이 담긴 미술작품이 크리스찬의 삶 속에 향유되기를 원합니다.

이번에 출간되는 본 책자는 작가 연구와 종교개혁 이후 개신교 미술의 특징과 의미, 새롭게 해석되는 작가론과 한국의 이연호, 박수근에 관해 알아보며 이를 통해 기독교 미술을 이해하는데 많은 도움을 줄 것입니다.

한국기독교미술인협회는 1966년도 기독교 작가들이 이 땅에 미술을 통한 하나님의 선한 영향력을 알리는데 함께 하고자 창립된 단체로 조형적 탁월성을 겸비한 기독교 작가들이 활발한 활동을 하고 있습니다.

이번에 집필에 참여해주신 이론분과 위원장이신 라영환 교수님과 서성록, 김진명, 손수연, 안용준, 유경숙 위원님들의 수고에 감사드립니다. 추천의 글을 통해 책의 가치를 평가해주신 신국원, 문강원, 김형준 목사님께 감사드립니다. 기독교 출판 문화를 선도하는 도서출판 예수전도단 정양호 대표님께 감사를 드립니다.

한국교회에 기독교 미술을 이해하는데 도움이 되는 인문학서로 한국교회의 목회자들과 성도들의 필독도서가 되기를 소망합니다. 또한 기독교 미술에 대해 알고자 하는 독자들에게 기독교 미술이 갖는 예술적 매력과 깊은 의미를 발견하는 만남이 됐으면 하는 바람입니다.

방효성
한국기독교미술인협회 회장

서문

기독교 미술, 여섯 개의 시선

기독교 미술이란 무엇일까? 기독교 미술의 정의에 관한 질문은 필연적으로 예술 행위의 주체인 예술가와 연결될 수밖에 없다. 이런 관점에서 보면 기독교 미술은 크리스천 미술가들에 의해서 이루어진 예술 행위라고 정의할 수 있다. 하지만 크리스천의 미술가에 의해서 이루어진 모든 예술 행위가 기독교 미술이 되는 것은 아니다. 이러한 사실은 우리에게 기독교 미술을 규정짓는 또 하나의 준거점에 관해 질문하게 한다. 이에 관해서 의견이 분분하다. 어떤 이들은 그 표현하고자 하는 대상이 기독교와 관련될 때 기독교 미술이라 불린다고 생각한다. 하지만 사용된 이미지에 따라 기독교 미술인가, 아닌가를 결정하는 데는 상당한 어려움이 따른다. 어떤 작품은 기독교적 이미지를 사용하면서도 비기독교적일 수 있고, 반면에 전통적인 기독교적 도상학을 사용하지 않고도 기독교적인 메시지를 담아낼 수도 있기 때문이다.

이에 대해, 라영환 교수는 17세기 네덜란드 예술을 종교개혁의 열매와 적용이라는 관점에서 살펴본다. 서성록 교수는 「네덜란드 화파의 신학적 배경과 예술적 의의」에서 네덜란드 화파의 작품은 기독교의 창조론과 인생관을 반영한다는 점을 강조한다. 손수연 교수는 「카스파 다비드 프리드리히의 풍경화에 반영된 프로테스탄트 회화의 전통」에서 프리드리히의 풍경화는 당시에 유행한 낭만주의적 전통보다는 17세기 네덜란드의 풍경화와 유사하다는 점을 잘 설명 해준다. 손 교수는 "프리드리히의 「외로운 나무 The Lonely Tree」(1822)에는 꼭대기는 타버려 검게 변해버린 메마른 가지가 보이지만, 하단에는 잎이 무성한 나무가 서 있다. 메마른 나무와 무성한 나무의 대조는 프로테스탄트 회화의 전통이기도 하다. 이 나무는 꼭대기는 비록 타버렸지만, 무성한 새잎이 가득하기 때문에 새 생명과 궁극적으로는 예수의 부활을 상징한다."라고 말한다. 다시 한번 서성록 교수는 "네덜란드 화파를 도상에만 집착한 나머지 밑바닥에 가라앉아 있는 의미 층과 분리하거나, 오늘날처럼 도덕적 및 종교적 가치와 무관하게 해석한다면 오류를 범하기 쉽다."라고 말한다. 그리고 이어서 제임스 로메인 James Romain이 루이스달의 풍경화를 설명하면서 밝혔듯이 그들의 풍경화는 자연과 인간 등 모든 방면에서 나타난 하나님의 섭리적 다스림(Provident Direction)에 관한 시각적 묘사이다. 또한 이를 가리켜 "이는 확실히 개혁주의적 테마이며 그들의 정치적, 경제적, 종교적 자유가 신성하게 제정되었다고 믿었던 17세기 관람자들에게 반향을 일으켰을 것이다."라고 말하기도 했다. 이는 네덜란드 화파의 작품뿐만 아니라, 오늘날 기독교 미술이 어떻게 나아가야 할지를 잘 보여준다.

유경숙 작가는 이연호의 작품을 분석하며 그의 작품에서 하나님의 긍휼의 시선이 담겨있음을 발견한다. 작가의 말을 빌리면 "이연호는 광야의 길을 가면서 그 속에서 틈틈이 아프고 가난한 사람들, 소외되고 버림받은 사람들, 배우지 못하고 미천한 사람들을 그렸고, 하나님이 창조하신 창조세계를 아름답게 표현했다. 단순히 그림을 그리기 위한 하나의 모티브로 빈민들을 그린 것이 아니라, 하나님이 인간에게 주신 고유의 인격성과 하나님의 성품을 잃어버린 사람들에게서도 예술적인 가치를 발견하게 된 것이다. 신앙이 곧 삶이었고 예술의 신념이었던 그는 하나님의 아름다운 형상을 영혼 속에 투영하여 만든 인간이 바로 하나님의 예술품이라는 생각으로 빈민들의 모습 속에서 아름다움을 찾았다."라고 이야기한다. 안용준 박사는 「샬롬의 미학, 박수근의 회화」에서 박수근이 가난한 사람들의 모습을 화폭에 자주 담은 것을 주목하면서 작품 속에 담긴 샬롬의 미학을 다음과 같이 설명한다.

"박수근의 회화는 샬롬의 세계로 나가는 영적(Spritual) 예술이라 불릴 만하다. 성령의 내주하심을 체험한 박수근은 그 열매가 무엇인지 잘 알고 있었다. 사랑, 기쁨, 화평, 오래 참음, 친절함, 선함, 실실함, 온유, 그리고 절제는 삶과 예술세계의 방향이요, 이정표였다."

김진명 교수는 운보 김기창과 렘브란트의 이집트 이야기를 주목하면서 미학적 성경주석의 가능성을 제시한다. 성경 신학자인 저자는 성경 본문에 대한 주해를 강조하면서도 영향사(*wirkungsgeschichte*)적인 입장에서 운보와 렘브란트가 성경본문을 어떻게 이해했는지 살펴보고, 크리스천 미술가들의 작품이 사람들에게 성경본문을 이해하는 해석학적인 통로가 될 수 있음을 제안한다.

17세기 네덜란드 화파의 작품들, 렘브란트, 프리드리히, 반 고흐, 이연호 그리고 박수근의 작품은 대상과 형식을 제한하는 기독교 미술에 대한 편협한 이해를 넘어서게 한다. 기독교 미술은 별다르지 않다. 그것은 하나의 건전하고, 건강하며, 이로운 예술일 뿐이다. 또한, 실재에 관해 애정 어린 동시에 편견 없는 관점을 지니고 있으면서 선하고 참된, 무엇보다도 하나님께서 정하신 실재의 구조에 부합한 예술이어야 한다. 어떤

면에서는 기독교 예술이라고 특별히 분류할 것도 없다. 우리는 오직 좋은 예술과 나쁜 예술, 즉 실재에 대한 통찰력이 의심되고 그릇된 예술로부터 건전하고 정당한 예술을 구별할 수 있을 뿐이다. 기독교 미술은 미(美)의 개념에 진리와 선함 그리고 구속 혹은 회복을 추가해야 한다. 예술가의 사명은 다른 이들이 멈추어서 그들이 무심결에 보아왔던 것을 다시 보게 하는 것이다. 그것은 보잘것없는 사물이나 단순함 속에서 아름다움을 찾게 하는 것일 뿐만 아니라 생명을 토하는 아픔 속에 솟아나는 환희를 보여주는 것이다. 마치 골고다 언덕 위의 십자가가 우리에게 절망과 희망을 동시에 가져다주었듯이, 절망 속에 살아가는 사람들에게 구원의 메시지를 던지는 것이다.

이 책의 제목이 시사하듯이 기독교 미술에 대한 여섯 개의 시선을 담고 있다. 이 책을 통해 독자들이 기독교 미술에 대한 이해를 넓혔으면 한다. 이 책이 나오기까지 수고한 모든 이에게 편집인으로서 감사의 마음을 전한다. 기획에서 출판까지 몇 달밖에 안되는 짧은 기간이었지만, 취지에 공감하여 선뜻 집필에 응해준 집필자들과 이 책이 출간되도록 지원을 아끼지 않은 기독교미술인협회와 임원들에게 감사의 마음을 전한다. 끝으로 촉박한 일정에도 책이 잘 나오도록 애써준 예수전도단 출판사와 정양호 대표께도 감사의 마음을 전한다.

라영환 교수
한국기독교미술인협회 이론분과 위원장

추천의 글

● 김형준
동안교회 담임목사 | 국제코스타본부 이사장

종교개혁이 모든 면에서 긍정적이고 발전적인 것만은 아니었습니다. 종교개혁가들에 의해 성상파괴운동이 일어나면서 교회 내부에 있는 성화가 제거되는 등 네덜란드 미술은 큰 위기에 처했습니다. 그러나 놀랍게도 이 시기에 네덜란드 미술은 최대 황금기를 맞으며 발전을 일궜습니다. 진정 전화위복(轉禍爲福)인 셈입니다.

『여섯 개의 시선: 기독교 미술 이야기』에서는 폐허처럼 보이는 종교개혁 이후, 미술 분야에 나타난 새로운 시도와 변화를 주목하여 조명합니다. 특히 네덜란드를 중심으로 칼빈주의의 영향을 받은 기독교 미술이 어떻게 흐름과 방향이 바뀌었는지 짚어보고, 시대적 배경과 상황부터 작가 개인의 이야기와 작품까지 더욱 넓은 스펙트럼으로 바라봅니다. 나아가 이러한 기독교 신앙이 서양 예술사에만 영향을 끼치고 머무는 것이 아니라, 이를 토대로 한국의 기독교 미술에 어떤 영향을 주었는지도 살피면서 역사적 간격과 이해의 폭을 줄여가도록 돕습니다. 이는 궁극적으로 작품 속에 담겨 있는 하나님의 마음을 발견하게 될 것입니다. 그리고 더불어 하나님의 시선으로 세상을 아름답게 바라보는 시각을 가지게 될 것입니다.

하나님은 세상을 창조하시고 "보시기에 좋았더라."라고 말씀하셨습니다. 이처럼 하나님의 시선으로 하나님이 창조하신 세상을 바라볼 때, 진정 이 땅을 아름답게 볼 수 있습니다. 『여섯 개의 시선: 기독교 미술

이야기』는 여섯 개의 시선으로 하나님의 시각과 관점을 독자들에게 친절하게 설명합니다. 이 책을 통해 렘브란트나 고흐 같은 대가들을 더 가까이서 만나고 역사 속에 나타난 하나님의 창조세계를 영혼의 눈으로 바라보는 감동을 경험하길 소망합니다.

추천의 글

● 문강원
원천교회 담임목사
서울청소년효행봉사단 이사장

개신교회가 오랫동안 잃어버린 유산 중 하나가 기독교 미술과 조형물입니다. 성상숭배와 복잡한 정치적인 이유로 성상과 기독교 작품들이 파괴되었습니다. 이로 인해, 기독교 작품이 주는 유익까지 파괴된 것은 안타까운 일 입니다. 그러나 작품을 파괴할 수는 있어도 기독교 작가들의 작품 속에 숨겨진 하나님의 세계까지 막을 순 없습니다.

그런 의미에서 이번에 출간되는 『여섯 개의 시선: 기독교 미술 이야기』는 너무나 반가운 책입니다. 이 책은 누구나 한 번쯤 들어본 유명한 예술가인 반 고흐, 렘브란트, 카스파 다비드 프리드리히가 활동했던 시대와 그들의 고뇌가 담겨있습니다. 더불어 한국적 성화의 선구자인 김기창, 이연호, 그리고 마치 반 고흐처럼 소외된 자들을 향한 마음을 드러낸 박수근의 작품들도 생생하게 소개합니다. 그들의 작품에는 성경 속의 인물들이 사진에 찍힌 듯 강렬합니다. 그리고 주연이 아닌 소외된 자들의 존재까지 나타내려고 하는 흔적들도 곳곳에 묻어나 있습니다. 오랜 세월이 흘렀어도 그들의 작품은 여전히 살아있습니다. 그리고 우리에게 말을 걸어옵니다. 때로는 위로해주고, 충고도 합니다.

우리 교회에 갤러리가 있는 것을 너무나 감사하게 생각합니다. 매달 전시되는 작품들과 성도들이 만나서 이러한 일들이 일어나기 때문입니다. 그렇기에 갤러리를 인연으로 만났던 기독교 작가들을 보면서 하나님께서 그들을 선지자처럼, 목사처럼 쓰시는 것을 깨닫습니다. 그래서 그들을 만날 때면 "힘들고 어려워도 기독교 작가의 길을 포기하지는 말아주십시오."라고 부탁합니다. 그러기에 지난 세월, 꿋꿋이 기독교 작가들의 품이 되어준 한국기독교미술인협회에 진심으로 감사드립니다.

지금, 이 순간에도 시대를 넘어 우리에게 말을 걸어오는 작품들의 메시지를 생생하게 들려주는 이 보물 같은 책을 천천히 곱씹고 음미하기를 바랍니다.

추천의 글

● 신국원
총신대학교 명예교수
기독교세계관학술동역회 이사장

16세기 종교개혁자 요한 칼빈은 창조세계를 "하나님의 극장"이라고 했습니다. "하늘이 하나님의 영광을 선포하고 궁창이 그 손으로 하신 일"을 펼쳐져 드러낸다는 뜻입니다. 특히 회화는 그 영광을 화폭에 반사합니다. 하지만 개신교서는 시각예술에 대해 그다지 적극적이지 못했습니다. 우상숭배에 대한 두려움과 상상력에 대한 의심 때문이지요. 그 결과 개신교에서는 유독 예술가들, 특히 시각예술가들이 창조세계에 가득한 신비와 아름다움을 드러내는 일에서 소외당했습니다. 걸작품도 정당한 평가를 받지 못했습니다. 음악가나 문인들에 비해 매우 불공정하고 아쉬운 부분이 아닐 수 없습니다. 음악 없이 예배를 드린다고 생각해보면 예술이 신앙생활에서 얼마나 중요한 역할을 하는지 금방 깨달을 것입니다. 이는 음악이나 문예에만 국한되는 것이 아닙니다. 미술 역시 삶을 풍성하게 하고 신앙의 깊이를 더함에 필수적이기 때문입니다.

뒤늦게나마 본서와 같은 소중한 연구가 이루어져 그리스도인들의 안목을 열어주니 정말 감사한 일입니다. 미술은 학문과 전혀 다른 방식으로 진리를 드러내는 일에 이바지해 왔습니다. 저자들의 훌륭한 설명처럼 특히 개혁주의 신앙의 영향력이 강했던 17세기 이후 네덜란드 회화들이 이 점을 잘 보여줍니다. 「갈릴리 바다 폭풍 속의 그리스도」와 「죽은 나사로의 부활」, 「돌아온 탕자」 같은 렘브란트의 성화들은 신학논문이나 주석과는 매우 다른 방식으로 성경본문의 진리를 밝혀줍니다. 직관적으로 그리고 감성적으로 보는 이들의 마음속 깊은 곳에 직접 파고듭니다.

이는 성화에만 국한되는 것도 아닙니다. 베르메르의 「하녀」 같은 그림은 "먹든지 마시든지 무엇을 하든지" 일상생활 속에서 평범한 일을 하며, 하나님의 영광을 위해 살아가는 사람들의 아름다움을 잘 드러냅니다. 고흐의 풍경화들은 덤불과 잡목도 하나님의 영광을 찬양할 수 있음을 깨우쳐줍니다. 그래서 개혁주의 영향을 받은 성화들은 신화, 영웅, 왕과 귀족을 그리는 대신 평범한 사람들과 소박한 사물들 속에 있는 아름다움을 찾아 보여주려 합니다.

예술품에 담긴 아름다움과 통찰은 이를 깊이 응시하고 분석해본 이들의 글을 통해 더욱 풍성해집니다. 위대한 기독교 예술의 유산을 친절하게 설명해 다가갈 수 있게 해준 이 책은 정말 좋은 선물입니다. 본서에 담긴 연구와 해설이 우리의 눈을 활짝 열어줄 것을 믿어 의심치 않습니다. 특히 김기창과 박수근, 이연호 같은 우리의 화가들이 보여준 기독교 미술의 유산도 접하게 된 것은 고마운 일입니다. 이 책이 한국교회와 사회에서 기독교 미술의 진가를 이해하고 사랑하게 되는 일에 크게 사용되길 진심으로 소망합니다.

CONTENTS

책 머리에 •4
서문 •6
추천의 글 •10

1 17세기 네덜란드 예술, 종교개혁의 적용과 열매
라영환 •19

2 네덜란드 화파의 신학적 배경과 예술적 의의
서성록 •45

3 렘브란트의 「돌아온 탕자」
서성록 •75

4 반 고흐의 예술과 영성
라영환 •101

5 카스파 다비드 프리드리히의 풍경화에 반영된 프로테스탄트 회화의 전통
손수연 •139

| 6 | 김기창의 「요한에게 세례 받음」과 미학적 성경주석
김진명 | •159 |

| 7 | 김기창과 렘브란트의 성화 속 '이집트' 이야기
김진명 | •171 |

| 8 | 삶의 소명을 일깨우는 예술 : 박수근의 회화세계
안용준 | •195 |

| 9 | 하나님의 긍휼을 품다 : 이연호의 실천적 작품 세계
유경숙 | •221 |

| | 미주 | •254 |
| | 참고문헌 | •281 |

1

● 라영환 교수 | 총신대학교

총신대학교에서 조직신학을 가르치며 후학양성을 위해 힘쓰고 지속적인 연구로 학술 활동을 이어가고 있다. 현재 한국인기독교미술인협회 이론분과 위원장을 역임하며 기독교미술문화의 발전과 기독교인으로서 문화적 소명을 성취해나가도록 이끌어가고 있다. 저서로는 『모네, 일상을 기적으로』, 『반 고흐의 예술과 영성: 반 고흐 꿈을 그리다』, 『개혁주의 조직신학개론』 등이 있다.

17세기 네덜란드 예술, 종교개혁의 적용과 열매

신앙과 예술

'어려움 속에서도 꽃은 핀다.'라고 하지 않던가. 네덜란드의 미술사를 보면 이 말이 절로 실감난다. 과연 어떤 일이 있었던 걸까? 17세기 네덜란드는 강력한 칼빈주의(Calvinism) 영향 아래 있었다. 그리고 동시에 미술 분야에 엄청난 발전을 이루었다. 이 사실은 상당히 흥미롭다.

많은 사람이 종교개혁 이후로 예술은 교회에서 더는 환영 받지 못할 거라고 생각했다. 왜일까? 이는 종교개혁가들이 성상파괴운동을 일으키면서 이미지에 대한 부정적인 태도를 여실히 드러냈기 때문이다. 16세기, 종교개혁가들에 의해 일어난 성상파괴운동은 예술에 대한 종교개혁 진영의 반감이 얼마나 심했는지를 보여준다.

교회 내부를 정밀하게 그리는 피테르 얀스 산레담 Peter Jansz Saenredam, 1597-1664 은 「하를렘의 성 바보 교회 St. Bavo in Haarlem」의 내부 모습을 연작 시리즈로 남겼는데 이를 통해 성상파괴운동 이후 프로테스탄트 교회의 내부가 중세 가톨릭과 비교했을 때, 어떻게 달라졌는지 한눈에 볼 수 있다.

1566년 성상파괴운동이 일어나기 전, 성 바보 교회 안에는 벽화들과 서른여섯 개의 제단이 예배당 양쪽 통로에 있었다. 하지만 성상파괴운동으로 예배당 내부에 있는 벽화와 제단이 다 제거되고, 어떤 장식적인 요소도 존재하지 않게 됐다.

피테르 얀스 산레담, 「하를렘의 성 바보 교회 내부」, 1660, 캔버스에 유채, 70.5×54.8 cm, 로체스터 아트 뮤지엄, 메사추세츠

시각예술에 대한 종교개혁가들의 부정적인 견해는 중세 가톨릭의 형상과 이미지의 잘못된 사용에서 기인한 것이다. 교회 안에서 형상과 이미지의 잘못된 사용은 우상숭배와 직결된 문제였다. 그렇다면 17세기 당시 예술과 기독교 신앙은 대치되는 것이였을까? 칼빈 John Calvin, 1509-1564 은 예술을 기독교 신앙과 대치되는 것으로 보지 않았다. 만약 칼빈이 예술에 대해서 부정적인 태도를 보였다고 한다면, 17세기 네덜란드에서 나타나는 미술의 발전을 설명할 방법이 없다.

17세기는 네덜란드 미술의 황금기다. 동시에 종교개혁의 영향이 가장 두드러지게 나타난 시기이기도 하다. 이 시대적 상황 속에서 네덜란드의 미술은 어떻게 꽃 피우게 된 걸까? 학자들 가운데 일부는 경제적인 요인에서 그 대답을 찾는다. 17세기 네덜란드는 절대주의 국가였던 스페인이나 프랑스와 달리 공화정이라는 정치체계를 유지했다. 네덜란드의 경제적 번영은 미술 시장에 영향을 미쳤고, 미술 시장은 경제적 번영과 함께 성장해나갔다. 하지만 이것만으로는 이 시기 네덜란드 미술의 특징을 설명하기에는 역부족이다. 풍경화와 풍속화 그리고 성경그림은 17세기 네덜란드 화가들에게서 주로 나타나는 독특한 장르다. 물론 푸생 Nicolas Poussin, 1594-1665, 로랭 Claude Lorrain, 1600-1682 과 같은 고전주의 화가들도 풍경화를 그리기는 했다. 그러나 17세기 네덜란드 풍경화는 이들과 구별되는 네덜란드적인 것이 있다.[1] 특히 풍속화의 경우, 더더욱 동시대 가톨릭 지역의 그림에서 볼 수 없는 아주 독특한 장르다.

스테파노 추피 Stefano Zuffi 는 네덜란드인들의 문화적 자부심에서 그 원인을 찾는다. 그는 17세기 네덜란드 그림에는 상업과 교역의 중심지라는 네덜란드인들의 문화적 자긍심이 녹아져 있다고 말한다.

"17세기 초, 네덜란드인들은 세계의 곳곳에서 자신들의 부를 늘려가며 결속과 자긍심을 느꼈다. 이 시기 그림들에는 이러한 네덜란드의 문

화가 고스란히 담겨져 있다."²

그렇다. 그는 "이처럼 미술 역사에서 그림 속에 국민 전체가 모습을 가득 드러낸 적은 없었다."라고 말함으로써 풍속화를 자부심의 반영으로 봤다.³

경제적인 번영이 네덜란드인들에게 자부심을 가져다준 것은 사실이다. 하지만 적어도 네덜란드 미술이라는 관점에서 보면, 이들의 자부심은 경제적인 것에서 온 것이 아니라 가치체계에서 왔다. 이러한 자부심이 반영된 것이 바로 풍속화이다. 풍속화에서 나타나는 검소와 절제 그리고 도덕성에 대한 강조는 이 시기 네덜란드인들의 종교적인 신념인 칼빈주의의 기치를 드러낸다. 그렇다면 풍경화는 어떨까? 풍경화도 이 점에 있어서는 풍속화와 크게 다르지 않다. 팔켄부르크 Reindert L. Falkenburg 는 17세기 네덜란드 회화에 나타나는 이러한 변화를 당시 네덜란드의 지배적인 세계관인 칼빈주의에 기인한다고 봤다.⁴ 다이어네스 William Dyrness 역시 네덜란드 풍경화는 종교개혁 사상을 반영한 관점에서 봐야 한다고 주장한다.⁵ 그리고 서성록 또한 종교개혁이 17세기 네덜란드에서 풍경화가 하나의 장르로 자리를 잡는데 영향을 미쳤다고 말한다.⁶

풍경화와 마찬가지로 풍속화 역시 종교개혁의 산물이다. 네덜란드 화가들의 작품 속에서 주로 서민이나 농부 등을 소재로 한 것을 볼 수 있는데, 이에 대해 곰브리치 E. H. Gombrich 는 칼빈주의의 영향이라고 주장한다.⁷ 라르센 Erik Larsen 역시 베버 max Weber 가 밝혔던 칼빈주의의 특징인 세속적 금욕주의와 직업적 소명설이 17세기 네덜란드 예술에 영향을 미쳤다고 봤다.⁸

17세기 네덜란드 미술에서 나타나는 이러한 차이는 어디서부터 비롯된 걸까? 이러한 차이는 신학에 있었다. 당시 네덜란드는 강력한 칼빈주의의 영향 아래 있었고, 칼빈의 사상은 정치, 경제, 사회 그리고 문화에

깊숙이 뿌리내려 있었다. 17세기 네덜란드 프로테스탄트들은 칼빈의 신학을 적극적으로 수용했고, 자신들의 삶속에 적용하며 확장해 나갔다.[9] 따라서, 17세기 네덜란드 예술의 주요한 특징인 풍속화와 풍경화의 발전도 이러한 측면에서 봐야 한다. 17세기 네덜란드 풍속화와 풍경화 그리고 성경그림은 종교개혁의 적용이며, 열매이자, 고백이다.

칼빈주의와 네덜란드 미술의 황금기

예술에 대한 칼빈의 견해는 그의 신학적 작업과 밀접한 관련이 있다. 하나님에 관한 지식과 인간에 관한 지식은 칼빈의 신학을 이해하는데 없어서는 안 될 아주 중요한 요소이다. 칼빈은 『기독교강요』 첫 부분에서 하나님에 관한 지식과 인간에 관한 지식에 관해서 상당히 많은 부분을 할애하며 이야기한다. 그는 인간의 지식은 하나님을 알 수 없고, 오직 하나님의 은총을 통해서만 하나님을 알 수 있다고 주장한다. 이것은 가시적인 것을 통해서 비가시적인 것을 볼 수 있다는 중세의 사상과 정면으로 대치되는 것이다.[10]

    칼빈은 이 세상을 '하나님의 영광을 드러내는 무대'라고 생각했다. 그는 세상은 하나님의 영광으로 가득 찼으며, 자연이라는 거울을 통해 하나님을 볼 수 있지만 인간의 타락으로 인해, 하나님의 도우심 없이는 이 세상에 담겨 있는 하나님의 영광을 볼 수 없게 됐다고 여겼다. 즉 칼빈은 하나님과 인간 사이에 건널 수 없는 깊은 심연이 있기 때문에 인간이 스스로 하나님께 도달하지 못한다는 것이다.[11] 중세에는 성인들의 유골이나 유품 그리고 성상들을 통해서 심연을 메울 수 있다고 봤다. 그러나 이와 달리, 칼빈은 예수 그리스도 외에 그 어떤 것도 하나님과 이 세상 사이에 중개자가 될 수 없다고 이야기한다. 이것은 예술에 대한 중세의 입장과 전적으로 상충되는 것이다. 그는 그림이나 조각을 통해 하나님을 묘사하려는 시도들을 부적절하다고 보기 때문이다.

그러나 칼빈이 예술을 기독교 신앙과 대치된다고 여긴 것은 아니다. 그는 예술의 재능은 하나님이 주신 은사라고 여겼다. 심지어 조각이나 회화조차도 하나님이 주신 선물이기 때문에 순수하고 정당하게 사용한다면 충분한 가치가 있다고 주장했다.[12] 이러한 사실은 우리들에게 칼빈이 예술의 가치를 전적으로 부인하지 않았다는 것을 가르쳐 준다. 그는 중세 교회의 잘못된 관행으로부터 교회를 철저하게 바로잡으려 했고, 이러한 면에서 하나님의 현존이나 어떤 영적인 체험을 느끼기 위한 그림이나 조각물들은 교회에서 없어져야 한다고 생각한 것뿐이다.[13] 그러나 그것이 하나님의 영광을 드러내거나, 성경의 이야기를 사람들에게 전하는 내러티브로서의 기능을 감당하지 못한다고 생각한 것은 아니다. 그것이 자연 그 자체를 묘사한다면 정당화 된다고 봤다.

칼빈이 말한 순수하고 정당한 예술은 17세기 네덜란드에 와서 그 실체를 드러낸다. 당시 네덜란드 사회의 중심 세력은 레겐트(Regent)와 신흥 부르주아(Bourgeois)들이었다. 이들은 칼빈주의를 지배적인 가치체계로 받아들이고 그 가르침대로 살려고 했다.[14] 특별히 칼빈주의가 강조한 직업적 소명설과 세속적 금욕주의는 네덜란드 지배계층의 삶에 지대한 영향을 미쳤다. 이들은 거룩한 것과 거룩하지 않은 것을 구별하던 중세의 이원론을 거부하고 자신들이 하는 일들이 거룩하다고 믿었다. 따라서 직업은 하나님의 부르심이며, 세속적인 의무이행은 하나님을 기쁘시게 하는 행위였다.[15] 또한 노동은 하나님의 부르심에 대한 응답의 과정이고 게으름과 태만은 죄였다. 이러한 시대적 정신의 반영으로 이 시기에 제작된 풍속화는 게으름과 나태함 그리고 방탕함을 비판했다. 또한 검소와 절제 그리고 가정에서의 미덕을 주요 소재로 택했다.[16]

무역을 통해 부를 축적한 신흥 부르주아와 레겐트는 과거 미술의 주요 구매자였던 교회와 귀족을 제치고 그 위치를 대신한다.[17] 귀족과 교회 대신해 등장한 새로운 회화의 구매자들은 당시까지 그림의 주류를 이루었던 종교화나 신화를 주제로 한 그림, 또는 역사적 사건을 소재로 한 서사적인 그림이 아닌 자신들의 집에 장식하고 일상생활을 묘사하는 작은 그림들을 선호했다.

미술가들도 마찬가지였다. 과거에는 구매자가 화가를 찾아와 그림을 주문했지만, 전통적인 후원자였던 교회와 귀족이 사라지자 화가들은 사람들이 살만한 그림을 제작해서 직접 거리로 들고 나갔다. 변화된 시대적 상황 속에서 자신의 재능을 발휘해야 했던 네덜란드 화가들은 풍경화와 풍속화와 같은 새로운 영역을 개발했다. 17세기 네덜란드 미술에 나타난 이러한 변화는 구매자와 화가들의 상호작용 속에서 일어난 것이다. 구매자들은 이전과 다른 그림을 필요로 했고 화가들은 그 필요에 적극적으로 대응하며 네덜란드적인 화풍이 형성됐다.

17세기에 종교개혁 진영과 가톨릭 진영에서 제작된 그림들을 비교해 보면 화풍과 소재 그리고 주제에 있어서 뚜렷한 차이가 난다. 가톨릭의 영향을 받았던 플랑드르 화가들은 종교적인 이미지에 대해 소극적이었던 네덜란드 화가들과 달리 그리스도와 성자들의 생애에 대한 주제들을 드라마틱하게 그렸다.[18] 그리고 이것은 그림을 보는 이들에게 종교적인 경외감을 불러일으키기 위해서 제작됐다.

하지만 17세기 네덜란드 화가들의 작품에서는 이러한 주제들이 사라지고 풍경화와 풍속화가 그 자리를 차지했다. 그렇다고 네덜란드에서 성경그림들이 완전히 사라진 것은 아니다. 성경의 이야기를 소재로 한 그림 역시 활발하게 제작됐다. 다만 주제나 표현 방식은 바로크 플랑드르의 화풍과는 달랐다. 그리고 이러한 차이는 신학으로부터 왔다.

피터 파울 루벤스, 「성인들의 경배를 받는 성모와 아기 예수」, 1627-1628, 대형 제단화를 위한 스케치, 목판에 유채, 80.2×55.5 cm, 베를린 국립 박물관, 베를린

풍속화, 종교개혁의 적용

네덜란드 풍속화의 발전은 사회적이고 신학적인 변화 때문에 시작됐다. 당시 유럽에서는 종교화와 신화화 그리고 역사화를 그리는 것이 화가가 하는 가장 이상적인 일이라고 여겼다. 하지만 네덜란드에서는 이런 그림을 그리기가 쉽지 않았다. 그림을 제작하는데 드는 비용도 만만치 않았고, 또 이러한 작업을 후원할 후원자들도 많지 않았기 때문이다. 이 시기 화가들은 후견인의 주문에 의해서 그림을 그렸던 이전 세기와 달리, 직접 자신들이 제작한 그림을 가지고 거리로 나가야 했다. 이러한 변화 속에서 네덜란드 화가들이 발견한 것이 일상성(日常性)이다.

중세 가톨릭에서 예술작품은 신적 실체를 경험하는 도구였다. 교회마다 제단화가 만들어 졌고, 개인을 위한 작은 제단화도 제작됐다. 가시적인 것을 통해 비가시적인 것을 경험하는 가톨릭의 예술관은 사람들에게 시각 예술작품을 통한 영적인 깨달음도 가능하다는 인식을 심어줬다. 하지만 칼빈은 이미지가 갖는 이러한 효과에 대해서 의문을 품는다. 하나님 말씀의 선포만이 인간의 생각과 행동을 변화시킨다고 믿기 때문이다. 이런 생각이 사회에 만연해지면서 개인의 경건을 고양시키거나 교리 선포와 같은 이전 세기의 그림들에 대한 수요가 급격하게 감소한다.

네덜란드의 화가들은 이러한 상황의 변화에 적응하기 위해서 새로운 시도를 한다. 바로 일상성(日常性)의 발견이다. 종교적 이미지가 사라지고 일상의 이미지가 그 자리를 대체한 것이다. 화가들은 자신들 주위에 일어나는 일상적인 이야기들을 화폭에 담았다. 이러한 일상성의 강조는 네덜란드 예술작품들에서 두드러지게 나타나는 주요한 특징이다.[19] 화가들은 풍경화와 마찬가지로 자신들의 주변에서 일어나는 일들을 과장되지 않게 눈에 보이는 그대로 묘사하려고 했다. 아베르캄프 Hendrick Avercamp, 포테르 Paulus Potter, 반 오스타드 Isack van Ostade, 베하 Cornelis Bega, 더 호호 Pieter de Hooch 그리고 테르브루그헨 Hendrick der Brugghen 등과 같은 화가들은 일상성을 소재로 한 작품들을 주로 제작했다.[20]

이 시기 화가들이 주로 묘사한 일상이 일과 관계가 있다는 것은 상당히 중요한 의미가 있다. 이들이 바라본 일상은 하나님의 부르심의 현장이다. 베버가 지적한 바와 같이 직업적 소명설과 세속적 금욕주의는 프로테스탄트 윤리의 중심 사상이다. 프로테스탄트들은 중세 가톨릭의 거룩한 것과 거룩하지 않은 것을 구별하는 이원론적인 세계관을 거부하고 자신들이 하는 모든 일이 거룩한 일이라고 믿었다. 그들에게 세속적 의무 이행은 하나님을 기쁘게 하는 행위였기 때문에 바벨론은 벗어나야할 곳이 아니라 파송 받은 곳이었다. 따라서 그들은 세속적 직업에서 하나님에 대한 신앙을 증명하려고 했다. 이러한 프로테스탄트들의 직업에 대한 이해는 17세기 네덜란드 풍속화에 반영된다. 피어시 Nancy Pearcey 는 이 시기 네덜란드 화가들이 일하는 사람들의 모습을 자주 화폭에 담은 것은 일상생활의 영성, 즉 노동의 신성함에 대한 종교개혁 사상의 반영이라고 봤다.[21] 곰브리치와 피어시 그리고 스틴손 Robert Stinson 과 같은 학자들은 이 시기에 제작된 작품들 가운데 베르메르 Johannes Vermeer, 1632-1675 의「우유 따르는 하녀」를 종교개혁 사상에 영향을 받은 대표작으로 꼽는다.[22]

베르메르의「우유 따르는 하녀」에는 당시 네덜란드 풍속화의 특징이 잘 나타난다. 먼저는 영웅이 아닌 평범한 사람을 작품의 소재로 삼았다는 것이다. 가사 일을 돕는 하녀는 영웅과 거리가 멀다. 이와 유사한 시기에 플랑드르나 가톨릭 진영에서 제작된 작품은 이처럼 평범한 사람들을 마치 영웅처럼 화면의 중심에 크게 강조한 그림이 많지 않다. 화면 중앙에 하녀가 우유를 따르고 있다. 하녀의 모습은 정성스럽게 우유를 따르는 것처럼 보인다. 우유를 따르는 일이 고귀한 일이 아닌데도 말이다. 이것은 삶의 현장이 부르심의 현장이라는 종교개혁의 정신과 부합하는 것이다.

요하네스 베르메르, 「우유 따르는 하녀」, 1660, 캔버스에 유채, 45.5× 41 cm, 암스테르담 국립 박물관

17세기 네덜란드 풍속화가 보여주는 또 하나의 특징이 있는데 그것은 검소와 절제에 대한 강조이다. 메인스톤이 지적한 바와 같이 이 시기 장르화의 중요한 주제들은 미덕과 악덕, 나태와 타락, 탐욕과 성실과 같은 것들이다.[23] 17세기 네덜란드에서 이러한 주제들이 자주 등장한 것은 칼빈주의의 경제 윤리관과 밀접한 관련이 있다. 당시 프로테스탄트들은 베버가 지적한 바와 같이 노동은 하나님의 부르심에 대한 응답이고 게으름과 태만은 죄라고 보았다. 종교적 금욕이 세속적 금욕으로 전환됐다. 검소와 절제는 당시 크리스천들의 중요한 윤리적 덕목이다. 따라서 이 시기에 게으름과 태만 그리고 사치와 향락을 풍자하는 작품이 많이

제작된 것은 시대적 분위기를 반영한 것이다.

호흐^{Pieter de Hooch, 1629-1684}의 그림은 17세기 강력한 칼빈주의의 영향 아래에 있었던 네덜란드의 일상을 화폭에 담았다. 그의 그림의 중요한 주제는 검소와 절제, 가정의 질서였다. 그의 「침실」을 보면 어머니와 딸이 서로를 마주 보고 웃고 있다. 어머니는 담요를 정리하고 있으면 어린 딸은 손에 공을 쥐고 문고리를 잡고 서 있다. 밖에서 놀다가 이제 막 집에 돌아온 듯하다. 침실에는 의자 두 개가 놓여 있고, 벽에는 두 개의 그림과 한 개의 거울이 걸려 있다. 왼쪽 벽에 있는 사이드 테이블 위로 붉은 색 천이 덮혀져 있으며, 그 위로 단지가 놓여 있다. 호흐가 「침실」에서 보여주는 집안의 내부는 스틴^{Jann Steen, 1626-1679}의 「사치를 조심하라」와 비교해 보면 얼마나 잘 정돈되어 있고 검소한지 알게 된다.[24]

피테르 데 호흐, 「침실」, 1958/1660, 캔버스에 유채, 51×60 cm, 내셔널 갤러리 오브 아트, 워싱턴

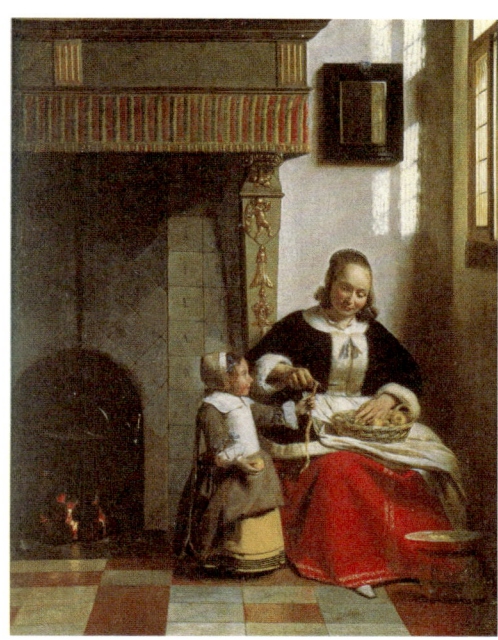

피테르 데 호흐, 「사과 껍질을 벗기는 여인이 있는 실내」, 1663, 캔버스에 유채, 70.5× 54.3 cm, 데 영 뮤지엄, 샌프란시스코

　호흐의 또 다른 작품 「사과 껍질을 벗기는 여인이 있는 실내」에 내경이 되는 방의 내부를 보면 벽난로와 작은 거울만이 있다. 화면 속에 있는 방의 내부 인테리어는 「침실」에서와 같이 꼭 필요한 물품만 있어 보인다.
　스틴의 「사치를 조심하라」는 격언을 소재로 가정의 덕목과 의무를 이야기한다.[25] 그림의 주인공은 화면 왼쪽에 졸고 있는 여인이다. 여인이 걸친 모피코트는 그녀의 물질적 풍요를 보여준다. 여인이 졸고 있는 동안, 집안은 엉망이 되어가고 있다. 졸고 있는 여인의 뒤에 한 어린 아이가 곰방대를 물고 어른 흉내를 낸다. 그 뒤로 하녀가 금으로 장식된 집기를 몰래 꺼내고 있다. 바이올린 연주자는 그러한 하녀의 모습을 미소를 지으며 바라보고 있다. 테이블 위에는 개 한 마리가 미트 파이를 먹고 있다. 테이블 앞의 아이는 진주 목걸이와 은수저를 손에 들고 내려다보고 있다. 아이의 아래 떨어진 물건들로 보아 어린 아이의 손에 들려있는 수저와 진주 목걸이도 곧 바닥에 던져질 것 같다. 그 맞은편을 보면 돼지 한 마리가 바닥에 떨어진 음식을 먹고 있다. 화면 중앙에는 보면 화려하게 치장된 여인이 정면을 보고 앉아 있고 남편으로 보이는 남자는 의자에 앉아 여인과 시시덕거린다. 검은 옷을 입은 여인이 그를 보며 무언가 이야기한다. 여인의 진지한 표정은 그녀가 하는 말이 훈계임을 나타낸다. 하지만 의자에 앉아 있는 남자는 이를 하얗게 드러내고 그녀를 바라보고 웃고 있다. 그의 표정과 자세로 보아 훈계하는 여인의 말을 귀담아 듣지 않는 것처럼 보인다. 그 뒤로 모자를 쓴 남자가 성경책을 펼쳐놓고 남자를 쳐다보고 있다. 그의 어깨 위에 오리가 올려 있는 것으로 보아 퀘이커 교도인 것 같다. 표정으로 보아 의자에 앉아 있는 남자의 태도가 못마땅하다.

오른쪽 벽에 걸린 시계추를 갖고 놀고 있는 원숭이는 '어리석음 속에 시간 가는 줄 모른다.'라는 속담을 연상시킨다. 그리고 어린아이가 들고 있는 진주와 반대편의 바닥에 떨어진 음식을 먹고 있는 돼지는 "너희 진주를 돼지 앞에 던지지 말라"마 7:6라는 성경 말씀을 연상시킨다. 오른쪽 아래 석판에 '풍족할 때 조심하라. 그리고 회초리를 조심하라.'라는 네덜란드 속담이 기록되어 있다. 석판에 기록된 속담이 스틴이 그림을 통해 주려 하는 도덕적 교훈이다.

격언을 소재로 가정의 덕목과 의무에 관해 이야기하는 스틴의 작품으로는 「무절제의 결과」, 「아이들은 어른으로부터 배운다」, 「쉽게 얻는 것은 쉽게 잃는다」, 「자선을 청하는 어린 소녀」, 「식사 전의 기도」 등이 있다.[26] 그 외에도 할스 Frans Hals, 1580-1666, 다우 Gerrit Dou, 1613-1675, 메취 Gabriel Metsu, 1629-1667, 오스타드 Adrian van Ostade, 1610-1685 등과 같은 화가들 역시 일상생활의 묘사를 통해서 도덕적 가치를 담은 그림으로 풍자했다.

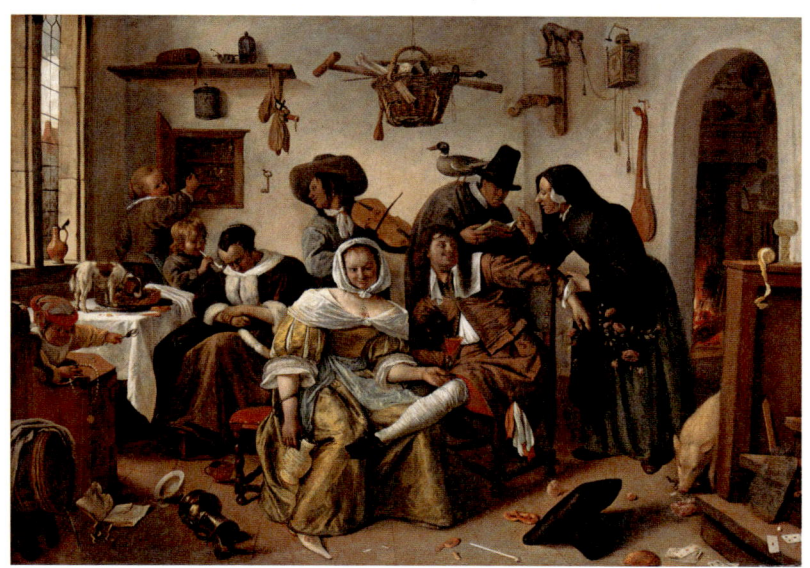

얀 스틴, 「사치를 조심하라」, 1663, 캔버스에 유채, 145.5×105 cm, 비엔나 미술사 박물관, 비엔나

이러한 교훈적인 메시지가 담긴 그림들은 당시 사람들에게 인기가 많았다. 하비슨^{Craig Harbison}은 말한다.

"종교개혁은 이곳에서 진행됐다. 이는 거대한 흐름의 변화의 시기였다. 과거의 패러다임은 의문시되었고 새로운 것들이 제안됐다."[27]

하비슨의 주장처럼 당시 미술가들은 종교개혁이라는 변화된 환경에 적응해야 했다. 그들은 종교개혁이 던져준 과제에 대한 해답을 일상성에서 발견했다. 일상성은 이 시기 네덜란드 풍속화의 중요한 특징이다. 새로운 시대는 그 변화된 시대에 맞는 문화가 있어야 하고 화가들은 변화된 시대적 요구에 부응하면서 자신의 재능을 발휘한다.

풍경화, 종교개혁의 열매

종교개혁 정신이 지배적이었던 17세기의 네덜란드에서 제작된 작품들은 가톨릭이 지배적이었던 플랑드르, 이태리, 스페인 그리고 프랑스에서 만들어진 작품들과 달랐다. 이러한 차이는 풍경화에서 두드러지게 나타난다. 풍경화의 발달은 네덜란드 미술이 갖는 독특한 특징이다. 유럽에서 풍경화가 하나의 독립된 장르로 인정을 받게 된 것은 19세기 중반 바르비종 유파에 와서였다. 그 이전까지 풍경화는 역사적 그림이나 신화와 문학적인 소재를 한 그림들에 비해 열등하게 간주됐다. 그런데 17세기 네덜란드의 경우에는 가톨릭이 지배적이던 지역과 달리 풍경화가 활발하게 제작됐다. 당시 제작된 그림들 가운데 대략 1/3이 풍경화일 정도였다.[28]

17세기 네덜란드 화가들은 교회 내부를 치장하기 위한 그림이나 개인의 경건성을 고양하기 위한 그림보다는 이 세상에 대한 자신들의 세계관을 풍경화라는 장르를 통해서 담아냈다. 이 시기 화가들은 마치 세속적 직업 속에서 하나님의 부르심을 찾으려고 했던 개혁가들과 같이 세속적인 이미지를 통해서 거룩을 이야기하려고 했다. 풍경화에서 나타나는 이러한 변화는 거룩한 것과 거룩하지 않은 것에 대한 중세의 이원론적인 시각을 거부하고 세상 속에 거룩을 심으려고 했던 종교개혁의 정신과 궤를 같이하는 것이었다.

확실히 풍경화는 17세기 네덜란드에서 발전된 독특한 화풍이다.[29] 당시 화가들은 이야기의 배경이 되는 자연이 아니라, 자연 그 자체의 풍경을 화폭에 담았다. 화가들은 눈에 보이는 세계를 가능하면 보이는 그대로 재현하려고 노력했다. 자연을 이상화하지 않고 눈에 보이는 그대로 그린 것은 중세의 미학과는 대비되는 것이다. 이들이 바라본 자연은 하나님의 은총이 필요한 곳이다. 야곱 반 루이스달 Jacob van Ruisdael, 1628-1682 의 「유대인의 묘지」, 「나무를 둘러싸인 늪이 있는 풍경」, 「세 그루의 나무가 있는 풍경」과 같은 그림이 대표적인 예이다. 이 작품들을 보면 나무가 부서지거나 꺾인 채 땅에 쓰러져 있다. 나무들도 화려함과는 거리가 멀다. 그런데 루이스달은 바로 이 초라한 나무에 주목했다.

야곱 반 루이스달, 「세 그루의 나무가 있는 풍경」, 1665-1670, 캔버스에 유채, 138.1× 173.1 cm, 노턴 사이먼 미술관, 캘리포니아 패서디나

루이스달의 「세 그루의 나무가 있는 풍경」의 왼편을 보면 폐허처럼 보이는 농가가 있다. 그 농가 앞을 보면, 계곡 사이로 농부가 양을 몰고 있는 모습이 보인다. 하지만 이것은 그림이 이야기하려는 주제가 아니다. 루이스달은 그 풍경 속에서 나무 세 그루에 주목했다. 화면 중앙에 나무 세 그루가 서 있다. 두 그루의 나무는 어둡게 그리고 오른쪽 끝의

부러진 나무는 밝게 채색되어 있는데, 빛이 온전한 나무가 아닌 부러진 나무에 비친 것은 참으로 흥미롭다. 그는 이러한 색의 대비를 통해서 온전한 나무뿐만 아니라, 부러진 나무조차 아름다울 수 있음을 보여준다. 서성록은 무엇인가 결핍된 자연을 묘사하는 네덜란드의 화풍은 조화와 비례, 균제, 질서와 같은 완전함을 추구하는 중세와 르네상스 그리고 플랑드르 미술과 구별되는 주요한 특징으로 본다.[30] 로크마커 H. R. Rookmaaker 역시 이 시기 네덜란드 화풍은 가톨릭과 구별된 종교개혁적인 특징을 가졌다고 이야기한다.[31]

얀 반 호이엔 Jan van Goyen, 1956-1656 의 「강변의 풍차」를 살펴보면, 화면 하단에 강가의 풍경이 아주 초라하게 묘사한다. 황량하게 느껴지는 강가 그리고 그 위에서 일하는 인간의 모습은 하나님의 은총을 고대하는 듯하다. 이것은 호이엔의 또 다른 작품들, 예를 들어 「모래언덕」, 「두 개의 오크나무가 있는 풍경」, 「아른헴의 풍경」 등과 같은 작품에 반복적으로 나타난다. 이러한 세상과 인간의 결핍을 채워주는 것이 하늘이다. 호이엔은 하늘을 화면의 2/3이상을 차지할 정도로 크게 그렸다. 물론 네덜란드에 산이 없으니 하늘을 크게 그렸다고 생각할 수도 있겠지만, 하늘이 화면에 너무 많은 부분을 차지한다. 이것은 이 시기 네덜란드 화가들의 풍경화에 나타나는 보편적인 현상이다.

왜 이들은 하늘을 크게 그렸을까? 서성록은 이들이 하늘을 크게 그린 것은 인간의 유한성과 무한하신 하나님의 크고 광대하심을 묘사하기 위함이었다고 말한다.[32] 17세기 네덜란드의 화가는 하늘을 은총의 영역으로, 땅은 자연의 영역으로 봤다. 이러한 이유로 하나님의 은총이 필요한 자연을 묘사하려고 했다.

얀 반 호이엔, 「강변의 풍차」, 1642, 캔버스에 유채, 29.4×36.3 cm, 런던 국립미술관, 런던

성경그림, 믿음의 고백

이전 세기와 비교했을 때, 17세기 네덜란드 화가들의 그림에서는 종교적인 주제의 그림이 많이 쇠퇴하기는 했지만, 렘브란트 Rembrandt Harmenszoon van Rijn, 1606-1669 의 작품에서 보는 것과 같이 성경의 이야기를 그린 그림들도 있었다.[33] 하지만 렘브란트의 그림은 중세 가톨릭 전통의 그림과 달랐다. 렘브란트의 그림에는 가톨릭에서 볼 수 있는 것과 같은 어떤 영적인 경외감을 불러일으키거나 혹은 개인의 경건을 위한 그림이 거의 나타나지 않는다. 물론 크라나흐 Lucas Cranach, 1472-1553 의 작품들과 같이 개인의 경건을 위한 그림이 존재하기는 하지만 가톨릭과는 상당한 차이를 보인다. 개신교 교도들은 교회에 성상을 만들거나 이미지를 그리는 것, 심지어 스테인드글라스의 장식에 대해서도 부정적인 견해를 가졌다. 일부

교단은 교회를 장식하는 것을 금지하기도 했다. 그렇다고 성경을 주제로 한 그림이 사라진 것은 아니다. 렘브란트의 경우에서 보는 바와 같이 이 시기 네덜란드 화가들은 성경의 주제를 그리기는 했지만 플랑드르 바로크 양식과 구별된 네덜란드적인 화풍을 형성했다.

렘브란트와 루벤스를 비교하면서 볼 때, 렘브란트의 그림은 칼빈주의적인 세계관을 담고 있다.[34] 그의 작품에는 바로크 시대의 가톨릭 미술과 비교되는 프로테스탄트 정신이 묻어난다. 루벤스의 예술은 교회의 권위와 화려함, 그리고 성인들과 순교자, 특히 반종교개혁의 이념을 강조했다. 회화를 종교적 선전으로 사용했던 예수회의 방침에 따라서 루벤스의 예술은 초자연적인 사건을 과장된 기법으로 묘사했다. 반면 렘브란트의 작품은 가톨릭의 제단화에서 보이는 우람한 도상적인 스케일과 과시하는 듯한 몸짓은 사라지고, 감상자의 성경 묵상을 돕기 위한 '잔잔한 재현(Quiet Representation)'이 강조된다. 렘브란트는 화려함을 강조했던 플랑드르 바로크와 달리 성경의 이야기를 담담하게 그리고 단순하게 묘사했다. 이러한 렘브란트의 표현방식은 네덜란드 풍경화가 눈에 보이는 세계를 과장 없이 재현하려고 했던 것과 일치하는 것이다. 칼빈은 그의 성경해석의 방법으로 단순성과 명료성을 강조했는데 이러한 단순성과 명료성은 개혁교회의 예배와 건축 양식 그리고 미술에도 영향을 주었다.

렘브란트의 작품은 플랑드르 바로크 작품과 비교했을 때 화풍만 다른 것이 아니라, 그림을 통해서 전하고자 하는 메시지도 다르다. 성경을 주제로 한 그림에서 성경의 소재를 사용했다는 측면은 바로크 플랑드르 미술과 같지만 화풍과 전하는 메시지는 전혀 다른 것이다. 그 대표적인 예가 「죽은 나사로의 부활」이다. 이 그림은 예수님께서 죽은 나사로를 향해서 "나사로야, 나오너라."라고 말씀하셨던 그 순간을 묘사한 것이다.

렘브란트 반 레인, 「죽은 나사로의 부활」, 1630-32, 캔버스에 유채, 96.36× 81.28 cm, 로스엔젤레스 아트 뮤지엄, 캘리포니아

　그림에서 보듯이 예수님은 오른 손을 들고 입을 벌리고 있다. 그리고 나사로는 온 몸이 수의로 둘러싸인 채 무덤에서 나오고 있다. 이 그림에서 흥미로운 점은 빛이 이 이야기의 주인공인 예수님이나 나사로가 아닌 그 장면을 바라보고 있는 사람들에게 빛을 비추고 있다는 것이다. 이러한 작업을 통해서 그는 죽은 자를 살리시는 예수님에 관해 과연 우리들은 어떠한 반응을 보여야 하는가를 묻고 있다. 그는 이 작품을 통해서 예

수님의 사역에 대한 사람들의 믿음의 반응을 강조한다. 이로써 종교개혁가들의 '믿음에 의한 칭의'를 뒷받침하고 있는 것이다.

'믿음의 의한 칭의'라는 주제는 인간의 노력과 상관이 없는 하나님의 무조건적 은혜라는 주제와 연결된다. 렘브란트의 또 다른 작품인「갈릴리 바다 폭풍 속의 그리스도」를 보자.35 베스터만 Mariet Westermann 은 이 작품을 설명하면서 칼빈주의의 중요한 교리 가운데 하나였던 무조건적인 은혜라는 메시지가 담겨져 있다고 주장한다.36 그림을 보면 폭풍이 부는 바다 위에 배 한 척이 거친 파도에 흔들리고 있다. 배는 금방이라도 침몰할 것처럼 보인다. 뱃머리에 있는 다섯 명의 사람들은 돛 줄을 붙잡고 바람과 사투를 벌인다. 선미에는 두 명의 제자들이 그리스도께 간청하고 있다. 그 두 제자 옆으로 두 손을 모아 기도를 하는 제자와 멀미로 인해 시달리는 제자도 보인다. 그 옆으로는 한 손으로는 모자를 잡고 다른 한 손으로는 돛 줄을 붙잡고 있는 사람이 있다. 그가 제자인지 아니면 렘브란트 자신인지는 분명치 않지만, 시선을 그림을 보는 이를 향하게 함으로써 마치 무엇인가 그림을 보는 이들에게 이야기하려는 것처럼 느껴진다.

「죽은 나사로의 부활」과「갈릴리 바다 폭풍 속의 그리스도」는 17세기 네덜란드의 시대적 정신이었던 칼빈주의를 반영한 것이다. 렘브란트는 천지창조부터 예수 그리스도의 죽음과 부활에 이르기까지 성경 줄거리를 지속해서 그렸다. 그 시대에 렘브란트와 같이 성경의 줄거리를 시리즈로 화폭에 담았던 화가들은 흔치 않았다. 당시 종교에 관한 이미지가 부정적이던 시대적 상황을 고려하면 성경의 이야기를 그리기가 쉽지 않았을 터다. 하지만 렘브란트는 가톨릭과 다른 방식으로 표현하는 방법을 찾은 것이다.37

렘브란트 반 레인, 「갈릴리 바다 폭풍 속의 그리스도」, 1633, 캔버스에 유채, 160×128 cm, 이사벨라 스튜어트 가드너 뮤지엄, 보스턴(1990년에 도난당함)

새로운 변화

강력한 칼빈주의적 전통이 자리를 잡았던 17세기 네덜란드에서 예술이 괄목할만한 성장을 보였다는 사실은 참으로 흥미롭다. 변화된 시대적 상황은 화가들에게 그 시대 상황에 맞는 소명을 발견하게 했다. 화가들은 풍경화, 풍속화라는 장르를 통해 자신의 재능을 이어나갔고, 그 재능 속에서 자신의 소명을 발견했다. 이들에게 있어서 소명은 자신들의 재능을 통해 성경의 진리를 드러내는 것이다. 물론 이 시대 네덜란드 화가들이 중세에 대한 신학적인 반성으로 새로운 시도를 했다고 보기는 어렵다. 또 이 시기에 제작된 모든 작품이 종교개혁의 사상을 반영한 것이라고 말할 수도 없다.

그러나 이 시기에 제작된 그림이 다는 아니지만, 대부분의 경우에서 가톨릭 진영과 구별되는 네덜란드적인 것이 있다. 확실히 17세기의 네덜란드의 풍경화와 풍속화 그리고 성경그림은 소재와 표현 방식에서 가톨릭 진영의 그림과 구별된다. 네덜란드의 사회적 특수성은 예술가들에게 더는 중세와 같은 그림을 그릴 수 없게 했다. 어떤 화가는 이러한 상황의 요구에 적응하면서 종교개혁 사상에 입각한 그림을 그렸을 것이고, 또 다른 화가는 자발적으로 그렸을 것이다.

여기서 우리가 간과하지 말아야 할 중요한 사실이 하나 있는데, 그것은 이러한 시장의 요구 기저에는 종교개혁이라는 신학적 요인이 깔려 있다는 것이다. 그리고 이러한 그림은 대중들에게 종교개혁의 기치를 대중에게 각인시키고 확산하는 역할을 했다. 17세기 네덜란드의 풍경화와 풍속화 그리고 성경그림은 종교개혁의 열매이고, 적용이며, 고백이다.

종교개혁 하면 우리는 루터와 칼빈과 같은 신학자들을 떠올리지만, 종교개혁이 급속도로 확산하고 또 유지되던 것은 종교개혁 사상을 적극적으로 받아들였던 일반인들이 있었기 때문이다. 예술가들도 그중에 한

무리였다. 종교개혁은 종교가 아닌 삶의 개혁, 더 나아가 세계관의 개혁이다. 그리고 종교개혁의 기치는 신학자들이 낳았던 종교개혁이라는 알을 적극적으로 품었던 일반인들이 있었기 때문에 확산할 수 있었다.

2

● 서성록 교수 | 안동대학교

홍익대학교 서양화과와 동대학원 미학과를 졸업하고, 미국 동서문화센터 연구원을 지냈다. 개혁주의 예술론 연구를 이어오고 있으며, 특히 기독교적 세계관에 기초한 미학 연구와 기독교 예술의 공적 역할, 예술 분야에서 그리스도의 주권을 회복하는 운동에 힘을 쏟고 있다. 1990년 이후로 안동대학교 미술학과에서 후학을 가르치고 있다.

네덜란드 화파의
신학적 배경과 예술적 의의

왜 네덜란드 풍경화인가?

개신교의 예술을 말할 때 지나칠 수 없는 것은 네덜란드 화파(Dutch School)이다. 17세기 네덜란드에서 꽃피운 이 미술은 종교개혁의 정신을 구현한 미술로 불리어 왔고, 그중에서도 특히 풍경화는 개혁주의적 관점을 충실히 반영하고 있다. 이런 상당한 의미를 가졌음에도 불구하고 네덜란드 화파의 자연적 사실주의는 일반적인 풍경화와 별반 다르지 않은 것으로 취급되어왔다. 때론 이것은 플랑드르, 영국의 풍경화, 인상파와 마찬가지로 여러 풍경화 중 하나쯤으로 여겨져 왔으나, 그들의 풍경화는 단순한 감상용 그림이기 전에 당시 기독교 세계관 속에서 살았던 사람들의 삶과 예술을 보여준다. 그들은 자연을 단순히 관찰 대상 및 미적 대상이 아니라 창조주의 작품으로 이해했고, 그 속에 자신들의 인생관과 종교관을 담았다. 그러나 여전히 네덜란드 화파를 잘 모르는 사람이 많은 것은 종교성이 있는 예술을 꺼리는 미술계의 풍토를 반증하는 것이기도 하다. 물론 이러한 태도는 인본주의적 전통에 따른 것으로 뜻있는 학자들로부터 비판을 받아왔다.

17세기 네덜란드의 풍경화는 기독교적 관점 아래 살았던 사람들이 세상을 어떻게 바라보았는지 인식하게 해준다. 그렇다면 네덜란드 화파의 성격과 본질은 무엇이고 예술적 의의는 무엇일까? 이 같은 미술에 대한 이해는 그리스도인에게 기독교 영향권 아래 탄생한 예술의 고상함과 예술적 유산에 대한 자부심을 환기해줄 수 있으리라 확신한다.

창조론의 역사적 배경

올림피아 신화를 넘어 창조의 기독교 교리를 설정한 사람은 교회의 첫 교부인 안디옥의 데오필루스$^{Theophilus\ of\ Antioch}$이다. 그는 창조란 '무에서(*ex nihilo*)' 비롯된 것이라고 이야기한다.[1] 그는 세계의 영원성에 관한 희랍 사상에 반대했는데, 이에 대해 '무에서의 창조(*creatio ex nihilo*)'를 주장했다. 당시 희랍의 철학은 교부들의 변증론에 한 흐름이었다. 이에 관해 타소스의 디오도르$^{Diodore\ of\ Tarsus}$, 락탄티우스^{Lactantius} 그리고 바실^{Basi} 등은 성경의 정신으로 돌아가 창조세계를 파악했다.[2]

초대 기독교 사상가들은 한편으로는 희랍의 세계의 영원성에 관한 논의에 맞서 창조의 실재를 세웠고, 다른 한편으로 창조된 질서는 악한 세력의 작품이라든지 혹은 빛의 하나님을 인정치 않았던 데미우르게^{Demiurge}와 같은 영지주의자들(Gnosticists)과 대립각을 세웠다. 창조주(Creator)를 구속주(Redeemer)와 분리시켰던 영지주의의 잘못된 구분에 관해 이레네우스^{Irenaeus}는 하나님의 일치성, 창조의 선함, 그리고 역사적인 섭리를 옹호했다.

특히 창조주를 구속주와 분리시킨 영지주의 시각에 대해, 이레네우스는 창조를 하셨을 뿐만 아니라 인간을 구속하신 유일하신 하나님의 통일성을 주장하며 "그의 말씀으로 만물을 지으신 오직 한 분의 하나님이 계신다"[3]라고 이야기한다. 또한 그는 요한복음 1장 3절에서 가리키는 '만물(All things)'이 물리적, 한시적 혹은 역사적인 범주로 일컬어 지는 것에 동의한다. 이레네우스에 의하면 이 세계는 선하며, 자비로우신 창조주 하나님의 작품이다.

이레네우스 이래로 가장 창조론을 왕성하게 언급한 사람은 요한 크리소스톰John Chrysostom이다. 크리소스톰은 우선 하나님의 섭리와 관련해 창조론을 펼쳤다. 그는 '수치를 당하는 자들에게(*Ad eos qui scandalizati sunt*)'라는 편지에서 자연의 경이 속에서 거룩한 섭리를 볼 수 있다고 말한다. 그러나 자연의 질서나 조화, 아름다움, 그리고 유용성은 하나님 손에 의해 움직여지기 때문에 그는 자연물 자체를 경외하지 않았다. 계절의 변환, 천체의 회전 따위는 하나님의 영광을 나타낸다. 크리소스톰에게 있어 바람과 바다, 식물, 동물, 산들, 골짜기, 나무 등 모든 것은 창조주의 선하심과 '무한한 섭리(Infinite Providence)'를 반영한다.[4] 크리소스톰이 보기에, 하나님은 하나하나의 피조물을 통치하신다. 세계는 한순간도 하나님의 지속적인 돌봄과 섭리 없이는 존재할 수 없다. 따라서 세계는 하나님의 일반적인 돌봄을 증거할 뿐 아니라, 하나님의 창조적인 섭리적 행위의 지속을 반증한다.

크리소스톰은 나아가 하나님의 불가해성을 주장함으로써 하나님의 섭리를 해명했다. 그에 의하면, 인간은 역사적 범위 속에서는 하나님의 특별한 목적이나 계획을 이해할 수 없다. 그 분은 너무 높이 계시고, 너무 멀리 계시며, 너무 무한하셔서 인간의 이성으로는 충분히 납득될 수가 없다. 심지어 천사들조차 '하나님의 이루 말할 수 없는 섭리는 한계가 없으며 깊이를 잴 수 없다.'[5]라는 것에 동의한다. 거룩한 섭리 앞에서 모든 존재들은 불경스런 의혹을 제지해야 하며, 인간사의 원인을 발견하도록 노력해야 한다. 크리소스톰은 그러한 제지는 믿음을 가진 자에게 신앙을 보존시켜줄 뿐만 아니라, 그들이 하나님과 피조물 사이의 무궁한 거리가 있음을 존중하고 확신하게 해준다. 크리소스톰이 언급하였듯이 우리는 지금 거울로 희미하게, 그마저도 먼 거리에서 보나 후에는 하나님을 온전하게 이해하고 마침내 '얼굴과 얼굴로' 보게 될 것이다.[6] 이에 크리소스톰은 "우리가 눈으로 보는 것보다 훨씬 참된 것은 하나님으로부터 비롯된 계시를 믿는 것이다"[7]라고 말한다.

한편 어거스틴 St. Augustine 은 기독교의 창조와 섭리의 교리를 해명한 초대 교부다. 그는 하나님의 측량할 수 없는 성품과 창조의 선함이 나타나는 창세기 1-3장을 해석하는 데에 전심을 다한다. 그리고 그 결과를 '창세기의 문자적 주석(De Genesis ad litteram)'[8]으로 남겼다.

어거스틴은 창세기에 관한 가장 초기의 주석에서 마니교에서 제기한 문제, 즉 "하나님께서 세상을 지으시기 전에는 무엇을 하고 계셨는가?"라는 물음에 답하면서 세 가지 사실로 이들을 반박했다. 첫째, 창세기 1장 1절에서부터 2장 3절까지는 시간적인 연속성을 담고 있다. 둘째, 라틴어로 된 집회서(Ecclesiasticus) 18장 1절을 "영원히 살아계신 하나님께서 만물을 단번에 그리고 동시에 창조하셨다.(God who lives forever created all things at one and the same time)"라고 풀이했다. 그리고 셋째, 창세기 2장 4절, 즉 "여호와 하나님이 천지를 창조하신 때에 천지의 창조된 대략이 이러하니라"를 "이것은 천지에 관한 책이다. 하루가 만들어졌을 때 하나님께서는 하늘과 땅을 만드셨고, 모든 것을 초록으로 덮으셨다."로 풀이했다.

여기서 어거스틴은 창조의 '계기(Moment)' 혹은 '측면(Aspect)'을 구분함으로써 모순을 풀어가려고 했다. 창세기 1장 1절부터 2장 3절에 언급된 창조의 첫 양상을 집회서에 따라서 보면, 동시에 지어진 것을 알 수 있다. 따라서 비시간적으로 파악된다. 창조의 이런 '계기' 속에서 하나님은 만물을 말씀을 통해서 있게 하셨다. 이같은 창조의 동시성(Simultaneity)은 창세기 2장 4절의 단 '하루'라는 말에서도 기표된다. 그러므로 어거스틴은 『참회록 Confessions』[9]과 『하나님의 도성 City of God』[10]에서 다시 말하였듯이 시간과 변화가 동시적으로 세상에 창조되었기 때문에 창조전에는 '시간'이 존재하지 않았다고 말한다. 존재의 형이상학과 연관하여 어거스틴은 오로지 하나님만이 참되게 '존재하며' 모든 시간적이며 변화하는 우주 위에 계시는 최고의 존재로 보았다. 하나님은 창조를 시간으로써 진행시키지 않고 시간적 프로세스를 능가하는 영원성으로써 진행시키셨다.[11]

"창조주의 권세, 전능함, 그리고 모든 것을 유지시키는 힘은 모든 피조물이 순종하는 원인이 된다. 만약 이 권세가 피조물들을 다스리는 것을 그친다면 그 종(種)들은 더 이상 존재치 못할 것이며 자연계 전체는 붕괴되어 버릴 것이다. 만약 하나님께서 피조계에서 손을 떼어버리신다면 세계는 지탱하지 못할 것이다. 심지어 우리는 눈을 깜빡이는 것조차 불가능할 것이다."[12]

어거스틴은 하나님의 시간적인 섭리를 논의할 때 하나님의 지속적인 통치와 천사들의 매개적인 역할을 동시에 주장한다. 『창세기의 문자적 주석(*De Genesi ad litteram*)』에서 그는 역사의 도정 가운데 천사들이 하나님의 명령을 수행한다고 보았다. 그러므로 어거스틴은 하나님께서 존재하는 모든 실체를 창조했을 뿐만 아니라, 계속 유지시키신다고 여겼다. 하나님은 피조물의 활동, 원인들의 노정, 그리고 천사들의 사역을 통하여 피조물을 통치하신다는 것이다. 이런 시각으로 어거스틴은 하나님의 창조사역으로부터 출발하여 다시 과거로 돌아갈 수 없는 선형적인 시간의 흐름 속에서 작동하는 신적인 섭리를 밝혔다.

칼빈의 창조론

칼빈 또한 다른 사람들과 마찬가지로 하나님의 창조사역이 '무에서(*ex nihilo*)' 비롯되었다는 것에 동의한다. 이런 맥락에서 칼빈은 하나님께서 말씀을 통해 세상을 지으셨다는 전통적인 가르침을 계승한다. 자연과 세상은 자신의 권세로 만물을 붙들고 계시는 아들을 통해 만들어졌다. 칼빈에 따르면, 성삼위는 창조시에 매우 적극적이었다. 창세기 주석에서 하나님의 영은 하나님께서 지으신 세계의 아직 미분화되고 무형적인 물체를 존속시키는 데에 필수적이었다. 모세는 이 세상이 유지되기 위해서는 성령의 권능이 필요함을 언급한다. 여기서 '그처럼 무질서한 덩어리가 어떻게 지탱될 수 있는가'하는 의문이 생길 수도 있다. 왜냐하면 이 세상이 질서나 통치에 의해 보존됨을 잘 알기 때문이다. 그런데 모세는 이 덩어리가 아무리 혼돈 가운데 있었다고 해도 성령의 은밀하신 권능에 의해 얼마 동안 지탱되었다고 주장한다.[13]

칼빈은 창세기 주석을 시작하면서 하나님이 하늘에서 가만히 계시다가 세상을 창조하기로 결정하셨다고 조롱하는 사람들에 맞서, 창조에 관한 성경적 진실성을 변론했다. 칼빈은 하나님은 하늘에 계시는 동안 도대체 어떠했는지 의혹을 품는 자들을 위해 지옥을 준비해 오셨다는 어거스틴의 주장에 동감했다.

더불어 그는 하나님의 항구적인 보살핌이 배제된다면, 자연은 더 이상 존재하지 않게 될 것이며 단번에 완전한 '무질서'와 '혼돈'으로 빠져들 것이라고 경고한다. 이러한 해석은 시편 104편 29절에서 보듯이[14] 하나님께서 자연을 포기하시면 자연은 아무 것도 아니게 된다는 것과 맥락을 같이한다. 하나님께서 점차로 혼돈에서 존재를 있게 한 질서는 하나님의 직접적이며 특별하고 강력한 섭리를 필요로 하는 의존적인 질서 자체이다.

하나님의 은밀하신 영감 덕분에 이러한 혼돈은 와해되지 않았을 것이다. 다시 말해서 다른 어떤 곳으로부터 힘이 작용하지 않았다면 이러한 혼돈이 질서정연하게 유지될 수 있었겠는가? 이것은 "주의 영을 보내어 그들을 창조하사 지면을 새롭게 하시나이다"시 104:30라는 구절을 볼 때 더욱 분명해진다. 만일 하나님께서 주님의 영을 거두신다면 모든 것은 즉각 본래의 모습인 흙으로 돌아가 버릴 것이다.[15]

멜랑히톤$^{Philipp\ Melanchthon}$과 마찬가지로 기독교 창조론에서 질서의 개념은 칼빈의 핵심적인 개념이다.[16] 그는 기회가 닿을 때마다 창조의 질서를 하나님의 증거요, 창조 및 섭리의 강력한 표식으로 받아들였다.[17] 그에게 질서란 교부나 중세 신학자들처럼 어떤 위계적인 것이 아니다. 칼빈은 하나님을 모든 존재의 척도로 묘사하거나 자연적 질서를 존재의 면밀한 위계적 사슬로 기술하지도 않았다. 질서는 모든 자연과 우주, 그리고 사회에서 찾을 수 있다. 그러나 이는 위계로 나타나는 것이 아니라 영속성, 규칙성, 창조의 지속성으로 나타난다. 그리고 이러한 질서가 갖는 불안정성도 잊지 않았다. 오직 위대하고 거룩한 권세만이 자연 속에서 존재하는 질서를 보존한다.

"오직 주는 여호와시라 하늘과 하늘들의 하늘과 일월 성신과 땅과 땅 위의 만물과 바다와 그 가운데 모든 것을 지으시고 다 보존하시오니"$^{느\ 9:6}$

"이는 하나님의 영광의 광채시요 그 본체의 형상이시라 그의 능력의 말씀으로 만물을 붙드시며 죄를 정결하게 하는 일을 하시고"$^{히\ 1:3}$

키케로^{Cicero}, 세네카^{Seneca}, 그리고 크리소스톰^{Chrysostom}을 환기하면서 칼빈은 창조주의 현존을 알리기 위해 별들과 하늘에서 볼 수 있듯이 훌륭하게 짜여진 우주의 질서에 주목했다.

"어떤 것도 외관상 이 이상 더 아름다운 것으로 상상할 수 없는 하늘의 무수한 성군(Multitute of stars)을 놀라운 질서에 따라 배치, 배열하고 서로 어울리게 한 그 예술가야말로 얼마나 위대한가를 생각할 때 비로소 이 법칙의 첫째 부분이 예증된다. 그는 어떤 별은 움직이지 못하도록 위치를 고정시켜 놓고, 어떤 별은 한층 더 자유로운 운행을 허용하셨다. 그렇지만 그들이 지정된 궤도에서 벗어날 수 없게 하셨으며, 모든 별의 운행을 조정하여 별들로 하여금 낮과 밤, 달과 해, 그리고 계절을 구분하셨고, 우리가 항상 보는 대로 혼란이 일어나지 않도록 날의 균차를 조절하셨다. 이상의 몇가지 예증만으로도 우주 창조에 나타난 하나님의 권능을 아는 것이 어떤 것인가를 충분히 밝혀준다."[18]

별들과 하늘은 하나님의 보살핌 없이는 순식간에 붕괴되고 뿐만 아니라 혼란에 빠지게 된다. 창조세계는 그 분의 정확성과 조화를 보여준다. 창조주가 질서를 보존하지 않는다면 상상할 수 없는 참상과 재난이 불어닥치는 것을 예상하는 것은 어려운 일이 아니다.

"하나님께서는 높은 곳에서 온 세상을 질서 있게 통제하시되, 어느 것도 뒤죽박죽되지 않도록 하신다. 많은 소용돌이와 충돌이 있지만 모든 것을 합력하여 하나님께서 정하시고 의도하신 목적을 이루는 일에 조금도 빈틈이 없으시다."[19]

칼빈에게 자연의 아름다움은 피조물들을 지탱하시고 제약하시며 지휘하시는 하나님의 임재에서 발견된다. 자연은 자체로는 질서를 지닐 수도, 질서를 만들어갈 수도 없다. 피조물은 질서를 갖추는 데 이바지하지 못한다. 오직 거룩한 분의 권세만이 우리가 인식하는 우주에서 장엄한 질서를 보존할 따름이다. 그에 따르면 자연이 연속성을 갖는 것은 하나님께서 자기 행사로 인한 연속적인 즐거움에서 연유한다.

"하나님께서 우리를 위하여 세계를 그처럼 훌륭하게 꾸며 놓으셔서 우리로 이 아름다운 장관을 구경하게 하실 뿐 아니라, 그 세계를 우리에게 제공해주셨다. 이처럼 다양하고 풍성한 좋은 것들을 누리게 하신 것은 결코 작은 영광이 아니다. 시편 기자가 '여호와는 자기 행사로 인하여 즐거워 하실지로다'하는 말씀을 덧붙이는 것은 불필요한 일이 아니다. 이는 그가 하나님이 태초에 세우신 질서가 그의 선물들을 합법적으로 사용하는 일에서 계속 유지되기를 바라시기 때문이다."[20]

하나님은 그의 자녀들을 온유하게 돌보시고 풍성하게 기르시는 데에서 기쁨을 찾으신다. 만일 그 분이 즐거움을 그친다면, 땅에 생명을 주기를 중단한다면, 혹은 피조물을 진노의 눈길로 바라본다면, 자연이란 곧 무질서의 상태로 들어갈 것이다. 따라서 칼빈은 자연의 아름다움 뒤에는 하나님의 지속적인 돌보심을 필요로 하는 연약함, 의존성, 깨어지기 쉬운 속성이 도사리고 있다고 간주한 것이다.

풍경화의 재평가

17세기에 융성한 네덜란드 화파는 위에서 말한 하나님의 창조세계의 섭리와 자연계시를 적절히 드러내고 있다. 이 미술은 네덜란드가 경제적으로 활기가 넘치던 황금기에, 종교적으로도 경건함을 잃지 않던 시대에 탄생되었다.[21]

네덜란드 화파에서 가장 많이 제작된 것은 풍경화이다. 바다, 도시, 전원, 전투장면, 그리고 해변 등 약 30퍼센트 가량이 풍경화였다. 초상화가 15퍼센트, 정물화가 9퍼센트, 역사화가 10퍼센트였다. 역사화가 10퍼센트로 주저앉았던 시기(1680-1689년)에 풍경화는 오히려 36.5퍼센트나 상승했다.[22] 이 점을 감안할 때 네덜란드에서 꾸준히 주목받은 미술품은 풍경화다.

당시 네덜란드에는 풍경화가 활발하게 제작되고 공개되었음에도 불구하고 놀랍게도 풍경화에 관한 논의가 있지는 않았다. 소책자에서 간간이 풍경화를 다루었지만, 대부분의 이론은 이탈리아 르네상스 미술이론과 고전에서 가져왔다. 곰브리치 Gombrich 는 풍경화가 널리 보급되기 전에 알베르티 Alberti, 레오나르도 Leonardo의 글들이 소개되어 풍경화의 이론적 기반을 제공했다.[23]

그러나 이탈리아 르네상스에서 풍경 그림은 역사화의 일부로 간주되었을 뿐 네덜란드처럼 독립된 장르로 발전하지 못하였다. 17세기 후반 네덜란드의 미술 이론가들인 사무엘 반 호흐스트라텐 Samuel van Hoogstraeten 과 헤라르트 드 라르세 Gerard de Lairesse 는 역사화가 최고의 예술형식이라는 생각을 버리지 않았다. 카렐 반 만더 Karel van Mander 처럼 풍경화의 열렬한 지지자조차 풍경은 성공적인 인물화가가 필연코 숙달해야만 하는 여러 미술 분야중 하나라고 언급했다.[24]

반 만더에 따르면, 풍경화가들은 산보를 하며 전원생활을 즐겼던 사람들로 기술한다. 그 시대에 작업은 주로 스튜디오에서 이루어졌기 때문에 이것은 미술의 역사에서 중요한 의미를 갖는다. 그들은 시골에 나가 산보를 하면서 흥미로운 광경을 소묘했고 그 소묘를 토대로 스튜디오로 돌아와 유화로 완성시켰다. 얀 리벤스 Jan Lievens 의 「화가가 있는 숲 풍경」이 있다. 이 작품에는 관목 사이로 이젤을 펼쳐놓고 그림을 그리는 화가가 등장한다. 반 에버딩겐 Allart van Everdingen 의 「스칸드나비아에 있는 화가」도 마찬가지이다. 몇 사람이 높은 지대에 올라 드넓게 펼쳐진 자연풍경을 묘사하고 있다. 17세기 미술 기록가 아놀드 하우브라켄 Arnould Houbraken 은 파울루 포테르 Paulus Potter 와 아드리안 반 데 벨드 Adriaen van de Velde 가 정규적으로 야외로 사생을 나갔다고 말한다. 렘브란트 역시 1640년대에 시골길을 따라 걸으면서 강가의 뚝방이나 암스테르담 외곽지대를 사생을 나가 소묘와 판화작품을 남겼다.[25]

네덜란드 화파의 풍경화는 작품성과에 비해 상대적으로 평가를 받지 못해왔다. W. 스텍하우 Wolfgang Stechow 가 적절히 지적했듯이 네덜란드 화파는 프리드리히로부터도 멀리 떨어져 있었던 것처럼 세잔느로부터도 멀리 떨어져 있었다.[26] 3백년간 동안이나 서양 미술사에서 주마간산(走馬看山)식으로 파악되어온 것이 네덜란드 화파이다. 조수아 브루인 Josua Bruyn은 그 원인을 세 가지로 분석한다.[27]

첫째, 사진뿐만 아니라 인상주의가 오늘날 우리가 모든 풍경화를 이해하는데 지대한 영향을 끼쳤다는 점이다. 게다가 네덜란드 화파의 화가들은 일반적으로 자연을 지형학적으로 정확히 그려내려는 욕심 또한 없었다. 어쨌든 우리가 17세기의 그림을 감상할 때, 인상주의의 관점에서 보려는 경향이 오랜 기간 작용해왔던 것을 부인하기 어렵다.

둘째, 아직도 낭만주의에 뿌리를 두고 있는 풍경화가에 대한 고정관념에 사로잡혀 있다는 것이다. 낭만주의의 관점에 따르면 화가들은 풍경을 그림으로써 그 속에 자신의 정신을 투영시키게 된다. 따라서 그 풍경은 화가가 창조해 낸 그만의 풍경으로 실제적 환경의 재현과는 무관하다. 이러한 초기 낭만주의적 관점으로 17세기 네덜란드 화파 풍경화를 해석한 대표적인 예가 야곱 반 루이스달 Jacob van Ruisdael을 '우울한 화가(the Melancholic)'로 보는 견해와 렘브란트 Rembrandt van Rijn를 '슬픔에 잠긴 홀아비 화가(the Inconsolable Widower)'로 보는 견해이다. 그러나 이런 해석은 모두 잘못된 것으로 판명되었다.

셋째, 17세기 네덜란드 화파의 풍경화를 단순히 사실주의라고 보는데 그치지 않고 그 배후에 심오한 의미층이 존재하는 것을 간과해왔다. 네덜란드의 미술은 기독교의 창조론과 인생관을 은유적, 상징적으로 반영해주고 있다. 그리고 그 저변에는 성경적 우주론과 자연관이 관통하고 있다. 이 무렵 네덜란드의 풍경화는 인문학적으로 높은 교육을 받은 제한된 그룹의 사람들뿐만 아니라 폭넓은 계층의 사람들과 다양한 부류의 신앙인들 누구에게나 쉽게 이해되는 메시지를 담고 있었다. 메시지가 없는 풍경은 풍경화로 그려지지도 못했다.[28] 이것은 성경을 비롯하여

신앙생활을 돕기 위해 발간된 기독교 문헌들을 은유적으로 이용해온 데에 기인한다.[29]

네덜란드의 시와 문학 역시 모든 자연물이 크든 작든 상관없이 하나님이 지으신 황홀한 피조물이며, 그것이 신앙생활에 유익함을 준다는 인식이 널리 퍼져 있었다. 13세기의 네덜란드의 번역가 B. 안젤리쿠스 Bartholomaeus Angelicus는 지상세계를 연구하는 것은 성경을 더 잘 이해하게 해주며 우리 생각을 하나님께 집중시켜준다고 했다. C. 셀티우스 Conrad Celtius는 하나님을 얼마든지 자연계에서도 볼 수 있다고 했으며, 야콥 헤스너 Jacob Gesner는 알프스를 보면서 자신이 얼마나 전능하신 건축가의 작품에 매료되었는지를 밝힌 바 있다.[30] 17세기 홀란드의 가톨릭 저술가였던 H. L. 스피겔 Hendrick Laurensz Spiegel과 J. 폰델 Joost van den Vondel 역시 이런 생각에 동조했다. 스피겔은 아침에 모래언덕과 간척지를 산보하면서 '창조의 책(Book of Creation)'에서 배움을 얻을 수 있다고 했고 폰델 역시 아름다운 황혼을 보면서 "하나님과 그 분의 지고하신 위엄을 보라, 여기 그 분의 섭리가 드러나 있지 않은가?"라고 감탄했다.[31]

심지어 야곱 캣츠 Jacob Cats 같은 시인은 들판이나 시골로 가면 성경의 세계, 곧 이삭과 야곱의 구약시대로 들어갈 수 있다고 했다. 콘스탄틴 호이겐스 Constantin Huygens는 "하나님의 선하심이 모든 모래언덕 위까지 나타난다."라고 했는가 하면 성경과 자연은 거룩한 이해의 두 원천임을 강조했다. 이 두 권의 책은 하나님의 뜻(Will)과 권능(Power)의 표현으로 각각 해석해야 한다는 말도 덧붙였다.[32]

따라서 네덜란드 화파를 도상에만 집착한 나머지 밑바닥에 가라앉아 있는 의미층과 분리시키거나, 오늘날처럼 도덕적 및 종교적 가치와 무관하게 해석한다면 오류를 범하기 쉽다. 제임스 로메인 James Romain이 루이스달의 풍경화를 설명하면서 밝혔듯이 그들의 풍경화는 자연과 인간 등 모든 방면에서 나타난 하나님의 섭리적 다스림(Provident Direction)에 관한 시각적 묘사이다.[33] 이는 확실히 개혁주의적 테마이며 그들의 정치적, 경제적, 종교적 자유가 신성하게 제정되었다고 믿었던 17세기 관람자들에게 반향을 일으켰을 것이다.

성경적 읽기

네덜란드 화파의 풍경화는 기독교 세계관에 기초를 두었기 때문에 이에 적합한 해석법으로 브루인은 '성경적 읽기(Scriptural Reading)'를 제안했다.

브루인에 의하면, 17세기 미술가들은 가급적이면 현실을 실제적으로 재현해 내고자 고군분투했고, 화가의 그림은 '자연스럽게' 그려졌을 경우 찬사를 받았다. 화가 자신들조차도 자연의 모방이 그들이 작업을 통해 달성해야 할 최종 목표라는 생각에 관해 일말의 의심이 없었다. 감상자들의 경우도 – 지금과 마찬가지로 – 그림감상의 즐거움은 그림이 갖고 있는 회화적인 질(Painterly Quality)에 의해 결정된다고 생각했다.[34]

그럼에도 불구하고 그는 "17세기 네덜란드 화파 사실주의는 사실주의 자체가 목적이 아니라, 아주 특별한 프로그램에 의해 조명되어질 때 비로소 그것이 활짝 꽃을 피울 수 있다"[35]라고 주장한다. 네덜란드 화파의 풍경화 속에는 기독교적 세계관의 온갖 이미지들로 가득 차 있기 때문에 이 이해의 틀을 벗어난다면 자의적인 해석이 되고 말 것이라고 주의를 환기시킨다. 따라서 그는 풍경화를 단순히 감상용으로 판단하는 것과 달리, 경건생활을 추구했던 17세기의 맥락에서 파악해야 한다면서 기독교 정신이 풍경화 속에서 어떻게 구체화되었는지 분석했다.[36]

그들의 작품은 새 예루살렘을 향해 가는 영적 순례의 표지판으로 비교할 수 있다. 따라서 그 작품 안에는 멋진 광경에 대한 찬탄과 경이도 있지만, 한편으로는 희망이 무산되고 삶의 좌표를 잃으며 체험적 세계가 격랑에 휩싸이기도 한다.

야콥 반 루이스달, 「유태인 묘지」, 1668-1669, 캔버스에 유채, 84×95 cm

야콥 반 루이스달의 「유대인 묘지 Jewish Cemetery」(1668-69)를 살펴보면, 상단에는 허물어진 성벽이 있고 골짜기를 따라 시냇물이 흐르고 있다. 시냇물 위에는 무지개가, 화면 하단에는 죽은 나무와 석묘가 놓여있다. 여기서 허물어진 성벽은 옛 영화를, 시냇물은 삶의 여정을, 암석과 죽은 나무는 삶의 여정에 도사리는 수많은 위험을 각각 상징한다.[37]

렘브란트Rembrandt의 「돌다리가 있는 풍경The Stone Bridge」(1638-40)를 보면, 화면 왼편에는 주막이 보이고 오른편에는 첨탑의 교회가 보이며 농부가 돌다리를 건너는 중이다. 봇짐을 진 채 농가 쪽으로 길을 따라 걸어가는 사람은 실은 천상을 향해 여행하는 순례자의 모습을 나타내고 있다. 여인숙은 연약한 영혼을 지닌 사람이 쉽게 죄를 지을 수 있는 곳,[38] 교회는 순례자가 도달해야 할 새 예루살렘,[39] 길과[40] 다리는 그리스도,[41] 여행자는 숲을 지나고 있는데 숲은 죄악이 범람하는 세상을 각각 상징한다.[42] 그리고 강물은 허영을 나타낸다.[43]

렘브란트 반 레인, 「돌다리가 있는 풍경」, 1638-1940, 유화, 42×95 cm

얀 반 호이엔Jan van Goyen의「바닷가의 오두막집Cottage near the Sea」(1631)에는 해변의 낡은 오두막집과 주위에서 서성거리는 사람들이 묘사된다. 오주막집에서 어슬렁거리는 사람들이 나태와 향락의 죄를 의미하고 먼 길을 떠나는 여행자들은 부패한 세상을 떠나 낙원으로 가는 순례자들을 각각 상징한다.[44] 이런 상징은「참나무가 있는 풍경Landscape with two Oaks」(1641)에서도 똑같이 발견된다. 죽은 나무 밑에 두 사람이 빈둥거리고 있으며 멀리로 봇짐을 지고 떠나는 여행자가 눈에 띈다. 여기서 죽은 나무는 바니타스(*vanitas*)를,[45] 그 밑에 있는 사람들은 나태와 향락에 빠진 세상을, 그리고 오른 편에 언덕를 지나는 나그네는 지상생활에 종말을 고하고 본향, 곧 천국으로 돌아가는 것을 나타낸다.[46]

얀 반 호이엔,「참나무가 있는 풍경」, 1631, 캔버스에 유채, 88.5×110.5 cm

본향을 소망하는 내용은 루이스달의 「벤하임 성의 풍경 Wooded Landscape with Benheim Castle」(1653)에서 두드러진다. 벤하임 성은 화면 속에 지형학적인 모티브로서 등장하지 않았다. 실제의 벤하임성은 평지에 위치해 있다. 따라서 벤하임 성은 나그네가 올라가야 할 '천상의 예루살렘(Heavenly Jerusalem)'으로 그려졌음을 알 수 있다. 화면 앞부분에 울창한 나무들은 죄악이 관영하는 세상을, 넘어진 나무들과 시들어 거의 죽게 된 나무들은 바니타스를 상징한다. 죽은 나무들과 숲, 다리와 오두막집 앞에서 두리번거리는 사람들, 첨탑의 교회와 높은 곳에 위치한 성 등 네덜란드 화파의 풍경화 속에서 나타나는 수많은 이미지는 브루인이 말한 것과 같이 지상생활에 대한 가르침과 구원의 약속을 담고 있다.[47]

야곱 반 루이스달, 「벤하임 성의 풍경」, 1653, 캔버스에 유채, 110.4×144 cm

이미지가 갖는 상징 중에서도 하늘에 큰 비중을 할애했다. 이는 네덜란드에는 산이 없기 때문에 대지에 비해 하늘을 상대적으로 크게 취급했다고 볼 수도 있다. 그러나 환경적 요인으로 환원시키는 것은 설득력이 약하다. 하늘을 크게 그림으로써 그들은 인간은 유한한 존재이며 창조주의 세계가 무한히 광대하고 그 권능이 미치지 않는 곳이 없다는 것을 보여주려고 했다는 것이 더 적절할 것이다.

그 예의 하나가 네덜란드의 필립스 코닝크^{Philips Koninck, 1619-1688}이다. 그의 그림은 렘브란트와 마찬가지로 칼빈의 영향을 많이 받았다. 코닝크는 눈으로 보이는 것 외에는 어떤 것도 그리거나 조각하려고 하지 않았다. 그는 중세 미술에서 자주 보이는 천사나 성자를 묘사하지도 않았다. 그의 시선은 하나님이 지으신 세계, 크고 웅장한 창공에 고정되었다. 특히 그는 하늘을 통해 측량할 수 없는 우주의 크기, 창조주의 무한함을 표출했다.

필립스 코닝크, 「길가의 오두막집이 있는 파노라마」, 1655

유화「길가의 오두막집이 있는 파노라마 Panorama with Cottage linning a Road」(1655)의 경우, 하늘이 화면의 반 이상을 차지한다. 드넓은 하늘 아래 사람들이 모여 산다. 저 멀리로는 마을이 보이고 앞쪽으로는 매 사냥을 나온 사람들, 낚시꾼, 시냇가에서 빨래하는 여인들, 한가로이 노는 오리들, 그리고 평범한 집 몇 채와 나무가 보인다. 이 그림에서 우리의 눈을 끄는 것은 다름 아닌 하늘이다. 그 하늘은 어제나 오늘이나, 어느 나라에서든 상관없이 볼 수 있는 보편적인 풍경이다. 코닝크가 그린 하늘은 제한이 없다.

이 그림에서 사냥 나온 사람들, 빨래하는 여인들, 낚시하는 사람들은 모두 하늘의 무한한 공간안에 흡수되어 버린다. 유한은 무한에 견줄 수 없으며, 일시적인 존재는 영원한 존재에 의존할 수밖에 없다는 사실을 알려준다. 나아가 하나님이 지으신 세계는 참으로 광대하고 신비로워서 우리의 눈과 머리로는 도저히 계측할 수 없음을 가르쳐준다.

야콥 반 루이스달의「하렘풍경 View of Haarem with Bleaching Fields」(1670)도 창조주 하나님의 엄위를 나타낸다. 코닝크와 동시대 화가였으며 특별히 풍경화가로서 이름을 날렸던 루이스달은 하늘을 웅장하게 그렸다. 화면의 2/3 가량 하늘이 차지하고 있다. 호수와 들판, 집과 교회는 아주 조그맣다. 밭에서 일하는 농부를 찾으려면 주의 깊게 그림을 살펴봐야 한다. 왜 화가는 하늘을 이처럼 크게 그렸을까? 이것은 화가의 개인적인 신앙고백일 수도 있지만 동시대에 흐르는 기독교 세계관을 반영한다.

야곱 반 루이스달, 「하렘풍경」, 1670, 캔버스에 유채, 62.2×55.2 cm

칼빈주의의 역할

네덜란드의 풍경 화가들은 중세와 달리 화면에 성경적인 이미지를 직접 기용하지 않았기 때문에 미적이고 순수 시각적인 화풍을 만들어낸 최초의 유파라고 부른다. 풍경화 자체를 자율적인 영역으로, 자연을 대하는 화가의 개인적인 '기분'이나 '정서'를 드러냈다는 평가를 받아왔다.[48]

그러나 이런 막연한 견해가 재평가된 것은 1982년 네덜란드의 미술사 마르틴 드 클레인 Maarten de Klijn 에 의해서였다. 그에 의하면, 네덜란드의 미술에서 사실적인 풍경화를 태동시킨 것은 세속적인 '예술을 위한 예술'이 아니라 반대로 칼빈주의였다.[49] 사실적인 풍경화의 태동은 직접적으로 북 네덜란드의 칼빈주의의 영향에 기인한다.[50] 이로써 다른 영역의 주권과 마찬가지로 자연의 주권이 하나님께 있음을 밝힌다. 클레인은 칼빈이 자연계에 대하여 우리가 칭송할만한 하나님의 은혜의 계시로 보았다고 설명했다. 자연에 관한 이같은 긍정적인 견해는 칼빈의 생각과 의견을 같이 하는 사람들에게 세계 안으로 돌아오게 만들었다. 즉 자연을 연구함으로써 예술을 성장시켰을 뿐만 아니라 17세기 자연과학의 발흥에도 기여를 하게 만들었다.

칼빈의 견해를 존중했다고 해도 화가들이 칼빈주의 정신만을 따랐던 것은 아니다. 가톨릭 화가들이 개신교의 성경을 위해 삽화를 제작했던 것처럼 개신교 화가들은 가톨릭 성경의 삽화를 제작했고 가령 많은 풍경화를 그린 판 데 벨트 Esaias van de Velde 같은 칼빈주의자는 미사를 드리는 사제와 같은 가톨릭적인 테마를 그렸고, 코닝스루 Gilles van Coinxloo 역시 안토니의 유혹, 사막의 바울 등 가톨릭적인 환경에서나 볼 수 있는 풍경화를 그렸다. 더구나 1천 2백여 점의 풍경을 남겨 왕성한 활동을 한 얀 반 호이엔도 가톨릭 화가였다. 이런 정황을 생각할 때 풍경화의 출현은 특정한 교리와는 상관이 없어 보이는 것도 사실이다.

그렇다면 클레인의 주장은 과장된 것일까? 비록 개신교 화가들이 자신의 작품을 직접 교리적으로 결부시키지 않았으나 대체로 그들은 풍경화에 열린 생각을 갖고 있었는데 자연에 대한 인식이 가톨릭 화가들과 기본적으로 달랐다. 호이엔과 같은 예외가 있으나 가톨릭 화가들은 자신들의 전통적인 이코노그래피(Iconography)에 충실해야 했기 때문에 새로운 사실주의에 관심을 기울일 필요성을 느끼지 못했다. 그러나 프로테스탄트 화가들은 달랐다.

16세기와 17세기의 칼빈주의자들은 자연, 즉 창조계를 하나님의 '두 번째 책(Second Book)'으로 여겼다. 자연은 하나님의 전능하심과 지혜와 선하심과 은총을 반영하고 있다고 생각한 것이다. 네덜란드 개혁교회(Dutch Reformed Church)는 "우리가 보는 세계는 아름다운 책과 같다. 거기에서는 모든 창조물들이 큰 글씨와 작은 글씨로 정확히 보이지 않는 하나님의 본성, 바울이 말한 대로 그 분의 영원한 능력과 신성을 똑똑하게 의식하게 만들어준다."롬 1:20 [51]라고 선언했다. 같은 맥락에서 호이겐스는 세계를 '만물에 관한 책(혹은 하나님의 첫 번째 책)', '엿새 동안의 경이로운 책'으로 특징지었다. 이런 '만물에 관한 책'의 의식이 네덜란드 풍경화를 탄생시키는 효소가 되었음은 두말할 나위 없다. 자연에 관한 이러한 해석이 화가들로 하여금 풍경화에 대한 의식을 촉진하고 적극적으로 이 방면에 관한 작품을 많이 제작하게 했다.[52]

코닝스루나 판 데 벨트와 같은 화가들이 '매너리즘'에서 '사실주의'로 회화적 어휘를 변경한 대표적인 칼빈주의 화가들이다. 자연의 풍요로움, 공간묘사에 있어 자연스러움, 운치 있는 구성적인 통일성, 풍경 가운데 인물의 축소와 통합, 견고한 색깔 등을 클레인은 칼빈주의적 세계관과 연결지었고 매너리즘 풍경과 대조되는 것으로 분석했다.[53]

네덜란드 화파 판화 중에 크리스프레인 반 덴 퀘본Crispijn van den Queborne

의 삽화가 있다. 노인이 우아한 옷을 입은 젊은이에게 땅 위에 모든 것이, 크기와 상관없이, 하나님이 지으신 작품이 얼마나 선한지 설명해주고 있다. 모든 자연물들은 창조주를 향하고 있고 우리는 그 분의 창조물들을 만지거나 봄으로써 그 분의 임재를 깨닫는다.[54]

또 한 명의 칼빈주의 화가였던 피셔 C. J. Visscher 의 「즐거운 장소들 Paisant Plaeten」 판화 연작이 있다. 이 작품에는 '시간에 쫓겨 나들이를 하지 못하는 자연을 사랑하는 사람들을 위하여'란 부제가 달렸다. 피셔는 이 그림에 어떤 도덕적이거나 교훈적인 내용없이, 신학적인 내용을 새겨넣었다. 즉 자연이란 하나님의 거울이요, 신성의 반영이란 의식이 내재해 있다.[55] 그런 점에서 피셔는 진리를 채굴하는 광부요 아름다움의 빛을 널리 비추어주는 등대지기와 같다.

칼빈 자신도 제노바편 『기독교강요』(1545)에서 순수하게 즐거움을 주는 주제들, 가령 '동물들과 마을과 전원'과 같은 풍경을 묘사하는 것을 이미 인정한 터였다.[56] 네덜란드의 화가들에게 풍경이 완벽한 주제가 될 수 있었던 것은 여건이 충분히 조성되어 있었기 때문이다. 그들은 많든 적든 칼빈의 가르침에 따라서 시각적인 세계(Visible World)를 실어냈고, 이에 풍경화가 네덜란드 미술에서 중요한 영역으로 자리를 잡을 수 있었다.[57] 칼빈은 예술이든, 자연이든 '하나님이 주신 선물'로 파악하고 "눈에 보이는 대상물 이외에는 무엇이라도 회화로 표현하든가 조각해서는 안 된다."[58]라고 요청했다. 칼빈이 말한 '눈에 보이는 대상물'이란 천사나 성인들, 중세 미술에서 보이는 종교적 이미지가 아니라 역사적 사건들이나 초상, 일상적 삶, 자연적 경관과 같은 이미지들이었다. 종래에는 푸대접을 받던 시각적인 영역이 칼빈의 영향으로 새롭게 주목받기에 이른 것이다.[59] 이것은 칼빈이 시각예술을 홀대하거나 파괴했다는 일반의 시각과는 전혀 다른 주장이다. 대체로 칼빈주의자들은 칼빈에 의해 시각예술이 교회의 간섭에서 벗어나게 되어 제자리를 찾게 된 것으로 본다.

계시로서의 자연

네덜란드의 풍경화에서 가장 중요한 것은 자연을 하나님의 경이로운 창조세계를 증거하는 장소로 이해하였다는 사실이다. 대다수 풍경화가들은 그곳에서 유한한 인간, 만물을 통치하시는 하나님의 권능, 이를 통한 사람들의 겸손의 학습, 자연에 빛나는 창조주의 솜씨와 탁월함을 각각 묘출했다. 그렇다면 정작 성경에서는 자연물을 어떻게 묘사하고 있을까?

성경은 자연을 하나님의 계시로 표현한다. 자연은 창조주에 의해 만들어진 것이며, 따라서 자연에는 하나님의 놀라운 솜씨와 지혜가 들어있다. 모든 창조세계는 하나님 지혜의 광채를 드러내는 화랑과 같다. 시편 기자는 "여호와여 주께서 하신 일이 어찌 그리 많은지요 주께서 지으신 것들이 땅에 가득하나이다" 시 104:24라고 고백한다. C. H 스펄전은 이 구절을 설명하면서 그 뒤에 숨은 뜻을 알려준다.

"창조물의 수가 그토록 엄청나게 많다면 그 모든 것을 지으신 분의 지혜와 능력은 그보다 더 크고 거대하지 않을 수 없다. 그저 몇가지의 피조물을 창조한 것이 아닌, 엄청나게 다양한 창조물을 모두 예술품으로 만드신 것은 하나님의 광대하심과 무한한 능력을 보여주는 것으로 그 분의 놀라운 지혜를 드러낸다."[60]

이사야 40장 후반은 우리의 관심을 다시 하나님의 창조세계로 이끈다.

"너희는 눈을 들어 누가 이 모든 것을 창조하였나 보라 주께서는 수효대로 만상을 이끌어 내시고 그들의 모든 이름을 부르시나니 그의 권세가 크고 그의 능력이 강하므로 하나도 빠짐이 없느니라" 사 40:26

다른 동물들이 땅을 향해 밑을 바라보는데 비해 인간에 대해서는 그 얼굴을 높은 곳에 만드시고 그에게 하늘을 응시하도록 명하셨다.[61] 이어서 선지자는 별들을 언급함으로써 하늘에 빛나는 놀라운 질서가 하나님에 의해 보존되며 그 분이 세계의 창조자이심을 기술한다. 무수하고 숱한 유형의 별들 중에서도 실로 규칙적인 질서와 진로가 매우 잘 유지되고 있다는 것은 우연이 아니며 하나님께서 구획하여 놓으신 길로부터 털끝만치도 벗어나지 않는데, 이것들의 놀라운 질서정연함을 보면서 만물을 통치하시는 하나님의 놀라운 경륜을 경험하게 된다.

"깊도다 하나님의 지혜와 지식의 풍성함이여, 그의 판단은 헤아리지 못할 것이며 그의 길은 찾지 못할 것이로다 누가 주의 마음을 알았느냐 누가 그의 모사가 되었느냐" 롬 11:33-34

"감추어진 일은 우리 하나님 여호와께 속하였거니와 나타난 일은 영원히 우리와 우리 자손에게 속하였나니" 신 29:29

우주에서 발생하는 모든 것들은 하나님의 측량할 수 없는 계획에 의해 지배된다.[62] 하나님은 우주 통치의 권리를 쥐고 계신다. 우리는 최고의 권위에 복종하며 동시에 하나님의 법칙을 만물의 가장 의로운 원인으로 간주한다.[63] 시편 19편은 하나님의 영광을 자연을 통해 묵상하도록 가르친다.

"하늘이 하나님의 영광을 선포하고 궁창이 그의 손으로 하신 일을 나타내는도다" 시 19:1

시편 기자는 하늘의 광채 속에서 하나님에 대한 생생한 영광의 이미지를 나타낸다. 하늘에서부터 아주 하찮은 식물, 곤충, 동물까지도 창조주의 지혜와 능력에 대한 표적을 드러낸다. 자연계의 아름다움과 완벽한 질서, 조화는 그 분의 솜씨를 뚜렷이 증거한다. 칼빈이 하나님을 '이 우주의 아리따운 구조를 세운 최상의 건축가'[64]로 소개한 이유가 여기에 있다.

네덜란드의 화가들에게 자연은 예술적 소재의 풍부한 곳간일 뿐만 아니라 하나님의 은총의 부분이자 그 분의 전능성, 무한성을 알려주는 색인과 같았다. 네덜란드 화파의 그림에 담긴 순례, 꽃, 폭포, 하늘, 무지개, 광활한 하늘 등은 하나님의 권능에 의해 지탱되고 있음을 일깨워준다. 말하자면 화가들은 창조주의 주권이 교회만이 아니라 우주 전체에 찬란하게 빛나고 있다는 것을 직시하였던 셈이다. 이를 통해 화가들은 하나님은 '종교'에만 한정하지 않고 삶의 모든 측면에 깊이 관여하신다는 사실을 환기시켰다.[65]

하나님의 역사가 이루어지는 무대

이상에서 우리는 초대교회로부터 중세 교부들, 그리고 칼빈의 관점에서 자연의 실재에 대해 살폈고 그러한 사상이 네덜란드 화파에 어떤 영향을 미쳤는지, 구체적으로 작품 안에 어떤 도상과 내용으로 반영되었는지를 각각 고찰했다.

미술 사학자들이 흔히 오해해왔던 것처럼 네덜란드 화파의 풍경화는 인상주의와 같은 성격의 풍경화가 아니다. 즉 회화의 형식논리에 집착하거나 예술성의 획득만으로 만족하는 수준의 미술이 아니라는 것이다. 그것은 경건을 추구하고 교회의 영성을 회복한 시대에 나타난 세계관의 산물이다. 이때의 세계관이란 특히 네덜란드 개혁 교회에서 자라난 개혁주의 전통을 말한다. 개혁주의에 의하여, 우주와 자연은 하나님의 창조물이며 자연계시를 통해 피조물인 인간으로 하여금 창조주의 권능과 지혜, 그리고 아름다움을 볼 수 있게 해준 것이다. 이것에 영향을 받아 네덜란드 화파의 풍경 화가들은 자신들의 작품속에 삶의 유한함, 가나안으로의 순례, 창조질서, 자연에 빛나는 창조주의 무한함을 담아낼 수 있었다.

검약과 절제의 미덕을 중시하는 기독교적 삶의 태도는 풍경화에 있어서도 소박한 색채를 기저로 삼게 했다. 이 화파의 대표적인 화가인 얀 반 호이엔, 루이스달, 렘브란트, 코닝크의 작품의 색조는 17세기 후반 '프롱크(Pronk)'로 불리는 정물화의 화려한 색조와 대조적이다. 그들은 해변의 모래언덕, 드넓은 들판, 강가의 풍차, 전원 풍경 등을 절제된 단색조의 색감으로 채색하였는데 이러한 모노톤에서 우리는 그들의 검소한 생활과 의식수준을 짐작하게 된다. 그들은 그림을 즉흥적인 자기감정 또는 과잉된 자의식의 전달 통로로 삼기보다 외부세계를 깊이 성찰하고 우리는 이를 통해 내적인 삶에 충실하려는 태도를 보였다. 그 결과 이들은 풍경을 통해서 자연질서, 창조질서, 심지어 인간이 지켜야할 분수와 도덕성까지 표현하는 등 예술에서 유래가 없는 높은 종교적, 윤리적, 예술적 수준을 성취했다. 이 지점에서 우리는 A. 카이퍼가 말했듯이 개혁주의가 독창적인 양식, 주제와 미적인 특성 등 탁월한 예술을 만드는 데에 이바지했다는 것을 확인하게 된다.

종교개혁은 예술과 불가분의 관계에 있었다. 크라나흐, 뒤러, 홀바인, 렘브란트와 루이스달같은 화가, 스벨링크, 쉬츠 그리고 바흐와 같은 음악가 등이 종교개혁의 정신을 이어받아 수많은 명작을 남겼음을 우리는 기억한다. 이와 같은 양상은 지금의 교회가 시각예술을 꺼리거나 외면하는 상황과 비교하면 큰 대조를 보인다. 프로테스탄트는 예술을 예술답게 하는데 결정적인 역할을 했음에도 불구하고 오늘날의 기독교가 그런 장점을 받아들이거나 발전시키지 못하고 있는 것은 안타까운 일이다.

이 시기 유트리히트의 일부 가톨릭 화가들처럼 경건성을 추구하는 경향도 있었지만, 그것이 삶의 근본 문제와 직결된 예술을 외면하는 알리바이가 될 수는 없다. 적어도 네덜란드 기독교 전통에서 볼 때 우리의 삶은 종교적인 측면만 있는 것이 아니고 기쁨과 슬픔, 욕망과 미혹, 의심과 신뢰, 희망과 낙심의 소용돌이에 휩싸이는 것까지 폭넓게 아우르고 있다. 예술가들은 그러한 인간의 복합적인 측면을 껴안는데 주저하지 않았고, 그들은 풍경화를 통해 인간이란 얼마나 미약하고 변덕스런 존재인지, 그에 반해 창조주가 얼마나 전능한 분인지, 자연의 무대속에서 살아가는 인간의 열망과 좌절, 그럼에도 주저앉지 않고 그리스도에 힘입어 하나님 나라를 회복하려는 소망을 표상했다.

아브라함 카이퍼는 네덜란드 화가들이 뛰어난 예술을 탄생시킬 수 있었던 이유를 칼빈주의가 제공하는 정신생활에 접목되어 있었기 때문이라고 본다. 동시대인들에게는 하나님과 인간의 관계에 대한 분명한 의식, 나아가 "세계는 하나님의 능력 있는 역사가 이루어지는 무대"라는 자각이 있었기 때문에 지상생활에서 자신들에게 주어진 일과 상관없이 하나님의 비전을 달성하고 그 역사적 발전에 의해 하나님을 영화롭게 해야 한다는 고차원의 의식으로 연결될 수 있었고, 이 수준 높은 정신생활이 네덜란드 미술가들의 창작에 자양분이 되어준 셈이다.

그러므로 일각에서 주장하듯이 이때의 예술은 세속주의로 나간 것이 아니라 절제와 검약의 미덕을 실천하며 예술로서의 본연의 역할을 충실히 수행해갔던 것으로 볼 수 있다. 그리고 그 이면에는 '기독교 세계관'이 자리 잡고 있었던 것이다. 이는 종교와 예술, 삶과 직업, 신앙과 문화가 따로 분리되지 않고 하나의 퍼스펙티브 속에 유기적으로 통합되어 있었다는 것을 말해준다. 이런 관점은 자연을 바라볼 때도 적용됐다. 자연을 일개 사물세계로 보지 않고 하나님이 지으신 피조물이요, 이를 통해 인간에게 계시하신다는 사실을 통해 그들은 세상의 질서와 아름다움, 인생의 진리를 통찰할 수 있었던 것이다.

3

● **서성록 교수 | 안동대학교**

홍익대학교 서양화과와 동대학원 미학과를 졸업하고, 미국 동서문화센터 연구원을 지냈다. 개혁주의 예술론 연구를 이어오고 있으며, 특히 기독교적 세계관에 기초한 미학 연구와 기독교 예술의 공적 역할, 예술 분야에서 그리스도의 주권을 회복하는 운동에 힘을 쏟고 있다. 1990년 이후로 안동대학교 미술학과에서 후학을 가르치고 있다.

렘브란트의 「돌아온 탕자」

그림에 주목하는 이유

'돌아온 탕자'만큼 교회와 기독교 문헌에서 자주 언급되는 비유가 또 있을까. 영국의 뛰어난 신학자이자 설교자인 매튜 헨리^{Matthew Henry}와 네덜란드 출신의 국제정치 사상가인 휴고 그로티우스^{Hugo Grotius}도 이에 대해 언급했다. 먼저 매튜 헨리는 돌아온 탕자 비유에 관해 가난한 죄인들을 향한 하나님의 은총과 자비로움을 드러낸 위대한 스토리라고 말하고 휴고 그로티우스는 가장 격정적이면서도 감동적인 이야기를 발견했다고 비유에 대한 소회를 밝혔다. 그러나 돌아온 탕자의 비유는 기독교 문헌에만 자주 언급된 것은 아니다. 역대의 많은 화가가 이 테마를 화면으로 옮겼는데, 그중 한 사람이 바로 렘브란트 하르멘스 존 반 레인^{Rembrandt Harmensz van Rijn 1606-1669}이다.

그는 다른 화가들과 달랐다. 렘브란트는 다른 화가들처럼 성경에 등장하는 탕자를 그린 것이 아니라, 본인이 직접 탕자로 분장해서 자신의 영적인 자화상으로 삼았기 때문이다. 렘브란트는 그림을 그리기 시작한 무렵부터 말년까지 이 테마를 지속적으로 다루었다. '탕자의 비유'^{눅 15:11-32}는 렘브란트의 삶과 예술세계에 깊은 영향을 미쳤다. 렘브란트가 수많은 작품을 남겼지만, 그중 「탕자의 비유」가 매우 특별할 수밖에 없는 이유가 바로 여기에 있다. 그의 연작에서 아버지는 아들의 비행(非行)을 눈감아 주는 것뿐 아니라, 아들을 사랑으로 품고 보살펴 준다. 이런 까닭에 렘브란트의 이 작품은 하나님의 은총을 보여주는 걸작이라고 해도 과언이 아니다.

이 글에서 우리는 에르미타쥬 미술관에 소장된 렘브란트의 「돌아온 탕자」를 살펴보려고 한다. 「돌아온 탕자」를 조명하는 것은 그의 무르익은 예술성이 농축된 대표작이자, 그의 정신세계를 짚어볼 기회이기 때문이다. 이 작품은 단순히 성경을 줄거리로 한 종교적 그림이라기보다 타락과 불순종, 용서, 관용, 사랑 등 기독교 정신이 압축적으로 스며들어 있다. 이점이 크게 어필되지만, 사실 단 한 점의 작품만으로 그의 예술세계를 충분히 이해했다고 보기는 어렵다.

작품을 살펴볼 때 시대 배경을 인지해야 하는데, 렘브란트가 그림을 제작할 당시, 종교개혁의 후폭풍이 몰아치던 시기였다. 렘브란트는 이러한 종교·문화적 환경에서 성장한 화가라는 점을 염두해야 한다. 네덜란드는 가톨릭을 국가적 종교로 표방하던 스페인에 예속되어 있을 때만 해도 미술가들도 예외 없이 가톨릭의 영향을 심대하게 받았다. 그러나 프로테스탄트의 지원으로 독립을 쟁취한 후부터는 양상이 크게 바뀌었다. 이전 화가들이 아버지의 품으로 돌아온 탕자의 '행실'에 주안점을 두었다면, 신생 독립국의 화가들은 죄인을 환대하시는 '하나님의 부성애'에 비중을 두었다. 물론 거기에는 탕자의 비유를 대하는 관점의 차이가 내재해 있다. 먼저 우리는 그림의 신학적 배경이 된 종교개혁가들의 교리와 가톨릭 교회의 교리가 어떻게 다른지 살펴보고 렘브란트보다 앞선 시대에 살았던 코르넬리우스 안토니즈, 헴스케르크, 필립 할레 등의 작품을 렘브란트가 어떻게 창의적으로 재구성했는지 관찰해 봐야 한다. 이어서 에르미타쥬 미술관 작품의 독특한 구성법으로 지적되는 「멍에를 지워주는 포즈」와 그 속에 담긴 함의, 그 밖의 조형 특성을 각각 살펴본

후, 이를 통해 미술 역사상 여러 화가의 시도가 있었지만, 일련의 과정에 마침표를 찍은 것은 렘브란트의 「돌아온 탕자」였음을 마침내 확인하게 될 것이다.

네덜란드의 탕자그림

돌아온 탕자의 비유는 종교개혁 직후 네덜란드 화가들에게 자주 다루어졌다. 그러나 가톨릭의 영향을 받은 남부 네덜란드와 개신교의 영향을 받은 네덜란드 공화국에서 「돌아온 탕자」 그림은 각각 다르게 나타났다. 하나님은 자비로우시며 회개한 탕자를 기꺼이 용서해주신다는 것이 이 비유의 골자라는 사실에 동의한다. 하지만 가톨릭과 개신교는 근본적인 문제, 즉 돌아온 탕자가 왜 죄의 사함을 받았는지에 관해서는 엇갈린 시각을 취한다. 개신교 신학자들은 우리의 죄를 고백하고 회개하는 중요성을 강조한다. 이런 측면에서 탕자의 예를 본받아야 하며, 용서란 특별한 행위에 달린 문제가 아니라는 것을 분명히 한다. 실제로 탕자는 아버지의 용서를 받기 위해 아무런 일도 하지 않는다. 즉 구원은 인간의 공로에 의해서가 아니라, 전적인 그리스도의 공로이며 은혜라는 사실을 나타낸다.

마르틴 루터[M. Luther]에 따르면, 탕자인 아들은 하나님을 신뢰하고 그의 죄를 고백하며, 어떤 공로로 인한 것이 아닌 오직 믿음으로 구원에 이른다는 사실을 가리킨다. 칼빈[J. Calvin] 역시 구원 과정에서 인간의 행위를 부정한다. 특히 이 비유에 관한 주석에서 그는 탕자가 고해(Penance)를 통해 자신의 죄를 속죄받았으며, 이로 인해 아버지의 용서를 받을만했다고 여기는 가톨릭의 주장을 반박한다.

이런 해석의 차이는 신학자들만이 아니라 극작가들에게도 적용됐다. 개신교의 극작가들은 이 비유를 널리 애용했고 관객들이 이 특별한 장면의 중요성을 이해하고 죄인은 자신의 공로가 아니라 은총에 의해 구원된다는 사실을 인식하도록 프롤로그, 에필로그, 그리고 부수적인 언어도 더했다. 어떤 극작가들은 돌아온 탕자 비유에 나오는 첫째 형을 수도승이나 교황으로 등장 시켜 그들을 자기의(自己義)와 공로를 쌓는데 열중한 자들로 비난함으로써 마르틴 루터의 신학을 옹호했다. 탕자의 이야기를 소재로 한 휘릴무스 흐나파우스 Gulielmus Gnapheus 의 『Acolastus』는 1529년에서 1585년 사이에 무려 마흔일곱 쇄나 인쇄됐다. 흐나파우스는 탕자가 그 자신의 힘이 아니라 오로지 하나님의 사랑과 자비에 의해 구원을 얻었음을 보여준 것이다.

반면, 가톨릭 교회에서는 개신교의 주장을 반박했다. 그들에 따르면 첫째 아들은 오히려 아버지께 착실히 순종함으로 바람직한 개인의 품성 및 선행의 모델을 보여주었다고 주장했다. 종교개혁 전의 성경주석과 이 비유에 대한 묘사를 보면, 첫째 형은 처음에는 동생이 받은 편애에 분개했지만, 나중에는 그의 시기심을 거두고 축하연에 참석하는 내용이 기록되어 있다.[1] 한스 살라 Hans Sala 는 죄의 용서에 앞서서 참회(Contrition), 고백(Confess) 그리고 속죄(Atonement)가 있어야 한다고 주장했다. 그러니까 살라에 의하면, 죄는 자동적으로 용서되지 않고, 용서를 받기 위해서는 먼저 자신이 준비돼야 한다고 간주한다. 가톨릭 교회에서는 죄를 완전히 용서받으려면 성사의 세 가지 중요한 절차를 밟아야 한다. 그것은 참회, 고백, 보속이다. 보속이란 죄인이 속죄하는 것, 즉 고통을 참고 어렵고 불쾌한 임무를 수행하는 것이다. 이렇듯 가톨릭 교회에서 회개는 전적으로 외재화되었다.

그러나 개혁교회에서는 회개가 용서의 선행조건이 아니라는 점, 즉 우리의 회개가 사유가 되어 우리가 죄의 용서를 받을 자격이 생긴 것이 아니라는 사실을 명백히 했다. 칼빈에 의하면 일찍이 "회개는 거저 주시는 하나님의 선물", 즉 개인의 공로가 아니라 성령의 임재로 이루어진다는 점을 강조했다. 개신교에서는 회개로 인해 우리가 죄의 용서를 받을 자격이 생겼다고 생각하지 않는다. 마음의 내면적인 태도에서 시작하지 않고는 아무런 소득이 없다는 것을 가르친다. 구원에도 우리의 공로나 탁월성 또는 근면이 아니라 전적으로 하나님의 은혜로우신 뜻에 달려 있다. 종교개혁에 뒤이어 탕자의 비유는 미술에서도 인기 있는 주제가 되었다. 북유럽 연극에서 탕자의 비유가 그러했듯이 예술가들의 종교적 신념이 이 주제의 묘사에 적든 많든 반영되어 있다.

우선 탕자의 비유를 테마로 한 작품으로는 개혁교회의 일원이었던 암스테르담의 판화가 코르넬리우스 안토니즈 Cornelius Anthonisz, 1505-1553 가 제작한 여섯 점의 판화 연작을 손꼽을 수 있다. 그의 종교적 견해는 「탕자의 알레고리」 연작에서 잘 나타나 있는데 반교황적이면서 동시에 개신교적 특성이 나타난다. 「여인숙에서 돌아온 탕자」에 사인이 빠진 이유는 그가 받을 박해를 피하기 위해서였다고 알려져 있다. 세 번째 판(板)에서 탕자가 이단(Heresy)과 가난(Poverty)을 상징하는 인물들에게 떠밀려 여관에서 쫓겨나고 있다. 묵주를 들고 순례자의 복장을 한 미신(Superstitio)이라는 인물이 탕자에게 예수 쪽으로 가지 말고 사탄의 성전으로 갈 것을 손가락으로 가리킨다. 그리고 사탄의 회당(Synagoga)에는 교황의 삼중관을 쓴 질병(Morbus)을 상징하는 인물이 의자에 앉아 숭배를 받고 있다. 같은 화면 속에 다른 스토리의 진행을 표현했다.

안토니즈는 흥미롭게도 이런 이시동도(異時同圖)의 구성을 이용해서 가톨릭의 관행과 행위들을 질타하고 있는 것이다. 순례자들과 여타의 경건한 모습들을 신랄하게 비판하고 있을 뿐만 아니라, 로마 교회를 사탄의 교회라고 고발한다.

코르넬리우스 안토니즈, 「여인숙에서 돌아온 탕자」, 목판화, 암스테르담, 레익스 뮤지엄

코르넬리우스 안토니즈, 「'평화'에 의해 환영받는 탕자」, 목판화, 암스테르담, 레익스 뮤지엄

여섯 번째 판화는 탕자의 비유에 나오는 두 장면, 즉 아버지가 탕자를 위해 송아지를 잡는 장면과 탕자를 애서 외면하고 이방인과 이야기를 나누는 맏아들이 등장한다. 그러나 그림의 주제는 역시 아버지와 아들의 해후에 맞추어져 있다. 아버지는 평화(Pax)를 두 팔로 안으며 포용한다. 그는 구원받은 자로 등장하는데 탕자 위에는 성령의 비둘기가 떠 있고, 그의 우편에는 기쁨($Laeticia$)과 충심($Constantia$)의 인물이 좌우에 서 있다. 그리고 뒤쪽으로는 세례와 성만찬을 나누는 장면이 있고, 아치형 창문에는 십자가에 달린 그리스도가 있는 것을 볼 수 있다. 안토니즈는 이 판화에서 십자가에 못 박힌 그리스도를 통해, 그리고 개신교에서 단 두 개의 성례로 인정된 성만찬과 세례로 인해 구원을 받았음을 나타내고 있다.

안토니즈는 인간이 율법과 모든 사역에서 벗어나 은총과 자비로 구원을 받을 수 있는 것은 오직 세례와 그리스도의 보혈로 말미암는다는 루터의 견해를 도해하고 있다. 탕자와 교회 내부가 은총의 영역이라면 탕자의 형은 바깥에 위치한다. 이것은 탕자의 형이 하나님의 사랑을 제대로 이해하고 있지 못한다는 사실을 보여준다. 이런 까닭에 루터는 그를 바리새인과 교황주의자들과 똑같이 취급했다. 그들은 율법을 추구하고 사실상 자신의 행위를 앞세우는 경향을 띤다. 안토니즈는 은총의 영역에 있기보다는 율법의 영역을 지키기를 고수하는 그에게 '유대사람(Gens Tudaica)'이란 별명을 붙여준다. 또한 안토니즈는 그 사람을 '의(Justicia)'라고 불렀는데 그림에서 보듯이 그는 자신이 쌓은 공로에 의해 보상을 받을 것과 하나님의 자비보다 자신의 공로를 더 신뢰하는 모습으로 묘사됐다.

렘브란트와 헴스케르크

렘브란트는 1630년대 중반에 탕자의 비유의 맨 마지막 장면을 사실적으로 묘사했다. 「돌아온 탕자」(1636)가 그것인데 일찍이 이토록 감동적인 명화는 없었을 것이다. 암스테르담 레익스 미술관에 소장된 이 작품은 탕자가 집으로 돌아왔을 때 아버지가 탕자에게 목을 안고 입을 맞추며 눅 15:20, 제일 좋은 옷을 입히고 발에 신발을 신기고 22절, 살진 송아지를 잡으며 23절, 밭에서 돌아오는 맏아들 25절을 빠짐없이 그렸다.

그림 중앙에서 보듯이 아버지가 무릎을 꿇고 용서를 비는 아들을 맞아주고 있으며,[2] 화면 오른편에는 좋은 옷과 신발을 들고나오는 종들이 보인다. 또 왼편에는 양을 몰고 돌아오는 맏아들도 보인다. 그런데 새 옷을 가지고 나오는 하녀와 그 뒤를 따르는 남종, 그리고 창문을 열고 바깥 동정을 살피는 또 다른 인물의 표정이 어둡다. 계단을 내려오는 여종이나 남종 모두 감격적인 해후에 당황한 듯 외면하고 있다. 창문을 열고 이 장면을 목격한 인물은 '수긍할 수는 있으나 아무래도 미심쩍은 눈초리'를 보내고 있다. 아마 이들은 둘째 아들이 어떤 불효를 저질렀는지, 가출한 뒤로는 얼마나 방탕했는지 잘 알고 있는 것 같다. 그래서일까? 이들은 탕자의 귀환을 그다지 달가워하지 않는 기색이다.

그런데 이 작품은 렘브란트보다 한 세대 앞선 네덜란드의 판화가 헴스케르크 Maerten van Heemskerck, 1498-1574의 「돌아온 탕자」에 깊은 영향을 받았다.[3] 헴스케르크의 작품에서 발견되는 계단이나 아치의 반복, 탕자가 모은 두 손, 아버지의 포옹, 똑같은 장소에 놓인 지팡이, 아버지의 옷소매 주름 등은 렘브란트의 판화에서도 반복된다. 단지 헴스케르크의 작품에서 중심 인물과 주변 인물이 서로 바짝 붙어있는 데 반해서 렘브란트의 작품에서는 중심 인물과 주변 인물도 약간 거리를 두어 아버지와 탕자에 시선을 집중시키고 있다. 또한 아치 뒷면에 송아지를 잡는 장면 대신에 렘브란트는 맏아들이 집으로 돌아오는 장면으로 대체시켰다.

헴스케르크는 또 한 점의 「돌아온 탕자」를 제작했는데 이 작품은 필립 할레 Pilip Galle가 나중에 에칭으로 재제작했다. 전경에는 아버지가 아들을 맞이하고 있으며 후경에는 시종들이 둘째 아들에게 모자를 씌우고 신을 신기며 옷을 입혀준다. 탕자의 시련과 행복을 동시에 나타낸 것 같지만, 앞의 작품보다 평범하고 세속적이다. 영혼의 축복과 같은 영적인 진실 대신에 실크로 된 옷을 입은 탕자의 멋부림이 강조되어 있다. 그러나 이 작품 역시 레익스 뮤지엄이나 에르미타쥬 뮤지엄이 소장하고 있는 작품과 마찬가지로 아버지와 아들의 가슴 뭉클한 재회를 강조한다.

아버지와 아들은 가슴을 껴안고 재회의 기쁨을 만끽하고 있는데 헴스케르크의 작품에 등장하는 아들 이미지는 조각적 볼륨을 살려 인체를 우아하게 드러내는 매너리즘적 스타일을 반영한다.

마르텐 반 헴스케르크, 「돌아온 탕자」, 목판화

렘브란트 반 레인, 「돌아온 탕자」, 1636, 레익스 뮤지엄, 에칭

　반면 렘브란트의 인체표현은 사실적이며 인간의 심리적 요인까지 끌어들이는 능력이 주목할 만하다. 헴스케르크의 작품에 등장하는 인물이 왠지 억지스럽다면, 렘브란트의 인물 동세(動勢)는 매우 자연스러울 뿐만 아니라 보는 사람을 그림 속으로 빨아들이는 흡입력을 지닌다. 헴스케르크가 한 공간 안에 여러 인물들을 밀집시켰다면, 렘브란트는 각 인물을 분리시켜 아버지와 탕자, 그리고 창문 속의 인물을 삼각형의 구도 안에 통합했다. 그리고 맏아들이 귀가하는 장면을 원경(遠景)으로 떨어뜨림으로써 아버지의 품으로 돌아온 탕자를 한층 부각한다. 흥미로운 부분은 바로 문간에서 아버지가 아들을 맞이하고 있다는 점이다.

　성경에 의하면 아버지는 아들이 아직 '거리가 먼데' 눅 15:20 있을 때 마중을 나간 것으로 되어 있지만, 렘브란트는 이를 지키지 않고 있다. 부자의 만남을 굳이 문 앞에 배치한 이유는 무엇일까? 그것은 성경의 권위를 무시해서가 아니라 "하나님은 장황한 기도를 기다리시지 않고 죄인이 그의 과오를 고백하자마자 죄인을 기꺼이 만나주신다"라는 말이 의미하는 바를 알려주는 것이다.

렘브란트의 에칭 작품(1636)은 탕자의 비유를 손에 잡힐 듯 생생하게 재현하고 있다. 아버지로부터 예상치 못한 환대를 받은 아들은 아버지에게 매달려 그동안 참았던 눈물을 쏟아낸다. 가족을 떠난 배은망덕한 자신을 책망하지도, 따지지도 않는 아버지가 그저 고마울 따름이다. 자신의 잘못을 추궁하거나 책망하지 않는 아버지 앞에 아들은 무너지고 만다. 추위와 헐벗음, 배고픔과 목마름으로 고생했을 뿐만 아니라 주위의 차가운 시선과 냉대로 꽁꽁 얼어붙었던 그의 마음이 일순간 녹아내린다.

칼빈은 이러한 탕자를 '회개'의 관점에서 파악했다. 칼빈은 "지속적이고 변함이 없는 의의 길보다 천사들을 더 기쁘게 하는 것도 없지 않는가"라고 반문하면서 "사람들이 항상 순결한 성실성을 지속하는 것이 천사들의 소원과 일치가 되고(이는 바람직한 것임) 있지만, 이미 멸망을 향해 나가고 몸에서 잘리어 나간 썩은 시체 같은 죄인을 해방하는데 하나님의 자비는 더욱 밝게 비치고 있다."라고 말한다. 칼빈은 하나님이 용서를 구하는 자들을 용서해주시는 것으로 만족하지 않고 아버지로서 사랑에 찬 친절로 그들을 보살펴주신다. 그리고 탕자가 이 경우에 해당한다고 언급한다. 아들에 대한 환대는 작품 속에서 엿볼 수 있다. 아버지는 절망의 토굴 안에 갇혀 지냈던 아들을 묵묵히 감싸 안으며 반긴다. 자신의 권한이 상실되어 자책하는 아들에게 아버지는 변함없는 사랑을 확인시켜준다. 그리고 아들의 신분을 완전히 회복시켜주기까지 한다.

렘브란트의 연작은 1630년대 초 탕자 작품을 시작한 이래 30년 이상 계속됐다. 그가 왜 이렇게 탕자에 각별한 관심을 두었을까? 그것은 전체적으로 성경그림이란 틀을 유지하고 있지만, 부분적으로는 개인적 불행에서 비롯된 인생의 고초와도 연관이 있다. 1640년, 모친의 작고를 시작해서 사랑하는 이들을 연이어 떠나보내게 된다. 그가 깊이 사랑했던 아내 사스키아가 외아들 티투스가 태어난 다음 해인 1642년에 건강악화로 세상을 떠났다. 그리고 다른 자녀들은 어렸을 때 숨을 거두었다. 그의 불행은 여기서 끝이 아니었다. 아내가 죽고 티투스의 보모로 디르크 Geertghe Dircx가 들어왔지만 불화를 겪고, 인기 초상화가로서 명성이 실추되고 재정적인 파탄까지 이른다. 1663년에는 헨드리케 Hendrickje가 사망하고, 1668년에는 외아들 티투스까지 잃는다. 이런 슬픔은 인생에 대한 내적 통찰을 그에게 심어주었다.

"환멸(Disillusionment)과 고난(Suffering)은 인간을 보는 시각을 순수하게 만들어주었으리라. 그는 더 이상 외형적인 화려함이나 현란한 모습에 현혹되지 않고 보다 더 통찰력 있는 눈을 가지고 사람과 자연을 바라보기 시작했다."

그가 탕자에 눈을 돌렸다는 것은 지상생활의 덧없음을 인식하고 결국 본향의 아버지인 하나님께로 돌아가는 기독교 신앙에 접목되었음을 알려준다. 젊은이가 아버지의 긍휼을 믿었기 때문에 집으로 돌아가는 것처럼 렘브란트의 심중에 하나님에 대한 자비가 가득 차 있었다. 이런 측면에서 렘브란트가 탕자의 비유를 흥미있는 테마 중 하나로 본 것이 아니라, '자신의 신앙순례'에 꼭 들어맞는 주제로 여겼다는 추론도 가능하다.

시대별 도상의 변천

탕자의 연작이 어떻게 변천되었는지 잠시 스케치해보면, 최초의 작품은 1632년 혹은 1633년에 제작된 소묘작품이다. 이 작품은 다른 나라에 가서 자기 좋을 대로 살기를 원하는 둘째 아들이 재물을 다 모아 가지고 먼 나라에 가는 눅 15:13 장면을 보여주고 있다.[4] 그로부터 16년이 흐른 뒤, 1649년이나 1650년에 그는 또 한점의 소묘를 제작했다. 이전 작품은 아들이 말에 올라타기 직전에 그의 어머니가 아들에게 무언가를 쥐여주고, 아버지는 조금 떨어진 거리에서 아들이 떠나는 장면을 지켜보고 있다. 그런데 이 장면은 세월이 흘러 그의 아버지가 자신의 유산을 건네주는 모습으로 바뀌었다. 두꺼운 외투를 입고 긴 모자를 쓴 아버지는 앞의 작품에 등장하는 아버지와 마찬가지로 쓸쓸해 보인다. 이와 관련해서 존 더햄 John Durham은 이 시기부터 렘브란트가 에르미타쥬 미술관에 있는 작품을 구상하기 시작한 것으로 분석하기도 했다.

렘브란트는 1630년대와 40년대에 주로 가출한 탕자가 가진 재산을 허랑방탕하게 탕진 눅 15:13하는 장면을 집중적으로 다뤘다. 「터번을 쓴 탕자」(1635), 「세 커플의 군인과 여인」(1635), 「바람둥이 여성과 어울리는 탕자」(1642), 똑같은 타이틀을 지닌 「바람둥이 여성과 어울리는 탕자」(1642)는 모두 이러한 탕자의 모습을 묘사하고 있다. 이중 눈길을 끄는 것은 「터번을 쓴 탕자」이다. 자신의 무릎에 앉힌 여성 모델은 부인 사스키아 Saskia van Uylenburgh이다.[5] 이 그림을 그릴 무렵, 렘브란트는 호화로운 물품을 사들이는데 눈이 팔려서 재산을 탕진하고 있을 때였다. 그가 치켜든 목이 긴 술병은 술내기를 할 때 사용하는 잔이며 탁자에는 꼬리가 화려한 공작 모양의 파이가 놓여 있다. 화가의 신분에 걸맞지 않은 화려한 의상과 음험한 표정은 하나님을 떠난 영적 탕자로서 자신이 얼마나 부끄러운 생활을 하고 있는지 고백하고 있는 것이다.

렘브란트 반 레인, 「터번을 쓴 탕자」, 1635, 유화

「돼지치기가 된 탕자」(1647-48)를 보면, 더러운 돼지들이 득실거리는 틈에 피골이 상접한 한 사나이가 간신히 지팡이에 기대어 몸을 가누고 있다.⁶ 만신창이가 된 청년은 부유한 집의 귀공자가 아니라 거지 중에서도 상거지가 되었다. 늘 함께 어울리던 친구들은 그림자조차 찾아보기 힘들다. 때마침 그곳에 가뭄이 들어 그는 더욱 형편이 어려워졌다. 타국에서 그는 어디에도, 누구에게도 의지할 데가 없는 불쌍한 처지가 되었다. 하는 일 없이 빈둥거리며 한량으로 지내거나 주색잡기 외에 특별히 할 줄 아는 게 없었던 그에게 가장 미천한 일이 주어졌다. 주린 배를 채우기 위해 돼지의 악취마저 감수하며 들판에서 돼지를 돌보며 생활해야 했다. 탕자는 돼지가 먹는 음식을 먹고자 했으나 그마저도 먹을 수 없었다.눅 15:16. 두려움과 외로움, 배고픔과 더불어 건강마저도 급격히 악화됐다. 그는 오직 하루를 이어가는 것만이 최대 과제가 되었다.

렘브란트 반 레인, 「돼지치기가 된 탕자」, 1647-48, 브리티쉬 뮤지엄

그의 상태가 어떤지 도상 속에서 점검해보자. 그의 옷차림새는 과거와 전혀 다르다. 고깔모자와 화려한 의상을 입고 으쓱대던 「터번을 쓴 탕자」의 자만심은 찾아볼 수 없다. 그의 머리는 벗겨졌고 신발도 없이 맨발인 상태이다. 그가 입은 옷은 누추하기 짝이 없다. 다리는 앙상하게 말라 있고 얼굴은 영양부족으로 많이 쇠약해져 있다. 마른 가지와 같이 앙상한 탕자는 도상 속의 살진 돼지와 뚜렷한 대조를 이룬다. 탕자를 거지로 묘사한 것은, 에르미타쥬 작품을 살펴보면서 점검하겠지만, 임종시에 제작한 「돌아온 탕자」(1669)와도 연결된다.

이국에서의 탕자의 방황을 다룬 작품이 있는가 하면 탕자가 아버지와 만나는 작품도 상당히 많다. 「돌아온 탕자」(1642)와 「돌아온 탕자」(1644년 혹은 1645년), 「돌아온 탕자」(1656), 「돌아온 탕자」(1655-1666), 「돌아온 탕자」(1656), 「돌아온 탕자」(1658년 혹은 1659년) 등이다. 이중 하알렘의 테일러 뮤지엄 Teyler Museum 에 있는 것과 드레스덴 게뫨데 갤러리 Gemäldegalerie, 그리고 비엔나 알베르티나 뮤지엄 Albertina Museum 에 있는 작품은 헴스케르크의 작품에서 보았듯이 아들이 무릎을 꿇고 있는데, 이런 습작이 나중에 에르미타쥬의 「돌아온 탕자」에 나오는 둘째 아들의 동작으로 발전된 것으로 이해할 수 있다. 런던 빅토리아 엔 앨버트 뮤지엄 Vicktoria and Albert Musuem 에는 아버지가 등을 돌려 아들이 층계를 올라오고 있는 모습을 포착한 작품이 있고, 로테르담의 보이만스 판 뵈닝언 뮤지엄 Boymans Van Beuingen Musuem 에는 집으로 돌아오는 아들을 실내에 있던 아버지가 반갑게 맞이하는 작품도 있다. 그런가 하면 파리에 있는 작품(1655-1666)은 지팡이를 든 아버지가 아들을 서 있는 자세로 포옹하는 포즈로 되어 있다. 이처럼 대부분의 작품이 모두 탕자가 무릎을 꿇고 있는데 이 작품만 예외적이다. 그러나 아버지와 아들의 재회의 동작이란 측면에서 탕자를 다룬 작품으로 받아들여진다.[7] 「돌아온 탕자」를 위한 습작은 어느 한 시기에 국한되지 않고 평생 지속되었을 뿐만 아니라 어떻게 하면 하나님의 자비를 표현할 수 있을지 다각적인 연구를 했다는 것을 발견할 수 있다.

에르미타쥬 작품분석

에르미타쥬 뮤지엄의 「탕자의 귀향」은 아들이 집으로 돌아온 순간눅 15:11-32에 주목한다. 아버지와 아들은 겉으로는 정적에 휩싸인 것 같지만 속으로는 매우 역동적으로 움직이고 있다. 두 인물은 전면의 따뜻한 빛을 받으며 밝은 칼라를 띠고 있다. 그러나 그림의 나머지 부분은 상대적으로 어둡다. 아들이 입고 있는 누더기 황색 옷과 아버지가 입고 있는 붉은색 가운은 환상적인 조화를 이룬다. 이 이야기는 아버지를 원망하는 맏아들의 협애한 이해에서 입증되듯이 지상적인 인간의 사랑이 아닌, 죽음을 생명으로 바꾸는 힘을 지닌 거룩한 사랑과 자비를 나타내고 있다.

화면 우편에 지팡이를 들고 수염을 기른 인물은 큰아들로 보인다. 그의 마뜩잖은 표정에는 아버지에 대한 투정과 동생에 대한 불편한 심기가 그대로 묻어난다. 사랑으로 친절하게 맞이하는 것이 손해될 게 없지만, 몰인정하다. 사망에서 생명으로 영접하는 것을 보고도 기뻐하지 않는 맏아들을 보여준다.

'아들이 너무 늙어 보이지 않나' 하는 의심을 할 수도 있겠지만, 고령의 아버지를 고려하면 아들의 나이도 제법 되었으리라 추측할 수 있다. 큰아들 곁에 금박 모자를 쓰고 다리를 꼬고 앉아있는 인물은 재산관리인 혹은 집사로, 그리고 통로에서 얼굴을 힐끗 내밀고 있는 갸름한 인물은 시종으로 보인다. 기둥에 기대어 바깥에서 무슨 일이 일어나고 있는지 주시하던 그는 둘째 아들이 돌아왔다는 사실을 눈치채고 약간 걱정이 되는 표정을 짓는다.

탕자는 집을 떠날 때만 해도 부잣집 아들답게 화려한 옷을 입고 있었지만[8], 먼 길을 오느라 신발은 다 닳아 버렸고, 언제 빨아 입었는지 모를 지저분한 누더기를 걸치고 있다. 게다가 얇은 옷 사이로 나약한 살갗이 훤히 드러난다. 그의 행색은 영락없이 거지처럼 보인다.

렘브란트 반 레인, 「돌아온 탕자」, 1661-1669, 에르미타쥬 뮤지엄

실제로 탕자를 거지로 묘사한데는 그만한 이유가 있다. 그는 일찍부터 아름답고 영웅적인 인물보다는 추한 사람, 부랑자나 죄인들에 각별한 관심을 표명했다.[9] 발드윈 Robert W. Waldwin 은 거지를 묘사한 것에 대해 암스테르담의 넝마와 빈민 속에서 그리스도를 찾으려는 의도로 파악했다. 이는 인간으로 오신 그리스도의 숭고한 낮아짐과 청빈(淸貧)을 강조하는 성경의 정신과 연관이 있다. 가난하고, 헐벗고, 질병을 앓는 나약한 사람들은 그의 그림 전체에 고르게 등장한다.

1633년에 제작한 「예수의 내리심」에서는 그리스도를 따르는 사람 중에 그로테스크한 인물을 등장시켰는가 하면, 「회개하는 베드로」(1645)에서는 죄인들에 대한 거룩한 사랑을, 그리고 이러한 비슷한 관점은 1654년에 제작한 「이삭의 번제」, 「사울의 회개」, 「천사와 씨름하는 야곱」에서도 발견된다. 이런 작품 중에서도 압권은 「백굴더 판화」(1647-1649)인데 여기서는 아프고 눈멀고 가난하며 나약한 인물들이 한꺼번에 등장한다. 그리스도 주위에는 원근각지에서 몰려온 빈민과 아이들, 치유를 받기를 기다리는 환자, 그리고 절망에 빠진 사람들이 몰려있다. 죄와 추함은 하나님의 사랑을 받는데 아무런 장애가 되지 않음을, 그리고 하나님은 죄인들을 사랑하신다는 사실을 믿음만이 꿰뚫어 본다.

렘브란트는 이외에도 거지만을 따로 그리기도 했다. 집을 돌며 구걸을 하거나 거리에 쭈그려 앉은 거지, 또는 악기를 켜며 떠도는 유랑자의 모습, 그리고 목발을 딛고 다니는 모습으로 각각 다르게 묘사했다.[10] 심지어 렘브란트는 1630년작 「뚝방에 앉은 거지」에서 자신을 거지로 묘사하기도 했다. 1636년작 「돌아온 탕자」와 1645년작 「돼지치기가 된 탕자」, 그리고 1669년작에서 탕자를 냄새나고 쇠약하며 천한 인물로 그린 것은 탕자가 얼마나 육체적으로, 정신적으로 타락했는지 보여주지만, 그것은 동시에 그러한 인물들을 통해 '수치 속에 가려진 사랑스러움(a

Loveliness hidden in shame)'을 발견하려는 렘브란트의 시각이 담겨있다. 그림에서 아버지의 눈을 보면, 인간의 죄를 보지 않으려는 것을 상징하듯이 눈이 감겨 있다. 그의 빛나는 옷과 인자한 얼굴에서 우리는 아들의 누추함 자체를 사랑의 대상으로 전환하고 그가 짊어진 고뇌를 종식하는 은총의 광휘를 온화한 색으로 나타내는 것을 발견할 수 있다. 탕자를 거지로 묘사한 것은 성경의 관점이 투영된 탓이다. 그는 하나님의 사랑이 아니면, 구원을 받을 수 없다는 사실을 강조한다.

렘브란트 반 레인,「두명의 여자 걸인 습작」, 1632, 루브르 미술관

렘브란트 반 레인,「뚝방에 앉은 거지」, 1630, 테일러 미술관

이 작품에서 렘브란트는 탕자에 초점을 맞춘 것과 함께 아버지에게도 똑같이 초점을 맞춘다. 그 아버지는 하나님의 무궁한 사랑과 자비를 알려준다. 아버지는 아들을 보자마자 그의 목을 안았다 눅 15:20. 한때는 세속적 위안과 쾌락에 빠졌고, 썩은 연못처럼 오염되어 있었을 뿐만 아니라 돼지를 치다 온 더럽고 추한 아들을 아버지는 아무 일 없었다는 양 덥석 껴안는다.[11]

아버지는 아들이 꿈꾸던 것보다 많은 것을 예비하시고 베푸셨다. 아들은 품꾼으로 삼아줄 것을 청원했으나, 아버지는 가장 멋진 옷과, 좋은 신, 그리고 맛있는 음식 등 집에서 가장 좋은 것들을 내놓으며 굴욕의 여행을 다녀온 아들을 맞이했다. 자신을 위해 준비된 풍성한 식탁과 즐거운 환영 잔치를 둘째 아들은 미처 예상치 못했을 것이다.

렘브란트가 바라본 아버지는 어떤 분이었을까? 렘브란트가 묘사한 아버지는 부드러움과 온유함을 지닌 인자한 노인의 모습이다. 그의 에칭(1636)과 유화(1669)는 스타일과 해석에 있어 현저히 차이가 난다. 렘브란트가 젊었을 때 탕자의 부패와 상한 모습에 초점을 맞추었다면, 노년이 되어선 인자한 아버지에게 초점을 맞추었다. 즉 이전 작품이 피골이 상접한 탕자가 부각되었다면, 유화에선 정면을 향한 아버지가 눈에 띈다.

실제로 이 작품을 바라보면 감상자의 눈이 아버지에게 맞추어지도록 사려 깊게 구상됐다. 감상자들이 아버지의 부드러운 모습과 마주하도록 일부러 실물 크기로 제작한 것이다. 그렇게 함으로써 팔을 벌려 탕자를 안고 있는 모습이 마치 감상자를 안고 있는 것 같은 착각을 일으키도록 했다. 구도 역시 사람이 드나드는 아치형의 문처럼 설정되어 있다. 이런 치밀한 구도를 통해 렘브란트는 아버지의 기쁜 감정을 표현한 것이다.

그림의 핵심이라고 할 수 있는 아버지의 얼굴에는 긍휼과 인자함이 묻어나고 초월적인 빛으로 물든 모습이다. 아버지의 눈은 마치 '눈먼 사람'을 '눈을 뜬 사람'처럼 관대하게 봐주려는 듯 지긋이 감겨 있다. 가정사의 불행과 시행착오, 그리고 눈부신 성공가도에 급제동이 걸리면서 렘브란트는 하나님이 내면에 심어주신 아름다운 영혼을 인식하는 능력을 지니게 되었다. 그림의 눈은 다윗의 편지를 읽고 있는 「밧세바」, 「그리스도를 부정하는 베드로」, 「십계명을 들고 있는 모세」, 「시므온」에 등장하는 눈빛을 연상시키는데 그의 시선은 아들을 쳐다보는 것이 아니라 마치 현재를 뛰어넘어 과거에 대한 회한과 감사와 기대를 품고 있는 듯한 시선이다.

아버지의 사랑은 손에서도 느껴진다. 아들의 어깨를 어루만지는 손은 강한 손이 아니라, 여성처럼 부드럽고 연약한 손이다. 그 손에 깃든 사랑과 용서, 사랑과 축복, 사랑과 피신, 사랑과 기쁨 등이 전해지는 것이다. 헨리 나우엔은 아버지의 손에 대해, 근육질의 왼손이 아들을 단단히 쥐고 있는 아버지의 손이라면, 어루만지고 쓰다듬는 듯한 오른손은 위로와 평안을 주는 어머니의 손이라고 해석했다. 아버지의 손은 사스키아Saskia와의 아름다운 신혼을 생각하며 그렸음직한 「유대인 신부」(1666)에 나오는 레베카의 손을 닮았다. 레베카와 이삭이 단단한 신뢰로 결합하였듯이 렘브란트는 아버지와 탕자 사이의 끈끈한 신뢰를 다름 아닌 손으로 표현하고 있는 것이다.

은총의 오로라

「돌아온 탕자」는 네덜란드 화가들의 예술적 전통을 바탕으로 이 주제에 관해 끈질긴 탐구로 제작되었다. 즉 렘브란트보다 일 세기 전에 태어난 안토니즈는 교회 안에서 축복을 받는 탕자와 바깥에 있는 형을 통해 은총의 영역과 율법의 영역을 각각 구분했으며, 렘브란트에게 직접적인 영향을 준 헴스케르크의 경우 자신의 죄를 뉘우치는 아들과 아들의 과오를 눈감아주는 아버지의 관계로 묘사하여 축복스런 광경으로 발전시켰다. 그런가 하면 렘브란트에 와서는 아들을 거지 차림으로 분장시켜 '수치속에 가려진 사랑스러움'을 드러냈으며 아버지는 부드러움과 온유함을 지닌 인자한 노인으로 표현했다. 구도 역시 사람이 편하게 들어올 수 있는 아치형의 문으로 설정해서 아버지의 기쁜 감정을 숨김없이 표현했다. 이들은 「돌아온 탕자」를 같은 주제로 삼았지만, 강조하고 표현하는 것이 달랐다. 안토니즈는 장소의 문제를, 헴스케르크는 무릎 꿇은 탕자와 포근히 안아주는 아버지의 동작의 대조를, 그리고 렘브란트는 이 비유를 보다 내면적으로 해석해 아들과 아버지의 돈독하고 친밀한 관계를 강조했다. 다른 화가들이 부자관계가 다소 피상적이거나 외적으로 흘렀다면, 렘브란트에게는 용서와 사랑의 관계로 단단히 묶여 있음을 확인시켜줬다.

　렘브란트는 젊은 시절에는 바로크적인 장려함과 극적인 긴장감을 발휘했지만, 후기에 와서는 동적이거나 혹은 과장된 부분을 버리고 확고한 내적 신앙을 증거했다고 평가된다. 실제로 렘브란트는 연륜이 쌓일수록 점점 복음의 신비 안으로 들어갔다. 특히 이 작품은 노년에 그가 지난날을 회상하면서 하나님의 자비를 표현하였다는 인상을 준다. 그런 경외심의 표출은 앞에서 살펴본 아버지의 표정과 부드러운 손, 보혈을 상징하는 붉은 망토에서 찾을 수 있지만, 아들을 부여안은 특별한 포즈에서도 엿볼 수 있다.

　이 작품에서 가장 주목되는 부분은 렘브란트가 '멍에의 비유'라는 전통을 끌어들여 작품의 의미를 극대화시키고 있다는 점이다. 17세기에 제작된 작품을 보고 21세기의 감상자들이 거리감을 느끼지 않고 쉽게 접근하는 것도 바로 '멍에의 비유'를 결부시켰기 때문이라고 할 수 있다. 그림에서 렘브란트는 무릎을 꿇은 아들의 어깨에 손을 얹어 위로와 환영을 표시한다. 도상의 전통을 잠시 추적해보면, 로마 시대에 손을 펼치는 동작은 권위의 상징이었으나 기독교 전통에서는 무릎을 꿇은 죄인에게 용서를 보여주는 주요한 동작으로 바뀌었다. 멍에를 메는 것(Yoking)과 어깨를 잡는 것(Shoulder Handling)의 병행은 수도원에서의 서약, 성직자의 위엄, 결혼, 죄인이 하나님과 연합됨, 그리고 돌아온 탕자 등과 같은 다양한 언어적 및 시각적 재현에서 두드러진다. 마태복음에 기록된 대로 이 모든 주제들은 그리스도의 쉽고 가벼운 멍에(*Suave Jugum*)를 기용했으며,[12] 그 결과 사람들에게 널리 퍼뜨렸다. 사도 마태는 짐이나 속박, 항복, 실패와 같은 부정적인 의미를 담고 있는 멍에를 역설적으로 뒤집었다. 마태가 언급한 의미는 후대에 와서도 쉽사리 변하지 않았다. 중세의 성직자는 "너의 영혼이 쉴 안식처를 발견할 것이기에 이 멍에는 쉽고 이 짐은 가볍다. 이 멍에는 너를 땅으로 주저앉히기보다는 너를 하늘로 부상시켜줄 것이다. 이 짐은 날개이지 짐이 아니다. 이 멍에는 거룩한 사랑이요, 이 짐은 형제의 사랑이다. 여기서 안식을 찾게 될 것이다."라고 언급하기도 했다. 렘브란트와 동시대의 인물 느헤미아 로저스Nehemiah Rogers는 이 비유를 죄의 짐을 벗고 하나님의 부드러운 멍에로 이끌리는 것을 해석하면서 "하나님의 멍에를 지도록 그대의 목을 숙이지 않겠느냐"[13]라고 말한 적이 있다.

요약컨대 탕자의 비유에서 아버지가 아들을 껴안는 동작은 '사랑의 멍에'와 '용서의 멍에'를 지우는 것으로 풀이할 수 있다. 즉 탕자에게 하나님의 손길이 닿는 것은 멍에를 메는 행위로 전달되고 있다는 것이다. 탕자가 스스로 멍에를 메기보다는 하나님의 손길에 순응한다는 것이 더 올바른 표현일 것이다. 이런 맥락에서 보면 탕자의 비유는 곧 죄인에 대한 하나님의 용서를, 다시 말해 하나님의 인자하심을 보여준다. 전통적인 주제임을 생각할 때 새삼스러울 것이 없으나 렘브란트는 한 공간에서 아버지와 탕자를 대비시킴으로써 개혁교회의 정신인 '인간의 전적인 부패'와 하나님의 불가항력적 은혜'를 강조한다. 당시에는 물질적 삶의 풍족함을 드러내는 네덜란드의 정물화나 장르 회화가 성행했다. 이와 구별되게 우의적으로 인간 구원을 향한 '하나님의 감추어진 신비'를 드러내고 있다.

이 비유에서 무엇보다 강조해야 할 것이 있다면, 탕자의 비유란 '두 아들에 관한 이야기'에 앞서 '하나님의 용서에 관한 드라마'라는 사실이다. 이 비유는 요셉 핏츠마이어 Joseph A. Fitzmyer가 표현한 것처럼 '자비로우신 아버지의 환영'이자 '아버지의 사랑의 비유'라고 할 수 있다. 렘브란트는 이 감동적인 순간을 드라마틱하게 표현하여 수천 년 전에 일어났던, 어떤 부자의 상봉 광경을 마치 방금 전에 일어난 사건처럼 전달하는데 성공했다. 그렇게 생생한 현장감을 불러일으킬 수 있었던 것은 단지 렘브란트의 뛰어난 예술적 탁월성에 기인하는 것만은 아니다. 우리는 이 작품속에 아무리 세월이 흘러도 변치 않는 보편적 진실이 담겨 있음을 간과할 수 없다. 렘브란트는 모든 것이 은총이며, 특히 자신의 과오로 잘못으로 들어선 고난의 길에서 부서져 버린 영혼이 유일하게 의지할 곳은 '하나님의 은총'밖에 없음을 이 불후의 명작을 통해 제시하고 있다. 수많은 사람이 탕자의 비유를 그렸으나 실질적으로는 '렘브란트 이전'과 '렘브란트 이후'로 나눌 수 있다. 그만큼 「돌아온 탕자」가 주는 울림이 세대와 지역을 뛰어넘을 만큼 크다는 뜻이다. 이 한 점의 그림 속에는 여전히 강력하고도 신비한 '은총의 오로라'가 빛나고 있다.

4

● 라영환 교수 | 총신대학교

총신대학교에서 조직신학을 가르치며 후학양성을 위해 힘쓰고 지속적인 연구로 학술 활동을 이어가고 있다. 현재 한국인기독교미술인협회 이론분과 위원장을 역임하며 기독교미술문화의 발전과 기독교인으로서 문화적 소명을 성취해나가도록 이끌어가고 있다. 저서로는 『모네, 일상을 기적으로』, 『반 고흐의 예술과 영성: 반 고흐 꿈을 그리다』, 『개혁주의 조직신학개론』 등이 있다.

반 고흐의 예술과 영성

반 고흐의 소명

빈센트 반 고흐 Vincent van Gogh, 1853-1890 의 「해바라기」를 처음 본 것은 1997년 겨울이었다. 런던의 내셔널 갤러리 National Gallery 에 전시된 빈센트의 「해바라기」를 감상하다가, 재밌는 사실을 발견했다. 그의 작품에 '반 고흐(Van Gogh)'가 아니라 '빈센트(Vincent)'라 쓰인 것이다. 일반적으로 화가들은 작품에 자신의 서명(Signature)을 남긴다. 서구인들은 서명할 때 일반적으로 이름보다는 성을 쓴다. 그렇다면 빈센트 반 고흐도 '반 고흐'라고 서명을 해야 하지 않는가? 그런데 그는 '반 고흐'라는 성을 쓰는 대신 '빈센트'라고 썼다. 왜일까? 그 이유에 대해서 확실히 알려진 바는 없지만, 아마도 빈센트가 반 고흐보다 발음하기가 더 쉬워서 그랬을 것이다. 그런데 흥미로운 것은 그의 작품에 분명 '빈센트'라고 서명이 되어 있지만, 그의 작품을 보는 사람들은 「빈센트의 〈해바라기〉」라고 말하지 않고, 「반 고흐의 〈해바라기〉」라고 부른다는 사실이다. 즉 사람들은 빈센트를 보고 반 고흐라고 읽는 것이다. 재미있지 않은가? 그렇다면 사람들은 왜 그를 빈센트가 아닌 반고흐로 기억하는 걸까? 빈센트와 반 고흐, 이 두 단어에 어떤 차이가 있길래 그런걸까? 반 고흐 자신이 보여주고 싶은 모습과 대중이 보는 화가 반 고흐의 차이다.

사람들은 대개 '빈센트 반 고흐'라고 하면 '스스로 귀를 자른 광기에

사로잡힌 예술가', '동시대 사람들에게 인정받지 못한 천재', '비극적인 죽음' 등의 문장을 연상한다. 이로 인해 반 고흐에 관한 대부분의 글이 광기 어린 천재의 신화에 초점이 맞추어져 있다.

반 고흐는 대중에게 많은 관심을 받았다. 이례적인 것은 화가 개인의 삶에 주목했다는 사실이다. 서양 미술사에서 반 고흐와 같이 화가 개인의 삶이 대중의 주목을 받은 사람이 얼마나 될까? 마네와 모네, 들라크루아와 르누아르, 그리고 베르나르 같은 화가들은 반 고흐보다 조금 앞서거나 동시대에 활동했던 대표적인 화가다. 그러나 그들의 개인적인 삶은 대중들의 관심 밖이었다. 나탈리에 에니히는 반 고흐에 관한 글들이 시간이 지나면서 배가되고 점차로 성인전(聖人傳) 형식으로 발전되었다는 사실에 주목했다. 그리고 바로 이것이 반 고흐 신드롬(Syndrome)을 만들었다고 봤다. 그러나 이것이 좋은 것만은 아니다. 개인에 대한 관심과 이러한 신화는 화가 반 고흐가 그림을 통해서 추구하던 것을 보여주는데 방해가 되기 때문이다.

반 고흐가 처음부터 그림을 그렸던 것은 아니다. 그는 가려던 성직자의 길을 가지 못하면서 그림을 시작하게 됐다. 그에게 그림은 바람이었다기 보다 실패에서 발견한 소명이었다. 그러나 이러한 사실은 그의 신화에 비해 덜 알려져 있다. 반 고흐의 소명은 복음을 전하는 것이었다. 이러한 소명은 인생 전반부에는 성직자로서, 후반부에는 화가로서 표현된 것뿐이었다. 그는 예수 그리스도가 가난한 자를 위해 헌신하셨던 것처럼, 예술을 통해 사회적인 약자를 섬기기를 바랐다.

목회자 가정에서 태어난 반 고흐는 이십 대 초반의 어린 나이에 삶의 의미를 찾기 위해서 안락한 직장을 포기하고 영국으로 건너 가게 된다. 그리고 그곳에서 목회자로서 자신의 소명을 확인하는데, 삶은 그의 뜻대로 풀리지 않는다. 그는 보리나주 Borinage 탄광에서 수습 선교사로 헌신하기도 했지만, 교권화된 교회의 편견으로 인해 목회자의 꿈을 이룰 수 없었다. 이런 실패 속에서 두 번째 소명을 발견한다. 그것이 바로 그림이다.

"복음 속에 렘브란트가 있고 렘브란트 속에 복음이 있다."

화가로서 반 고흐의 소명이 무엇인지 잘 보여주는 문장이다.[1] 반 고흐는 일평생 "네 이웃을 네 몸과 같이 사랑하라"마 22:39라는 성경말씀을 실천하려고 노력했다. 그는 그림을 통해 소외된 자를 위로하고, 예술을 통해 가난한 사람들을 섬기려고 했다. 반 고흐의 작품들에 광부와 농부 그리고 가내 방직공들이 자주 등장하는 것도 이러한 이유 때문이다.

> 침묵하고 싶지만 꼭 말을 해야 한다면 이 말을 하고 싶다. 그것은 사랑하고 사랑받는 것, 곧 생명을 주고 새롭게 하고 회복하고 보존하는 것이라고. 그리고 무엇보다도 선하게 쓸모 있게 무언가에 도움이 되는 것, 예컨대 불을 피우거나 아이에게 빵한 조각과 버터를 주거나 고통받는 사람들에게 물 한잔을 건네주는 것이라고. (1880년 7월)[2]

이 글은 반 고흐가 그림을 통해서 사람들에게 말하려고 한 것이 무엇인지를 보여준다. 소외된 자에 대한 관심은 반 고흐의 풍경화에도 잘 나타난다. 반 고흐는 1880년부터 그가 사망하던 1890년까지 10년간 2,000여 점이 넘는 그림을 그렸다. 그 가운데 상당수가 풍경화다. 그러나 반 고흐의 풍경화는 대중적으로 잘 알려진 「해바라기」, 「아몬드 나무」, 「아이리스」와 같은 정물화 또는 그의 자화상, 초상화보다는 덜 알려져 있다. 그는 「별이 빛나는 밤」, 「까마귀 나는 밀밭」, 「오베르 교회」와 같은 풍경을 그리기도 했고, 덤불, 나무 뿌리, 모래언덕, 잡초, 숲속의 잡목과 같은 것을 화폭에 담기도 했다. 이러한 것들은 스쳐 지나가면 보이지 않는 것이다. 관심을 가지지 않으면 눈에 띄지 않는 풍경을 화폭에 담은 이유가 무엇일까? 반 고흐의 풍경화는 그가 가난한 사람들을 소재로 그림을 그린 것과 같은 맥락에서 바라봐야 한다. 그리스도가 긍휼의 눈으로 세상을 바라본 것처럼, 반 고흐도 긍휼의 눈으로 사람과 자연을 바라봤다.

아트 딜러에서 복음 전도자로

1853년 3월, 반 고흐는 네덜란드의 준데르트Zundert에서 삼대째 개혁파 목사의 아들로 태어났다. 준데르트는 네덜란드의 남부에 있는 '북부 브라반트 주Province of North Brabant'에 위치한 작은 농촌 마을이다.[3] 1849년 준데르트는 주민이 6,000명 정도였는데 프로테스탄트 신자들은 114명이었다.[4] 반 고흐의 아버지, 도루스 목사는 이곳에서 1849년부터 1871년 1월까지 사역했다.[5] 당시 이곳에 거주하던 프로테스탄트 주민 가운데 교회에 정기적으로 출석하는 사람들은 대략 50여 명 정도였다. 비록 가톨릭 주민이 대다수였지만, 도루스는 주민 대부분에게 존경을 받았다. 그는 가톨릭 신자와 개신교 신자를 가리지 않고 아픈 사람들을 돌보아 주며, 가난한 사람이 간단한 생필품을 사도록 동네 가게에 돈을 놓아두기도 했다. 반 고흐가 가난한 자에게 베푼 호의와 종교적인 헌신은 아버지로부터 배운 것이다.

당시 네덜란드의 개신교 목사들은 중산층이었다. 덕분에 반 고흐와 그의 형제들은 준데르트의 아이들과 달리 비교적 여유롭게 살았다. 집의 서재에는 많은 책이 있었고, 저녁이면 가족의 마무리 일과로 부모님과 함께 책을 읽곤 했다. 이런 가정 분위기 속에서 자란 반 고흐는 평생 책을 가까이하고 살았던 것으로 유명하다. 그는 살면서 많은 책을 읽었지만, 그중에서 성경은 그가 평생을 가까이했던 책이다. 그는 성경을 최고의 책으로 생각했고 그에게 성경은 영감의 원천이었다. 20대 초반 런던과 파리에서 소명을 찾기 위해서 몸부림칠 때나 화가의 길을 걷게 될 때도 성경은 언제나 그의 곁에 있었다. 그는 성경을 읽고 또 읽었다. 1877년 3월 16일 테오에게 보낸 편지에서 시편 119편 105절 말씀을 인용하면서 언젠가 하나님의 말씀이 자신의 발길을 인도할 것이라는 내용이 적혀있다. 성경은 언제나 그의 삶의 안내자였다.

> 내가 얼마나 성경에 이끌리고 있는지 너는 잘 알지 못할 거야. 나는 매일 성경을 읽고 있어. "주의 말씀은 내 발의 등이요 내 길의 빛이다"라는 성경말씀을 마음에 새기고 이 말씀에 비추어 내 삶을 이해하려고 하고 있어. (1887년 3월 16일)[6]

> 무엇보다도 성경과 복음서를 읽어야 해. 성경은 너를 생각하고, 또 생각하고, 생각하게 할 거야. 더 많이 생각하고 또 생각해야 한다. 그렇게 하면 너의 사고를 보통 수준 이상으로 올릴 수 있어. (1880년 7월)[7]

반 고흐는 성경에서 그 시대가 겪는 문제에 대한 해답을 찾았다. 그리고 그는 삶을 변화시킬 힘을 성경에서 찾아, 그것을 그림으로 표현하려고 했다. 이것이 화가로서 자신의 소명이라고 여기기 때문이다. 반 고흐는 1890년 베르나르^{Bernard}에게 보낸 편지에서 성경은 순수한 창조의 원동력이 된다고 말하였다. 성경은 반 고흐가 평생 가까이한 책이며, 평생토록 영감받은 책이다.[8]

1869년 여름 반 고흐는 16세의 나이로 헤이그^{Den Haag}에 있는 구필 화랑^{Goupil & Cie}에 수습사원으로 취직한다. 반 고흐와 같은 이름을 가진 숙부 빈센트^{Vincent}가 화랑의 공동 소유자였다.[9] 비록 수습사원이었지만, 반 고흐는 구필 화랑에서 일한다는 것을 자랑스럽게 생각했다. 반 고흐는 열심히 일했다. 어릴 적부터 책을 가까이했던 그는 미술에 관련된 책을 집중적으로 읽으며, 미술에 관한 지식을 습득해 나갔다.

  시간이 지나면서 그림에 대한 반 고흐의 안목은 점점 더 깊어졌다. 르네상스 시대의 대가들과 스페인의 궁정 화가들, 고전주의와 신고전주의, 17세기 네덜란드 미술, 라파엘전파(Pre-Raphaelelite Brotherhood), 바르비종파(Barbizon School), 헤이그 파(Hague School)[10]에 이르기까지 미술사 전반에 대한 해박한 지식을 가졌다. 더욱이 그는 각 작품의 주제와 양식뿐 아니라, 색채와 뉘앙스 같은 세세한 부분에도 관심을 기울였다. 또한 신진 화가들의 작품에 대해서도 관심을 가졌다.[11] 반 고흐는 열심히 일했고 그 덕분에 1년 후에는 월급도 오르고 특별 수당까지 받는다. 그리고 스무 살 되던 해에는 정식 화상으로 승진하며, 구필 화랑의 런던 지점으로 발령을 받게 된다.

  반 고흐는 런던에 머물렀는데 당시 런던은 세상에서 가장 빠르게 성장하는 도시 가운데 하나였다. 1873년 런던의 인구는 330만 명이었고, 면적은 파리의 두 배였으며, 암스테르담의 15배였다.[12] 영국의 거리는 거리마다 새로운 건물이 들어서며, 도로들은 확장되고, 지하철이 운행되기 시작했다. 거리는 사람들로 북적거리며 활기가 가득 찼다. 현재 런던에 있는 중요한 미술관들도 이 시기에 만들어졌다.[13]

  19세기는 중산모(Top Hat)의 세기라고 할 정도로 남자들은 높고 챙이 작은 검정 견섬유(絹纖維, Silk)로 된 중산모를 쓰고 다녔다. 반 고흐 역시 런던의 신사들과 마찬가지로 중산모를 쓰고 다니며 런던에서의 삶을 즐기며 이런 생활에 점점 익숙해졌다.

「노숙자와 배고픔」, 1869년 12월 4일 『그래픽』에 실린 삽화

그러던 어느 날인가부터 그의 눈에 산업화의 그늘진 모습이 들어오기 시작했다. 반 고흐는 출근길에 스트랜드 Strand 거리 가판대에 놓인 『런던 뉴스 The Illustrated London News』와 『그래픽 The Graphic』에 실린 목판화들을 구경하곤 했다. 당시 『런던 뉴스』와 『그래픽』은 화려한 런던 이면에 감추어진 사회적 불평등과 같은 문제를 삽화로 전달했다.[14] 반 고흐는 잡지에 실린 삽화들을 통해서 성장 이면의 어두운 면을 간접적으로 접하게 된다. 그는 잡지에 실린 삽화들의 거침없고 사실적인 묘사를 좋아했다.[15] 런던에서 반 고흐는 영미문학작품들을 읽기 시작했다. 이 시기 반 고흐에게 많은 영향을 끼친 영미문학작품은 존 번연 John Bunyan, 1628-1688 의 『천로역정 The Pilgrim's Progress』, 조지 엘리엇 George Eliot, 1819-1880 의 『목사 생활 풍경 Scenes of Clerical Life』, 헤리엇 비처 스토 Harriet Elizabeth Beecher Stow, 1811-1896 의 『톰 아저씨의 오두막 Uncle Tom's Cabin』, 찰스 디킨스 Charles Dickens, 1812-1870 의 『크리스마스 캐롤 A Christmas Carol』이 있다.[16] 『천로역정』은 반 고흐가 순례자의 영성을 배우는 데 많은 일조를 했다.[17] 이 책의 저자인 존 번연에게서 받은 영향이 얼

마나 컸는지 순례자의 영성은 훗날 반 고흐가 턴햄 그린 교회^{Turnham Green Church}에서 한 첫 번째 설교의 주제가 되기도 한다. 그는 특별히 19세기 영국의 모습을 충실히 그려내면서 당시 영국 사회가 직면한 빈곤, 아동 학대, 노동 및 교육의 현실과 같은 문제들을 예리한 필치로 써 내려간 디킨스의 책을 좋아했다. 조지 엘리엇과 헤리엇 비쳐 스토의 작품도 디킨스와 마찬가지로 소외된 사람들의 삶을 사실적으로 묘사했다.

「머서 티드빌의 전당포」, 1875년 2월 20일 『그래픽』에 실린 삽화

당시 반 고흐는 스펄전^{Charles Spurgeon, 1834-1892} 목사가 사역하던 런던 남부의 메트로폴리탄 타버나클^{Metropolitan Tabernacle} 교회에 출석하고 있었다. 스펄전은 당대 최고의 설교가였다. 매 주일이면 수천 명의 사람이 그의 설교를 듣기 위해 모여들었다. 수많은 공장 노동자와 서비스업에 종사하는 사람이 복음을 통해서 위로를 받았다.[18] 청년 반 고흐는 복음을 통해 위로를 받는 가난한 사람들의 모습을 보며 인생에 대해서 심각하게

고민하기 시작한다. 당시 그는 남들과 비교해서 안정된 직장을 가지고 있었고, 숙부가 구필 화랑의 공동 창업자였기 때문에 화상으로서의 장래도 밝았다. 하지만 이러한 것들이 그의 마음을 채워줄 수는 없었다. 반 고흐는 물질이 주는 풍요로움보다 오히려 타버나클 교회에서 본 것처럼 하루하루를 힘겹게 살아가는 노동자들에게 복음을 통해서 위로와 희망을 전하는 것이 마음을 뜨겁게 했다. 일에 대한 열정은 식어갔고 삶의 의미와 목적을 찾기 위해서 성경을 읽거나 책을 읽는 시간이 더 많아졌다. 구필 화랑의 런던 지점장은 반 고흐가 자신이 하는 일에 흥미를 잃은 것을 알고는 그를 파리로 전출시킨다. 하지만 파리에서도 일에 대한 반 고흐의 열정은 좀처럼 회복되지 않는다. 그리고 삶의 의미에 관한 질문 역시 파리 지점에 와서도 계속됐다. 그림을 파는 일은 그에게 더는 아무런 의미가 없었다. 삶은 윤택해졌지만, 영혼은 메말라가는 것 같았다. 반 고흐는 성경에서 그 대답을 찾으려고 했다.

당시 그는 몽마르트르 Montmartre 근교에서 직장동료였던 헤리 글레드웰 Harry Gladwell과 함께 지냈다. 둘은 매일 저녁 거실에 앉아 성경을 함께 읽었다.[19] 얼마나 성경을 탐독했는지 이 시기 테오에게 보낸 편지에는 성경말씀으로 가득 차 있다. 간혹 미술 작품들을 관람하기 위해 미술관에 가기도 했지만, 대부분 시간을 성경을 읽으며 보냈다. 그리고 테오에게 그리스도의 품 안에서 거듭났다고 선언하면서, 하나님을 경외하고 그의 모든 계명을 지키는 것이 사람의 본분임을 강조했다.[20] 반 고흐가 목회자가 되겠다는 생각이 들기 시작한 것도 이때 즈음이었다.

헤이그에서 화상으로 첫발을 내디뎠을 때, 반 고흐는 숙부와 같이 성공한 화상이 되는 것이 꿈이었다. 그리고 스물한 살이라는 어린 나이에 일찍이 능력을 인정받고 경제적으로도 윤택해졌다. 일이 이렇게만 되어 간다면 부러울 것이 없었다. 그러던 어느 날 자신이 추구하던 일들에 대해 의문이 들기 시작했다. 그리고 그에 대한 대답을 찾기 위해 성경을 읽고 또 읽었다. 반 고흐는 시간이 지나감에 따라 점점 더 화랑 일에 흥미를 느끼지 못하게 되며, 결국 1876년 1월 자의 반 타의 반 해고를 당하고 만다. 그 해 4월, 반 고흐는 열정을 불사를 일을 찾아 영국 남동부에 있는 작은 항구 도시 램스게이트Ramsgate의 한 기숙학교 보조교사로 간다.[21] 반 고흐는 이곳에서 아이들을 가르치면서 자신의 소명이 무엇인지를 분명히 깨닫게 된다. 반 고흐는 렘스게이트 기숙학교에서 가난한 아이들을 돌보면서 그동안 그토록 찾고자 했던 삶의 의미를 발견한 것이다.

반 고흐가 가지고 있었던
『L'Illustration』 잡지의 표지

구필 화랑 런던 지점에서 그를 사로잡았던 『런던 뉴스』와 『그래픽』의 삽화들과 그가 읽었던 책들은 모두 한곳을 가리키고 있었다. 그것은 가난한 사람들에게 복음을 전하는 것이다.

"예수 그리스도 외에 그 어느 것도 이 세상에서 나를 만족하게 할 것은 없다."[22]

1876년 11월 10일 테오에게 한 말이다. 반 고흐는 복음을 전하는 것을 귀하게 여겼다.

탄광촌의 전도사에서 화가로

1878년, 반 고흐는 스물다섯의 나이에 벨기에 남부 몽스Mons에 위치한 보리나주Borinage의 탄광촌에서 수습 전도사로 사역하게 된다.[23] 정식으로 신학을 공부하지 않았던 반 고흐는 이곳에서 6개월간 수습 기간을 거친 후, 선교위원회로부터 목사 안수를 받을 예정이었다. 그의 일과는 병자들을 돌보는 일로 시작해서 병자를 돌보는 일로 마무리됐다.[24] 그는 주로 마을회관에서 예배를 드리거나 광부들의 집을 방문해서 성경공부를 가르치곤 했다.[25] 그는 광부들을 돌보는 일을 너무 좋아했다. 1878년 12월 26일 테오에게 보낸 편지에서 만약 자신에게 이곳에서 사역할 수 있는 자격이 주어지면 너무 행복할 것 같다고 말할 정도였다.[26]

빈센트 반 고흐, 「보리나주의 탄광」, 1879, 종이에 수채, 26.4×37.5 cm, 반 고흐 미술관, 암스테르담

당시 반 고흐가 본 광산의 모습은 너무도 비참했다. 광부들은 새벽에 갱도에 들어가 열네 시간씩 일을 했다. 게다가 아이들도 탄광에 들어가 일을 했다. 석탄을 캐기 위해서는 막장의 좁은 틈새로 몸을 밀어 넣어야 하는데 이건 아이들만 가능했다. 아내들도 예외는 아니었다. 아내들은 석탄을 등에 지고 옮겼다.

> 어디를 둘러보아도 굴뚝들이 서 있고, 산더미 같은 석탄이 광구 주변에 쌓여 있다. 광부들은 모두 여위었고, 열병으로 창백하고 피곤해 보인다. 쇠약하여 비바람에 시달린 모습에다가 걸늙어 보인다. 여인들은 모두 쭈그러들었고 지쳐있다. 광산 주변은 연기로 그을린 죽은 나무들과 가시 울타리, 똥 더미, 잿더미, 쇠 부스러기에 둘러싸인 가난한 광부들의 오두막집이 즐비하다. (1879년 4월 16일)[27]

이것이 그가 바라본 탄광의 처참한 모습이다. 한번은 이곳에서도 가장 열악한 탄광인 마르까스Marcasse 갱도에 지하 700미터 깊이까지 들어가 둘러보게 된다. 그곳은 폭발과 붕괴, 누수, 오염된 공기 등으로 수많은 광부가 죽어 나간 곳이었다. 탄광은 5개의 층으로 이루어졌는데 그 가운데 세 곳은 더 이상 석탄이 나오지 않아 이미 폐쇄되었고 그 아래로 두 개의 갱도를 더 파 내려가 석탄을 캐고 있었다. 그렇게 채취된 석탄은 어린 아이들에 의해 카트(Cart)에 옮겨져 지상으로 올려져 나갔다.[28] 형편없는 환경에서 작업하는 광부들을 본 반 고흐는 충격을 받았다. 이들은 매일 생명의 위협을 느끼며 힘들게 살아가고 있었기 때문이다. 그 뒤, 반 고흐는 탄광촌의 목회자로 대접받기보다는 광부들과 같은 생활을 하기로 결심한다.

빈센트 반 고흐, 「눈 내리는 날의 광부들」, 1880, 연필과 채색 분필, 44×55 cm, 크뢸러 뮐러 미술관, 오테를로

당시 탄광은 가스 폭발과 낙반 사고 등이 자주 벌어져 위험천만했다. 그러나 반 고흐는 사고가 나면 위험을 무릅쓰고 피해자들을 구출하고 의사가 포기한 중환자들을 성심성의껏 간호해서 살려내기도 했다. 그뿐 아니라 다른 사람의 불행이나 슬픔을 접할 때는 자신이 그 사람과 똑같은 처지에 놓일 수 없다는 현실에 괴로워했고, 자신을 희생하면서까지 그들을 도우려 했다. 사람들은 이러한 반 고흐의 모습에 감동했고 그의 설교에 귀 기울였다. 그러나 수습 기간이 끝날 무렵, 그가 속한 복음교회는 그가 성직자가 되기에 부적절하다고 판단했다. 그것은 반 고흐가 광부들과 같은 옷을 입고 그들처럼 살고 있었기 때문이다.[29] 성직자는 고귀하고 청결하며 세속인 같은 생활을 해서는 안 된다고 생각한 당시 성직자들의 눈에 비친 고흐의 모습은 정결하지 못했다.

그는 어쩔 수 없이 새로운 삶의 목표를 찾기 위해 몸부림쳤다. 그러다 발견한 것이 바로 그림이다.[30]

"복음 속에 렘브란트가 있고 렘브란트 속에 복음이 있다. 설교자가 하는 일과 예술가가 하는 일이 다르지 않아."[31]

화가가 되기로 한 이후 테오에게 한 말이다. 반 고흐는 원래 복음을 전하고 싶었지만, 이제 가난한 사람들의 삶을 세상에 보여줌으로써 연약하고 상처받는 사람들에 대한 세상의 의무를 일깨워 주고자 했다. 그렇게 그는 그림을 그리기 시작했다.

> 광부들과 직조공들은 다른 노동자나 장인과는 다른 부류로 취급되고 있어. 참 딱한 이들이야. 언젠가 이 이름 없고 잘 알려지지 않은 사람들을 그려서 세상에 보여 줄 수 있다면 참 행복할 것 같아. (1880년 9월 24일)[32]

빈센트 반 고흐, 「석탄 나르는 여인들」, 1881, 종이에 연필, 47.5×63 cm, 크뢸러 뮐러 미술관, 오테를로

「석탄 나르는 여인들」이라는 작품은 반 고흐가 여섯 달 전에 그린 「눈 내리는 날의 광부들」이라는 작품과 비교해 보면 상당한 진전이 있어 보인다. 인물들은 이전 작품과 비교했을 때, 더 입체감이 살아 있고 인물과 배경의 비율이 안정적으로 보인다. 전경에는 석탄을 지고 가는 여인들이 보인다. 맨 앞에서 석탄을 지고 가는 여인이 손에 램프를 들고 있는 것으로 보아 하루의 작업을 마무리하고 돌아가는 해 질 녘의 모습을 그린 것처럼 보인다. 오른편 하단에 놓인 두 개의 삽자루와 지팡이를 짚고 걸어가는 여인들의 모습에서 하루의 고단함이 느껴진다. 후경에는 탄광촌과 교회가 보인다. 반 고흐는 교회와 노동하는 사람들의 모습을 함께 그려 놓음으로써 노동과 안식, 고통과 위로를 표현했다. 테오에게 빨리 자신이 그린 그림을 보여주고 싶을 정도로 반 고흐 스스로도 이 그림을 마음에 들어했다.[33]

그림은 눈에 보이지 않는 설교

반 고흐는 생을 마감할 때까지 한 손에는 성경을, 다른 한 손에는 붓을 들고 살았다. 당대의 최고 화가로 손꼽히는 반 고흐에게 그림은 목사가 되려는 노력이 수포가 된 다음 차선으로 선택한 길이었다. 차선으로 선택한 길이였지만, 광부와 직조공들을 모델로 삼고 그림을 그리는 것이 행복했다. 그의 소명은 복음을 전하는 것이었다. 이러한 소명이 인생 전반부에는 성직자로서, 후반부에는 화가로서 표현된 것뿐이었다. 따라서 반 고흐에게 그림을 그리는 일은 설교와도 같았다.

  반 고흐는 삼대째 목회자 집안에서 태어났다. "우리 집안에는 목회자의 피가 흐른다"라는 그의 말처럼 이러한 가정환경이 반 고흐를 자연스럽게 성직자의 길로 이끌었는지도 모른다. 반 고흐의 숙부들 가운데 세 명이 화상이었다는 사실도 주목할 필요가 있다. 그는 어린 시절부터 그림과 익숙한 분위기에서 자랐다. 그가 첫 번째 직업으로 화상을 택하고 동생 테오 또한 화상이 된 것도 이러한 집안 배경의 영향이 컸다. 당시 화상은 단지 그림만 중개하는 것이 아니었다. 직접 그림을 수집하기도 하고 또 가능성이 있는 작가들을 발굴해서 지원하는 등 그림과 화가에 대한 전반적인 일을 다뤘다. 반 고흐와 테오는 둘 다 화상으로 인정받았고 그림에 상당한 안목이 있었다. 반 고흐는 화가가 되기 전부터 자주 전시회를 다니며 그림을 보았고, 미술사에 대한 해박한 지식을 지니고 있었다. 그의 편지를 읽어 보면 반 고흐는 전업 화가가 되기 전부터 렘브란트Rembrandt와 터너William Tuner, 컨스터블John Constable 같은 화가뿐만 아니라 루소Thedore Rousseau, 코로Jean-Baptist-Camile Corot, 밀레Jean-Francois Millet, 도비니Charles-Francois Daubigny, 디아즈Virgile Diaz de la Pena와 같은 바르비종파(Barbizion)화가들에 대한 상당한 식견을 가지고 있다는 것을 알 수 있다. 반 고흐가 첫 번째 설교를 할 때 보우턴George Boughton의 그림을 인용했는데, 이러한 사실을 통해 반 고흐에게 그림이 얼마나 익숙했는지를 엿볼 수 있다.

특별히 밀레는 바르비종파 화가들의 작품을 좋아했는데 이것은 훗날 반 고흐의 화풍에 상당한 영향을 끼친다. 반 고흐는 기회가 주어지는 대로 자신이 보고 느낀 것을 그렸다. 어린 시절에도 데생을 즐겼고, 램스게이트와 런던에서 아이들을 가르칠 때 그리고 보리나주에서 사역할 때도 틈만 나면 붓을 들었다. 반 고흐가 훗날 화가가 된 것은 어쩌면 이러한 경험이 합쳐진 결과일 수도 있다.

반 고흐의 초기 작품들을 보면 직조공과 농부와 같이 노동하는 사람들이 많이 등장한다. 그는 씨를 뿌리고, 심고, 흙을 갈고, 수확하고, 나무를 베고, 수레를 끄는 농부들의 모습에 매료됐다. 얼마나 푹 빠졌으면 "외딴 시골에서 살면서 농촌 생활을 그리고 싶은 것 외에는 아무런 소망도 없어."라고 말했겠는가?[34]

> 내가 스스로를 농민 화가라고 부르는 이유는 그것이 사실이기 때문이야. 너도 분명하게 알게 되겠지만, 나는 농민들을 그릴 때 마치 고향에 온 듯한 느낌이 들어. 광부들, 이탄을 나르는 사람들(Peat Cutters), 직조공, 농민들과 많은 시간을 보낸 것이 헛되지 않았다고 생각해. 종일 농부들의 삶을 지켜보면 다른 어떤 것도 생각하지 못하고 그들의 삶에 빠져들게 되거든.[35]

그는 자신이 농민 화가(Peasant-Painter)로 불리는 것을 좋아했다. 반 고흐가 스스로를 농민 화가라고 부른 것은 농민을 소재로 그림을 그렸기 때문이 아니라, 농민의 눈으로 농민을 바라보았기 때문이다. 반 고흐는 농부들의 삶을 그림을 통해 보여주려고 했다. 당시 농민과 같은 사람들은 그림의 소재가 되지 못했다. 밀레와 같이 농민의 삶을 화폭에 담는 화가도 있었지만, 대부분의 화가는 신화나 역사적인 인물 아니면 파리지앵(Parisien)의 도시적인 삶을 화폭에 담았다. 하지만 반 고흐는 인상주의자들이 즐겨 그렸던 도시보다는 농촌에서 더 편안함을 느꼈다. 신고전주의자의 신화적인 주제도 그의 마음을 사로잡지 못했다. 그의 마음을 사로잡은 것은 오직 농부와 광부 그리고 직조공과 같이 노동하는 사람들이었다.

1883년부터 1885년까지 누에넨(Nuenen)에서 지내는 동안 반 고흐는 직조공들의 모습을 주로 화폭에 담았다. 누에넨에는 유독 직조공들이 많았다. 성인 남성 네 명 중 하나는 직조공일 정도였다. 누에넨이 속한 브라반트 주는 네덜란드 섬유산업의 중심지였다. 19세기 후반, 유럽에서 직물 제조는 기계화로 전환되며 누에넨은 가내수공업 형태로 운영됐다. 마을의 직조공들은 하도급을 받아 일했고, 일이 없을 때는 밭에 나가 농사를 지었다. 일감은 적었고 보수는 형편없었다. 일주일을 꼬박 일하고 4.5길더를 주급으로 받았다.[36]

빈센트 반 고흐, 「실틀에 실을 감는 여인」, 1884, 종이에 펜과 연필, 14.1×20.2 cm, 크뢸러 밀러 미술관, 오테를로

빈센트 반 고흐, 「정면에서 바라본 직조공」, 1884, 캔버스에 유채, 70×85 cm, 크뢸러 밀러 미술관, 오테를로

직물을 짜는 작업은 남자들만의 몫은 아니었다. 아내들은 남편들이 직조 틀에서 뽑은 실들을 실패(Bobbin)에 감았다. 반 고흐는 이러한 직조공들의 삶을 화폭에 담기 시작했다.[37] 그는 노동하는 사람들을 주로 소재로 삼으며 화가로서 자신의 소명을 이뤄갔다.

그는 "건강한 자에게는 의사가 쓸 데 없고 병든 자에게라야 쓸 데 있느니라"[마 9:12]라는 말씀처럼 자신의 재능이 가난한 사람들을 위한 치유의 도구로 사용하기를 원했다. 예수님께서 가난한 자들과 함께하시면서 그들을 치유하신 것처럼 반 고흐도 예술로 가난한 사람들을 섬기려고 한 것이다.

반 고흐는 "농부를 그릴 때에는 농부 중 한 사람이 되어 그들처럼 느끼고 생각하면서 그려야 해."라고 말하고 했다. 이것은 그가 농부를 단순히 묘사의 대상이 아닌, 함께 울고 웃어야 할 동료로 간주했다는 사실을 보여준다. 이것이 반 고흐가 다른 농민 화가들과 다른 점이다. 그가 보기에 밀레와 같은 농민 화가들은 농부의 삶을 농부의 처지에서 묘사하지 못했다. 그러나 그는 약자의 관점에서 약자를 바라보았다. 그리고 단순히 그들의 눈으로만 바라본 것이 아니라, 그들을 바라보시는 하나님의 눈으로 그들을 바라보았다. 이것이 가장 큰 차이다.

반 고흐는 단지 사람들의 눈에 보기에 좋은 그림이 아닌 사람들의 마음에 울림을 주는 그런 그림을 그리고 싶다는 열망이 있었다.[38] 그가 누추한 옷을 입은 농부의 모습을 화폭에 담은 이유는 그 부족함 속에 담긴 아름다움을 보여주고 싶었기 때문이다.

> 나는 사람들이 사물을 완전히 다른 시각으로 바라보기를 원해. 나는 사람들이 아무런 생각 없이 어떤 것이 아름답거나 선하다고 말하는 것을 원치 않아. … 숙녀 같은 사람보다는 농부의 딸이 더 아름답다고 생각해. 농부의

딸이 입은 헝겊을 댄 흙 묻은 푸른 웃옷과 치마는 햇빛과 바람에 시달리며 색이 바래 섬세한 분위기를 띠지. 그런 시골 처녀가 숙녀의 옷차림을 하면 그녀 안의 진정한 무언가가 상실되는 것 같아. 농부는 밭에서 일하는 옷차림이 주일날 정장을 차려입고 교회에 갈 때보다 더 아름답다고 생각해. (1885년 4월 30일)[39]

예수께서 가난한 자를 위해서 헌신하셨던 것처럼 반 고흐는 그림을 통해서 가난한 자들을 섬기려고 했다. 가난한 사람들을 가난한 사람들의 관점에서 묘사함으로써 그들이 충분히 존중받을 만한 가치가 있는 사람이라는 것을 보여주었다. 그에게 그림은 제도권에서 소외된 사람에게 내미는 사랑의 표현이었다.[40] 반 고흐는 열악한 환경 속에서도 성실하게 살아가려는 사람들을 그림을 통해 보여준 것이다.

빈센트 반 고흐, 「추수」, 1885, 캔버스에 유채, 27.2×38.3 cm, 크뢸러 밀러 미술관, 오테를로

빈센트 반 고흐, 「땅을 파는 사람」, 1885, 캔버스에 유채, 45.4×31.4 cm, 크뢸러 밀러 미술관, 오테를로

이 세상에 소중하지 않은 것은 없다

반 고흐의 인물화 소재들은 주로 광부와 직조공 그리고 농부들과 같은 소시민이었다는 것은 많이 알려져 있다. 하지만 약학자들에 대한 반 고흐의 관심이 풍경화에까지 확장되었다는 사실은 상대적으로 덜 알려져 있다. 반 고흐는 화려한 옷을 입은 사람들이 아니라 누추한 옷을 입은 농부의 모습을 화폭에 담은 것처럼 풍경화를 그릴 때 무엇인가 부족한 경치를 화폭에 담았다. 반 고흐가 그린 풍경화에는 아름다움과 거리가 먼 결핍된 자연의 모습이 등장한다. 1887년, 그가 그린 「덤불」이 그중 하나이다. 숲을 지나가다가 나무 밑동과 그 곁에 자라나는 덤불을 보고 발길을 멈추는 사람이 얼마나 있을까? 스쳐 지나가면 아무것도 아닌 것들이 언제나 반 고흐의 눈길을 사로잡았다.

빈센트 반 고흐, 「덤불」, 1887, 캔버스에 유채, 43.6×32.8 cm, 우트레히트 중앙 미술관, 우트레히트

    1882년에 그린 「모래언덕」과 1890년에 그린 「나무 뿌리」도 마찬가지다. 풍경화를 그린 많은 화가가 있지만 그 누구도 반 고흐와 같이 모래언덕이나 나무 뿌리 같은 소재를 화폭에 담지 않았다. 그러나 반 고흐는 모래언덕이나 나무 뿌리와 같은 초라한 자연의 모습을 화폭에 담음으로써 이 세상에 소중하지 않은 것은 하나도 없음을 보여준다. 그리스도가 긍휼의 눈으로 세상을 바라본 것처럼 반 고흐도 긍휼의 눈으로 사람을 바라보고 자연을 바라본 것이다.

    반 고흐는 대상을 단순히 객관적으로 바라보기보다는 대상 안에 있는 감정을 진실하게 묘사했다. 바르비종파의 대표적 인물이었던 루소는 자연에서 관찰한 세밀한 디테일을 화폭에 담았다.

빈센트 반 고흐, 「모래언덕」, 1882, 패널에 유채, 36×58.5 cm, 개인소장

빈센트 반 고흐, 「나무 뿌리」, 1890, 캔버스에 유채, 50×100 cm, 반 고흐 미술관, 암스테르담

그에게 화가의 사명이란 눈 앞에 펼쳐진 장면을 눈에 보이는 대로 묘사하는 것이었다. 이런 까닭에 그는 햇빛에 반사된 나뭇잎들을 짙고 어두운 숲과 대비 시키며 실사에 가까운 그림을 그렸다. 퐁텐블로 Fontainebleau 숲에 대한 사실적 묘사는 바르비종파의 전형적인 화풍이다.

하지만 이들이 묘사하고자 하는 대상은 반 고흐가 보기에 너무 객관적이었을 것이다. 그는 쿠르베 Gustave Courbet 로 대표되는 사실주의도 싫어했다. 삽질하는 사람들을 삽질하는 사람처럼 그리면 사진과 다를 바가 없지 않은가? 반 고흐는 레르미트 Leon-Augustin Lhermitte 와 밀레를 좋아했다. 그것은 밀레나 레르미트는 [역가 첨가: 그들과 달리] 사물을 있는 그대로 무미건조하게 분석적으로 관찰해서 그리는 게 아니라 느낌대로 그리고 있기 때문이다.⁴¹ 반 고흐의 풍경화에서 서정성이 느껴지는 이유가 바로 여기에 있다. 농부를 농부의 입장에서 바라보려고 했던 것처럼 그는 풀, 꽃, 나무들을 보는 이가 아니라 그가 그리려는 대상의 눈으로 봤다. 하지만 그 눈은 화가의 눈도, 그리고 스스로를 바라보는 대상 자체의 눈이 아닌 하나님의 눈이다.

반 고흐의 풍경화는 자연을 이상화했던 낭만주의 풍경화와는 거리가 멀다. 만약 그가 자연을 이상화한 것이라면 폴 위에 Paul Huet 의 「깊은 구렁이 있는 풍경 Le gouffre, paysage」이나 「그랑빌 곶의 암초 Brisants a la pointe de Granville」과 같이 대자연의 장관을 그려야 한다. 그러나 반 고흐의 풍경화에서는 자연에 대한 이러한 경외감이 보이지 않는다. 확실히 반 고흐가 그린 풍경화는 그의 감성이 묻어나서 다른 화가들과 구분된다. 반 고흐는 아름다움보다는 무엇인가 부족한 풍경에 눈길을 주었다. 반 고흐의 「세 그루의 나무와 붉은 하늘」은 반 루이스달의 「세 그루의 나무가 있는 풍경」처럼 부러진 나무를 화폭에 담았다.

빈센트 반 고흐, 「세 그루의 나무와 붉은 하늘」, 1889, 캔버스에 유채, 93×73 cm, 크뢸러 뮐러 미술관, 오테를로

빈센트 반 고흐, 「세인트 폴 병원의 정원에 있는 목초지」, 1890, 캔버스에 유채, 64.5×81 cm, 내셔널 갤러리, 런던

1888년부터 1890년까지 아를과 생 레미 그리고 오베르에서 반 고흐가 그린 풍경화들은 대부분 특별할 필요가 없는 지극히 평범한, 오히려 조금은 부족한 것들을 소재로 한 것이었다. 반 고흐의 풍경화에 나타난 이러한 특징은 가난한 자에 대한 그의 관심이 자연으로 확장된 것이다.

"자세히 보아야 예쁘다. 오래 보아야 사랑스럽다. 너도 그렇다."[42]

이 시처럼 반 고흐는 조금은 부족한 듯한 대상을 바라보고 또 바라보면서 그 안에 감추어진 아름다움을 드러냈다. 여기서 한 가지 우리가 주목해야 할 것은 대상이 아름다운 것은 그 대상 자체가 아니라, 그것을 바라보는 아름다운 눈 때문이라는 것이다. 라이너 마리아 릴케 Riner Maria Rilke, 1875-1926 는 반 고흐의 그림에는 대상 자체의 아름다움이 아니라 그것을 바라보는 이의 아름다움이 드러난 것이라고 말했다.[43] 그의 주장과 같이 반 고흐의 풍경화는 대상 자체보다는 그것을 바라보는 이의 시선을 담아낸다. 그리고 그 시선은 바로 하나님의 눈이다. 반 고흐에 의해서 보잘것없는 대상들이 하나님의 시선으로 다시 조명된 것이다.

반 고흐의 구두

반 고흐의 글을 읽어 보면 걸음에 대한 말이 많이 나온다. 그는 1876년 3일을 걸어서 램스게이트를 떠나 런던으로 갔다. 그리고 보리나주에서 수습 전도사로서 미래가 막혔을 때 브뤼셀까지 걸어갔다. 테오와 언쟁을 벌인 뒤에는 혼자 쿠에스메스에서부터 바스메스까지 걸어가기도 했다. 그리고 쥘 브르통 Jules Breton 이라는 화가를 만나기 위해 보리나주부터 도버 해협까지 걸어 가기도 했다.[44] 그뿐 아니라 작품의 영감을 얻기 위해서 헤이그 시내를 걷고 또 걸었다. 램스게이트부터 런던까지 3일을 걸으면서 성직자가 되기로 결심했고, 쥘 부르통을 만나기 위해 일주일을 꼬박 걸으면서 화가가 천직임을 깨달았다. 훗날 반 고흐가 파리에서 구두를 소재로 그림을 그린 이유도 어쩌면 낡고 헐어 버린 구두에서 소명을 찾기 위해 걷고 또 걸었던 자신의 모습을 보았기 때문일지도 모른다.

빈센트 반 고흐, 「한 짝의 구두」, 1886, 캔버스에 유채, 37.5×45 cm, 반 고흐 미술관, 암스테르담

훗날 하이데거Heidegger는 반 고흐의 「한 짝의 구두」를 보고 이렇게 이야기한다.

낡은 신발 안쪽으로 드러난 어두운 틈새로 주인의 고생스러운 걸음걸이가 뚜렷하게 보인다. 딱딱하게 주름진 신발의 무게 안에는, 스산한 바람이 휩쓰는 넓은 들판에 균일하게 파인 고랑들 사이로 천천히 한 걸음씩 옮겨 놓았을 그의 발걸음들이 쌓여 있다. 구두 가죽에는 대지의 습기와 풍요로움이

스며들어 있고, 구두창 아래에는 해가 떨어질 무렵 밭길을 걸어가는 외로움이 펼쳐져 있다. 이 신발에는 대지의 소리 없는 외침이 진동하고 있다.[45]

반 고흐의 구두는 단순한 구두가 아니었다. 그 구두에는 소명을 찾으려고 했던 한 젊은이의 갈망이 담겼다. 그리고 닳아 버린 구두는 그가 얼마나 진실하게 삶을 탐구했는가를 보여 준다. 그는 걸으면서 세상을 보았다. 혼자 걸어가야 하는 고독한 길이었지만, 그 흔적은 큰 울림으로 남아 사람들에게 감동을 준다. 오늘날 사람들이 그의 그림에 감동하는 이유는 그의 작품들이 갖는 이러한 진실성 때문이 아닐까?

그는 혼자 걸었다. 처음부터 혼자 걸으려고 한 것은 아니었다. 늘 누군가와 함께 걷고 싶었지만, 세상이 그를 이해하지 못했다. 피카소[Pablo Picasso]는 반 고흐의 길은 철저하게 고독한 것이었다고 말했다.[46] 가족과 동료들도 그를 이해하지 못했다. 그는 늘 고독했다. 하지만 자신을 고립시켜 은둔 상태로 들어가지는 않았다.

생 레미 요양원에 있을 때 그가 그린 「아이리스」는 이러한 반 고흐의 모습을 잘 보여 준다. 느린 바람에 춤을 추듯 하늘거리는 파란색 아이리스 사이에 하얀색 아이리스가 한 송이 놓였다. 혹시 반 고흐는 자신이 푸른 아이리스 가운데 홀로 서 있는 하얀 아이리스와 같다고 느껴 이런 그림을 그린 것은 아닐까. 하지만 하얀 아이리스는 푸른 아이리스 사이에 있다. 이것은 끊임없이 유대를 추구했던 반 고흐의 모습을 닮았다. 그는 그림을 통해서 사람들에게 다가갔다. 그리고 그림을 통해서 그가 걸으면서 보았던 세상, 힘든 삶을 살아가는 사람들을 위로하려고 했다.

빈센트 반 고흐, 「아이리스」, 1889, 캔버스에 유채, 71×93 cm, 폴 게티 미술관, 로스 엔젤레스

나는 이 세상에 빚과 의무를 지고 있다. 나는 30년간이나 이 길을 걸어왔다. 이에 보답하기 위해서라도 그림의 형식을 빌려 어떤 기억을 남기고 싶다. 이런저런 유파에 속하기 위해서가 아니라 인간의 감정을 진정으로 표현하는 그림을 남기고 싶다. 그것이 나의 목표다. (1883년 8월)[47]

내가 예술을 어떻게 바라보는지 네가 분명하게 알아주었으면 해. 사물의 본질에 도달하기 위해서는 오랫동안 노력해야 해. 내가 원하고 목표로 하는 것이 어렵다는 것은 알지만, 그렇다고 내 목표가 도달할 수 없을 정도로 높다고 생각하지는 않아. 나는 사람들의 마음을 감동하게 하는 그림을 그리고 싶어. '슬픔'은 단지 작은 시작일 뿐이야. 아마도 「란 반 미어더포르트」, 「라이스바이크 목초지」, 「생선 말리는 창고」와 같은 풍경들 역시 작은

시작이지. 이러한 작품들 안에는 적어도 내 가슴 안에서 바로 나오는 무언가가 있어. 인물화나 풍경화에서 내가 표현하고자 하는 것은 감상적인 우울함이 아니라 뿌리 깊은 고뇌야. (1882년 7월 21일)[48]

반 고흐가 걸으면서 바라본 세상은 슬픔이 가득했다. 하지만 그는 그 슬픔 속에서 희망을 보았다. 마치 「감자 먹는 사람들」에서 화로가 직접 표현되지는 않았지만, 벽에 반사된 화로의 불빛이 농부들을 따듯하게 감싸 주는 것을 보여준다. 이처럼 그는 슬픔 너머에 있는 기쁨을 보여주고 싶어했다. 외롭고 힘든 길을 걷는 그에게 그림만이 안식처가 되어줬던 것처럼, 반 고흐는 자신의 그림이 삶에 지친 사람들의 마음에 안식을 주기를 바랐다.

최선을 다하는 삶은 실패하지 않는다

반 고흐는 어머니에게 재능을 물려받아 그림에 소질은 있었지만, 천재라고 불릴 정도는 아니었다. 반 고흐 자신도 자신이 그림에 천재적인 재능이 있다고 생각하지 않았다. 그는 27세라는 늦은 나이로 화가의 길에 들어섰다. 그리고 그 공백을 채우려는 듯 그리고 또 그렸다. 그가 남긴 방대한 편지에는 그가 얼마나 그림 그리기에 매진했는지 잘 나타나 있다. 그는 이른 아침 일어나 늦은 밤까지 그림을 그리고 또 그렸다.

나는 종종 늦은 밤까지 그림을 그린다. 어떤 사물을 볼 때 떠오르는 생각들에 분명한 형태를 부여하고 이런저런 기억을 붙잡아두기 위해서지. (1879년 8월 5일)[49]

지난 며칠 동안 긍정적인 변화가 있었다는 것을 네가 알아주었으면 해. 열

두 점의 데생을 완성했는데 전보다 훨씬 좋아진 느낌이야. 이것들은 랑송(Lançon)의 데생이나 영국의 목판화 같지만 아직은 서툴고 어색해 보이지. 짐을 나르는 사람들이나 광부, 눈 치우는 사람, 눈 위의 산책, 노파, 발자크Balzac의 『13인의 역사』에 나오는 페라구스Ferragus와 같은 늙은 남자들이 나오는 그림이지. 그중 「길 위에서En Route」와 「화로 앞에서Devant les Tisons」라고 이름을 붙인 작은 데생 두 점을 네게 보낸다. 아직은 좋은 그림은 아니라는 것을 나도 알아. 하지만 이제 조금은 마음먹은 대로 그릴 수 있게 됐어. … 중략 … 앞으로 더 발전할 것이라는 것을 느껴. 그리고 곧 초상화를 어떻게 그리는지 알 수 있는 단계에도 도달하겠지. 그러려면 굉장한 노력이 필요하겠지. "선 하나도 그리지 않는 날은 하루도 없다."라고 가바르니Gavarni가 말한 것처럼. (1881년 1월)[50]

1881년 1월에 보낸 편지에서 보는 것과 같이 단 하루도 선을 그리지 않은 날이 없을 정도로 노력했다. 일단 그림을 그리기 시작하면 밤을 새우는 것도 마다하지 않았다. 그림을 그리느라 식사를 거를 때가 많았다. 그는 예술은 끊임없는 노력을 해야 하는 것이라고 보았다.

> 요즘 나는 무척 고된 작업을 하고 있다. 지금도 아침부터 저녁까지 그림을 그리고 있다. 이처럼 나는 매일 작은 마을의 풍경을 그린다. (1882년 3월 4일)[51]

> 예술은 끊임없는 노력을 요구해. 어떤 상황에도 멈추지 않고 일하며 끊임없이 관찰하는 거야. 끈질긴 노력이란 무엇보다도 꾸준한 작업을 의미하지. 또 누군가의 이런저런 비평을 듣고 자신의 관점을 포기하지 않는다는 것을 의미해. (1882년 7월 21일)[52]

그는 작품의 모티브를 찾아 걷고 또 걸었다. 그가 그린 낡고 닳아버린 구두에서 우리는 그가 그림을 그리기 위해서 얼마나 노력했는가를 볼 수 있다. 그는 정식으로 아카데미에서 그림 수업을 받지 않았다. 데생 교본을 구해 스스로 그림 그리는 법을 배웠다. 그리고 틈나는 대로 미술관을 가서 거장들의 그림을 직접 보고 배웠다. 그뿐만 아니라 그가 편지에서 언급하는 수많은 책은 그의 독서량이 얼마나 엄청났는지를 보여준다. 그는 책을 읽고 또 읽었다. 책은 그에게 세상을 바라보는 멘토와 같은 역할을 했다.

> 그림을 그리는 방식이나 결과에 많은 변화가 있었단다. 모베가 충고해 준 대로 살아 있는 모델을 쓰기 시작했어. 다행히 몇 사람을 설득할 수 있었는데 노동자인 피에트 카우프만Piet Kaufmann도 그중 한 명이야. 샤를 바그르Charles bargue의 『목탄화 연습』을 주의 깊게 공부하면서 반복해서 그려 본 결과 인물데생에 대한 좀 더 명확한 개념을 얻었지. 측정과 관찰, 주된 선을 찾는 방법을 배우게 된 거야. 그래서 지금까지는 불가능하게만 보였던 것들이 차츰 가능해지기 시작했지. 다섯 차례에 걸쳐 여러 포즈로 삽을 든 농부를 그렸어. 그 외에도 씨 뿌리는 사람을 두 번, 빗질하는 소녀도 두 번 그렸지. 또 흰 보닛을 쓴 감자 깎는 여자와 지팡이에 기대어 서 있는 양치기 그리고 팔꿈치를 무릎에 대고 머리를 손에 파묻은 채 화롯가에 앉아 있는 늙고 병든 노인을 그렸어. 물론 여기서 끝나지 않을 거야. 삽질하는 사람, 씨 뿌리는 사람, 남자와 여자들을 난 쉬지 않고 그릴 작정이야. 시골 생활에 대해 모든 걸 연구하고 그릴 거야. … 아마도 모베는 나를 보고 이렇게 말하겠지. 공장은 완전 가동 중이라고. (1881년 9월)[53]

반 고흐가 테오에게 "내가 해야 할 일은 분명하다. 그것은 그림을 그리기 위해서 최선을 다하는 것이다."[54]라고 말한다. 이 말속에서 그가 얼마나 열정적으로 화가가 되기를 원했는지, 그리고 그것을 이루기 위해서 얼마나 열심히 연습에 매진했는가를 알 수 있다.

> 지금 네게 보여 주려는 데생들에 대해서는 한 가지 생각뿐이야. 내가 같은 자리에 머무르지 않고 제대로 발전하고 있음을 네가 이 그림들을 보면서 깨달았으면 해. 상업적 가치에 대해서는 … 성실하고 끈질긴 작업만이 이 모두가 헛되지 않은 확실한 방법이겠지. (1882년 7월 31일)[55]

> 나는 말 그대로 멈출 수가 없어. 일을 손에서 놓을 수도, 휴식을 취할 수도 없지. … 중략 … 예전에 느끼지 못하던 색채에 대한 감각이 내 안에서 눈 뜨고 있어. 광범위하고도 강력한 무언가가 말이야. (1882년 8월 15일)[56]

> 무엇인가를 하지 않고 지나가는 날은 단 하루도 없다. 계속 단련하여 숙달에 이르는 중이니 발전하지 않을 수 없겠지. 데생이나 습작 하나하나가 한 발 더 앞으로 나아감을 의미해. (1883년 10월 29일)[57]

대가는 어느 날 갑자기 태어나는 것이 아니다. 그것은 끊임없는 습작의 결과일 뿐이다. 반 고흐가 그린「씨 뿌리는 사람」이 좋은 예이다. 그는「씨 뿌리는 사람」을 그리고 또 그렸다. 처음에는 밀레의 그림을 흉내 냈지만, 시간이 지나가면서 자신의「씨 뿌리는 사람」을 그리기 시작했다. 그의 작품들을 보면 한 소재를 가지고 반복적으로 그린 그림들이 상당하다. 그는 자신의 것으로 완전히 녹아낼 때까지 같은 소재를 반복해서 그리고 또 그렸다.

빈센트 반 고흐, 「선한 사마리아인」, 1895, 캔버스에 유채, 73×60 cm, 크뢸러 밀러 미술관, 오테를로

최선을 다해 노력하고 있단다. 아름다운 것을 만들 수 있기를 간절히 열망하니까. 하지만 이 아름다운 것들이란 고된 작업과 실망 그리고 인내를 의미하지. (1882년 9월 9일)[58]

반 고흐는 우리에게 최선을 다하는 삶은 결코 후회하지 않음을, 노력이 재능을 앞선다는 사실을 보여 준다. 그는 그리고 또 그려서 종이가 찢어질 정도로 그림을 그렸다. 오늘날 사람들이 그의 그림에 감동하는 것은 그의 천재성보다는 우직하게 한 길을 걷고자 했던 노력 때문일 것이다. 그는 말한다.

삶이 어떻게 전개되든지 나는 거기서 무엇인가를 발견할 것이고, 또 그것에 최선을 다하겠지. (1883년 10월 28일)"[59]

하나님은 "울며 씨를 뿌리러 나가는 자는 반드시 기쁨으로 그 곡식 단을 가지고 돌아오리라"[시 126:7]라는 말씀처럼 그의 수고와 눈물 위에 기름을 부어주셨고, 그의 작품은 많은 사람에게 위로를 주고 있다.

하나님께서 나를 보시는 눈

반 고흐는 가난한 사람들에게 복음을 전하고 싶었다. 그러나 뜻대로 이루어지지 않자 그는 그림을 그렸다. 이것이 그가 선택한 두 번째 소명이었다. 그는 소외된 사람들에게 위로가 되는 그림을 그리고 싶었다. 반 고흐는 긍휼의 마음으로 사회적 약자들에게 다가가 예술을 통해 그들을 치유하려고 했다. 반 고흐의 작품은 우리에게 삶의 의미와 목적에 대해서 그리고 그것을 어떻게 이루어가야 하는가에 관해서 이야기한다. 그는 화가의 작업은 대상을 하나님의 눈으로 바라보고 깨어진 질그릇 속에 담긴 아름다움을 드러내는 것이라고 본다. 그가 당시 사회에서 주목을 받지 못했던 광부, 직조공, 농부와 같은 사람들을 주로 화폭에 담았던 이유가 여기에 있다. 그는 누구도 주목하지 않는 사람들을 화폭에 담았다. 마치 예수님께서 이방의 갈릴리를 영화롭게 하시기 위해서 갈릴리에서 제자들을 부르셨던 것처럼, 이 세상에서 소외된 사람들을 찾아가 그들을 화폭에 담았다.

반 고흐의 풍경화는 그가 소외된 자에게 가졌던 관심이 자연에까지 확장되었음을 우리들에게 보여준다. 반 고흐가 그린 풍경화들은 사람들의 눈길을 끌기에는 어딘가 부족한 것들이다. 그런데 그에 의해서 이름 없는 풀, 덤불, 나무 밑동, 풀뿌리, 부서진 나뭇가지들이 새롭게 태어났다. 초라한 잡목들이 아름답게 보이는 것은 그 잡목이 아름다워서가 아니라 그것을 바라보는 눈이 아름답기 때문이다.

"예루살렘 딸들아 내가 비록 검으나 아름다우니 게달의 장막과 같을지라도 솔로몬의 휘장과도 같구나" 아 1:5

게달의 장막처럼 검은 피부도 사랑하는 이의 눈에는 성전의 휘장보다도 아름답게 보이는 법이다. 릴케가 말한다. 반 고흐의 그림에는 대상 자체의 아름다움이 아니라, 그것을 바라보는 이의 아름다움이 드러난다고 말이다. 그가 말한 것처럼 고흐의 풍경화는 대상을 바라보는 이의 시선을 담고 있다.

반 고흐의 작품에 나오는 이러한 특징은 우리에게 반 고흐의 그림이 자신의 감정을 표현하거나 재능을 뽐내는 것이 아니라 하나님의 마음을 담아내는 것이었음을 가르쳐 준다.

선(善)은 거창하지 않은 작은 섬김에 의해서 이 세상에 확장된다. 반 고흐에게 있어서 작은 섬김은 그림이었다. 반 고흐는 우리에게 소명을 따라 사는 삶이 행복한 삶이라고, 최선을 다하는 삶은 실패하지 않는다고 우리에게 말하고 있다.

5

● 손수연 교수 | 홍익대학교

홍익대학교 예술학과와 대학원 미술사학과 조교수로 재직 중이다. 종교개혁 미술에 관한 글로 「루터는 미술에 반대하였는가」 「종교개혁과 16세기 화가들」 「17세기의 종교미술」을 『기독교 사상』(2016년 3, 4, 5월)에 기고하였고, 종교미술에 관한 연구를 지속하고 있다.

카스파 다비드 프리드리히의 풍경화에 반영된
프로테스탄트 회화의 전통

프리드리히 풍경화의 프로테스탄트 전통

카스파 다비드 프리드리히^{Caspar David Friedrich, 1774-1840}의 풍경화는 고요하고 웅장할 뿐 아니라 신성함과 신비로움까지 느껴진다. 그래서인지 십자가나 교회 같은 종교적인 모티브가 보이지 않아도 종교화의 느낌이 있다. 프리드리히 비평가들은 그의 그림을 독일 민족주의의 표현 또는 독일 낭만주의의 범신론적 표현으로 해석하거나 당대 철학자들이 논의했던 '숭고(Sublime) 표현, 장엄한 존재 앞에서의 느껴지는 경외심과 같은 상태로 해석해왔다. 그러나 프리드리히 풍경화에는 17세기 네덜란드 풍경화에서 볼 수 있는 프로테스탄트적인 특성이 반영되어 있는데, 이 책에서는 그의 여러 특징 중에 프로테스탄트 풍경화적인 요소를 살펴보고자 한다.

17세기 네덜란드 풍경화와 프로테스탄트 명상

풍경화는 17세기 네덜란드에서 미술시장이 발달하고, 정물화와 풍경화, 장르화로 미술의 장르가 분화되면서 풍경화 자체의 독립적인 장르로 발전했다. 주요 소재는 하늘, 구름, 나무, 물이었는데, 네덜란드 풍경화는 당대 프로테스탄트 풍경화가 길리스 반 코닝스루^{Gilis van Conixloo, 1544-1607}와 에사이아 반 드 벨데^{Esaias van de Velde, 1587-1630}의 풍경화에서 볼 수 있는 것처럼 이야기가 포함되어 있지 않고, 하늘과 대기의 자연만 묘사했다. 이탈리아와 프랑스에서 풍경이 역사화의 부속적인 장면이나 배경으로 그려진 것과 달리 네덜란드에서는 신화나 종교적인 인물 없이 자연 그 자체를 묘사하게 된 것이다. 당대 유럽에서는 자연 풍경을 바라보는 새로운 태도가 등장할 수밖에 없었는데, 천문학자 갈릴레오 갈릴레이[Galileo Galilei, 1564-1642]의 지동설과 식물학자 안토니 반 류벤 후크[Antoni van Leeuwenhoek, 1632-1723]의 연구가 풍경화 발전에 기여한 까닭이다.

그러나 네덜란드 풍경화 발전의 요인을 칼빈주의적 세계관에 기인한다고 해석하는 학자들도 있다.[1] 네덜란드에서는 칼빈주의자들이 네덜란드 공화국의 지도자들이 되었고, 칼빈주의의 네덜란드 개혁교회가 국교로 정해졌기 때문이다.[2] 칼빈주의 세계관에서는 자연을 하나님의 두 번째 책이자 그의 신성한 지혜와 은혜를 반영하는 장소로 간주한다. 칼빈의 『기독교 강요』와 하이델베르크 요리 문답 27, 28번에는 자연이 하나님의 섭리를 이해하는 데 필수적인 대상이라고 기록돼 있다.[3]

레이어 안슬로[Reyer Anslo, 1522-1669]는 1656년, 자신이 프로테스탄트 시인으로 활동할 때 쓴 그의 시에 "그림은 눈을 통해 유용한 교훈으로 우리를 날카롭게 하고, 하나님의 딸인 자연으로부터 교훈을 이끌어 낸다"라고 기록했다. 그리고 자연을 '하나님의 교훈과 그 의미를 보여주는 존재'라고 칭했다.[4]

네덜란드에서 활동했던 칼빈주의 목사, 울파르두스 에켈만[Ulphardus Ekelman d.1664]도 그의 책 『자연의 책에서 얻은 교훈[Lessen uit het Boek der Nature en Ervarenheit]』(1661)에서 하늘, 강, 샘물을 포함한 자연의 100가지 주제들에 대한 종교적인 명상을 기록했다.[5] 이러한 태도는 당대 프로테스탄트 작가들이었던 야콥 캣츠[Jacob Cats, 1577-1660], 로머 피셔[Roemer Visser, 1547-1620] 및 얀 라이켄[Jan Luyken, 1649-1712]과 같은 엠블럼 집에도 영향을 미쳤다. 이들은 해와 달, 나무, 강 등 자연이나 일상의 물건에 대한 명상을 엠블럼 집에 적었는데, 이렇게 일상을 보며 하나님을 떠올리는 명상 습관은 당시 영국에서 들어와 네덜란드에서 유행하고 있었다. 영국의 주교, 조셉 홀Joseph Hall, 1574-1656이 창안한 '수시 명상(Occasional Meditation)'은 특정 시간과 장소, 체계를 요구하는 가톨릭 명상과 달리, 일상에서 때때로 접할 수 있는 자연현상과 사물을 대상으로 한다.

홀은 네덜란드를 방문했을 때 데보티오 모데르나Devotio Moderna 전통의 명상방법이 존재하는 것에서 아이디어를 얻어, 언제 어디서나 할 수 있는 명상의 방법을 고안했다. 그는 일상에서 접할 수 있는 140개의 소재를 ①하늘, ②지구, ③물, ④식물, ⑤새, ⑥동물, ⑦곤충, ⑧인간 등 8개 주제로 분류해 자신의 명상 내용을 소개했다. '하늘'을 예로 들면 다음과 같다.

"오 하나님, 주님의 뜻이 하늘에서처럼 이 땅에서도 이루어지기를 기도합니다. 당신의 천상의 움직임은 영원히 지속될 것입니다. 그리하여 내가 당신의 뜻대로 행동 할 수 있도록 … 당신의 천상의 움직임은 규칙적이며 정확한 지점을 결코 벗어나지 않습니다. 그리하여, 내가 당신의 뜻에 따라 당신과 함께 걸을 수 있도록. 그리하여 당신의 법에서 벗어나지 않도록."[6]

조셉 홀의 일상에 대한 명상은 영국과 네덜란드에서 유행했으며, 영국에서는 존 돈느John Donne, 조지 허버트George Hurbert, 리차드 크라쇼Richard Crashaw와 같은 영국 형이상학 시인의 시에 영향을 미쳤다. 네덜란드에서는 엠블럼 집들에 이러한 일상 사물에 관한 명상이 반영되어 있고, 그중 이들과 같이 형이상학 시인이라고 평가받는 얀 라이켄은 일상의 명상을 자신의 종교 엠블럼 집에 반영했다. 그의 엠블럼 집 8권 중 하나인 『교훈적인 가정용품들Het Leerzaam Huisraad』(1711)에서는 50개의 가정용품에 대한 명상을 담고 있으며, 『세상의 고찰Beschouwing der Wereld』(1708)에는 자연 만물의 100가지 주제를 자신의 시와 판화로 표현했다. 특히 『세상의 고찰』은 자연에 관한 주제이기 때문에 라이켄의 판화가 소재와 구성면에서 네덜란드 풍경화와 유사하다.

카스파 다비드 프리드리히와 시인 코제가르텐 목사

18세기 말 유럽에서는 낭만주의 운동의 물결 아래 이전까지 여행하지 않았던 야생의 자연을 찾아내고, 거기서 느낀 경외감과 공포심이 문학과 예술에 반영됐다. 낭만주의에서 중시했던 호기심과 숭고의 표현 역시 회화에 반영되었는데, 아일랜드의 파워스코트 폭포Powerscourt Falls를 그린 조지 바렛George Barret Sr., 1730-1784, 알프스산맥과 폭포를 그리는 카스파 울프Caspar Wolf, 1735-1783, 영국 고데일 협로Gordale Scar를 그린 제임스 왈드James Ward, 1769-1859가 대표적인 화가들이다. 그들은 종교적 의식에서보다는 자연에서 신성을 발견했고, 폭포수와 산과 자연의 외양보다 자연 속의 고요함과 정적, 평정에 감명을 받았다.[7]

그중 독일의 카스파 다비드 프리드리히와 필립 오토 룽에Philip Otto Runge, 1777-1810는 시인이자 루터교 목사였던 코제가르텐Gotthard Luwig Kosegarten, 1758-1818 목사로부터 보다 더 직접적인 영적 영감을 받았다. 시집 『멜랑코리엔Melancholien』(1777)의 저자였던 코제가르텐 목사는 독일 북부 뤼겐Rügen 섬에서 관찰한 영적 충만함을 시로 표현했고, 섬의 어부들에게 '해변 설교(Seashore Sermon)'를 했었다고 한다.[8] 설교에서 그는 자연을 인간과 종교적 교리를 설명하는 상징으로 해석했다.

카스파 다비드 프리드리히, 「스투벤카머」, 1801, 라이프치히 미술관

    프리드리히는 그리프스발트 대학 University of Griefswald에 다닐 때, 그의 드로잉 교수였던 요한 가트프리드 퀴스토르프 Johanne Gottfried Quistorp, 1755-1835 교수를 통해 코제가르텐 목사를 알게 되었다. 그리고 1801년 6월 20일 뤼겐섬에 가서 코제가르텐 목사를 직접 만났고, 이 만남을 통해 코제가르텐의 세계관이 프리드리히의 작품뿐만 아니라 삶 전체에 영향을 미쳤다. 코제가르텐 목사가 '야외에서의 고독'의 주제에 관해 이야기를 하자 프리드리히는 곧바로 실행에 옮겼고, 우테발더 그룬드 Uttewalder Grund의 숲에서 한 주를 보내며 그의 생각에 영적인 공감을 했다고 전해진다.[9] 루겐섬에서 그린 스투벤카머(Stubbenkammer)와 알코나 만(Cape Arkona)을 그린 드로잉들을 보면, 프리드리히가 이 장소들을 명상의 장소로 이용한 것을 알 수 있다. 당시 코제가르텐의 영향이 컸다는 사실은 그의 「거미 아래의 여인」(1803)에서도 찾아볼 수 있는데, 이 그림에서 자연을

명상하는 여성은 코제가르텐의 시집 『멜랑코리엔』에서도 등장하기 때문이다.

프리드리히는 코제가르텐의 책과 그의 조언을 통해 자연 관찰을 예배의 수준에까지 끌어올리는 방법을 배웠다. 급기야 이를 비테 예배당 설계 공모전에도 적용했는데, 이 예배당 설계도에 예배자들이 예배당에 들어가기 전에 거대한 나무들이 가득 찬 울창한 숲을 돌아서 들어가도록 설계했다. 프리드리히는 설교를 듣기 위해서 예배자가 숲의 돌계단에 앉으면 자연과 융합될 수 있다고 믿었던 것이다.

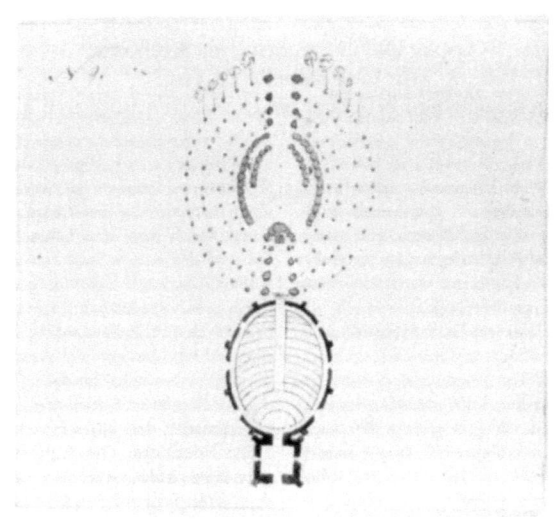

카스파 다비드 프리드리히, 비테 예배당 타원형 설계도
(Oval Plan for the Vitte Chapel)

카스파 다비드 프리드리히, 「참나무 아래의 수도원」, 1809-1810, 베를린 Alte Nationalgalerie

    프리드리히의 「참나무 아래의 수도원」(1809-1810)에서도 비테 예배당 설계도에서처럼 자연이 예배당과 거의 동격으로 신성한 지위를 부여받은 것처럼 묘사된다.
    독일 낭만주의 풍경화가들이 자연을 통해 종교적 경험을 묘사하였던 태도는 당대 쉐링, 슈베르테, 괴테, 훔볼트의 철학에서 발견되는 일반적인 특성이지만, 프리드리히와 룽에는 그들의 영향보다 코제가르텐 목사의 영향이 더 컸던 것으로 보인다. 학자들은 프리드리히가 코펜하겐으로 이주한 것도 코제가르텐이 조언했기 때문으로 보고 있다. 왜냐하면 그 당시 스칸디나비아반도에서 프로테스탄트 신앙이 더 잘 지켜지고 있었기 때문이다. 또한 프리드리히는 코펜하겐의 화가 쥬엘Juel의 작품을 보면서 이국적인 풍경이나 고대의 장소, 폭풍우나 재난을 그리지 않더라도 자연의 풍경만으로도 숭고를 표현할 수 있다는 것을 깨달았다.

17세기 네덜란드 풍경화와 카스파 다비드 프리드리히의 풍경화

프리드리히는 코제가르텐의 영향뿐 아니라, 17세기 네덜란드 풍경화를 연구한 끝에 자신만의 독특한 풍경화를 구현할 수 있었을 것으로 보인다. 드로잉 교수였던 퀴르스토르프가 17세기 풍경화 컬렉션을 소유하고 있었기 때문에 그를 통해 프리드리히가 17세기 풍경화를 접하고 연구할 수 있었다. 프리드리히가 17세기 네덜란드 풍경화에서 영향을 받았다는 사실은 그가 자연을 명상하는 인물과 점경인물, 네덜란드 풍경화의 모티브들을 적극적으로 사용하고 있는 점이 증명한다.

카스파 다비드 프리드리히, 「일출 앞의 여인」, 1809, 에센 Museum Folkwang

자연을 명상하는 인물

프리드리히의 「일출 앞의 여인」(1809), 「해변의 두 남자」(1817), 「달을 묵상하는 두 남자」(1819)는 모두 인물들이 뒷모습으로 보이며 자연을 관찰한다. 이렇게 얼굴이 보이지 않는 뒷모습의 인물들은 자신들의 눈 앞에 펼쳐지는 자연의 광경에 흡수된 것처럼 보인다. 이들은 무한한 자연 앞에 서 있는 유한한 인간으로 자연과 인간의 대조로 해석되어 왔다. 이들은 또한 뒷모습으로 보이기 때문에 그림을 감상하는 관람자가 자신과 동일시할 수 있는 인물들이다. 따라서 그림을 보는 사람 역시 이 인물들처럼 자연과 풍경화를 경외심과 숭고함을 감상하며 바라보게 되는 것이다.

뒷모습으로 자연을 바라보는 인물들은 17세기 네덜란드의 얀 라이켄의 엠블럼 집 판화에서 종종 볼 수 있는 인물들이다. 엠블럼 집은 표제와 그림, 설명문으로 이루어져 있는데, 얀 라이켄은 시인이기 때문에 설명문에 자신의 시를 써넣었다. 『세상의 고찰』에 실린 「구름」에서도 구름을 보고 저자가 하나님의 뜻과 섭리를 생각하는 내용을 기술한다. 이러한 뒷모습의 인물들이 자연을 관찰하는 태도에서 필자는 프리드리히가 17세기 네덜란드 엠블럼 집을 볼 수 있었다고 생각하는 데, 그 이유는 이러한 인물들 외에도 『세상의 고찰』에 나오는 풍경 판화들이 프리드리히의 풍경화와 유사성을 띠기 때문이다.

얀 라이켄, 「구름」, 『세상의 고찰』, 1708

얀 라이켄, 「바다」, 『세상의 고찰』, 1708

카스파 다비드 프리드리히, 「빙해의 난파」, 1798

필자는 프리드리히의 「빙해의 난파」(1798)와 얀 라이켄의 『세상의 고찰』의 「바다」에서 배의 위치와 구도, 배가 기울어진 각도까지 두 작품의 유사성이 명백함을 발견할 수 있었다. 두 작품의 유사성 이유에 대해 프리드리히가 코제가르텐 목사를 통해서 얀 라이켄의 엠블럼 집을 보게 되었거나, 퀴르스트로프 교수를 통해 이 판화를 보았을 가능성을 제안해 본다. 이러한 유사성은 카스파 다비드 프리드리히의 작품에 17세기 프로테스탄트 풍경화가 영향을 미쳤음을 증명한다.

또한 프리드리히는 자신의 작품인 「달을 묵상하는 두 남자 Zwei Männer meditieren über den Mond」(1817, 1819)의 제목에 '명상(Die Meditation)'이라는 단어를 사용하는데, 이 역시 17세기 네덜란드 엠블럼 집 판화의 명상 기능을 참고한 것으로 보인다.

카스파 다비드 프리드리히, 「달을 묵상하는 두 남자」, 1819-20, 메트로폴리탄 미술관

점경 인물

풍경화에서 크기가 작은 인물들은 자연 풍경의 규모를 알려주는 구성요소로 기능한다. 이들은 점경인물로 지칭되는데, 프리드리히 풍경화에서도 점경인물을 발견할 수 있다. 예를 들면, 「무지개가 있는 풍경」(1810), 「저녁 별」에서 점경인물들은 거대한 풍경을 가늠하게 하는 척도가 되며, 이들 또한 거대한 자연 앞에서 소소하고 무력한 인물임을 표현한다.

카스파 다비드 프리드리히, 「무지개가 있는 풍경」, 1810, 에센 Museum Folkwang

17세기 네덜란드 풍경화에서 교회를 향해 걸어가는 인물들은 하늘의 예루살렘을 바라보고 죄많은 세상을 거쳐 가는 나그네, 모든 유혹을 극복하는 '세상의 순례자(Pilgrim)'를 상징한다. 이 해석은 풍경을 부정적인 의미로 보기 때문에 다른 학자들은 나그네를 하나님의 창조세계를 면밀히 바라보고, 하나님의 창조와 섭리를 찬양하는 긍정적인 인물로 해석한다. 네덜란드의 프로테스탄트 교단 중 메노파 교도들은 '엠마오의 순례자'의 주제를 인생의 영적 순례(Spiritual Pilgrimage)에 비유했다.[10]

당시에 유명 풍경 화가이자 메노파 교도였던 살로몬 반 라이스달 Salomon van Ruysdael, 1602-1670 도 '엠마오의 순례'와 관련된 주제의 풍경화를 8점을 제작했다. 또한 퀴스토르프의 컬렉션에 있었던 에사이아 반 드 벨데, 얀 반 호이엔 Jan van Goyen, 1596-1656 의 풍경화에도 점경인물들이 포함된다. 프리드리히의 점경인물들은 순례자의 의미로도 볼 수 있겠지만, 자연의 웅장함을 통해 하나님의 신성을 드러내는 17세기 풍경화의 전통에 근거하여 묘사되었을 것으로 보인다.

살로몬 반 라이스달, 「엠마오로 가는 길」, 1653, 에르미타쥬 미술관

17세기 네덜란드 풍경화의 모티브

종교개혁 시기에 활동했던 루터의 친구 루카스 크라나흐 ^{Lucas Cranach the Elder, 1472-1553}는 「율법과 은혜」(1529)에서 가톨릭 교리와는 다른 프로테스탄트 교리를 묘사했다. 율법, 즉 구약의 시대는 메마른 나무로 묘사했고, 은혜인 신약의 시대는 무성한 나무로 표현했다. 이 비유는 종교개혁 시기에는 가톨릭과 신교로 비유되기도 했다.

17세기 풍경화에서는 프로테스탄트 화가, 야콥 반 루이스달 ^{Jacob van Ruisdael, 1629-1682}의 「유대인 묘지」(1654-55)에도 메말라 죽어있는 가지의 나무와 잎이 무성한 나무를 서로 대조하는 방식을 사용했다.

루카스 크라나흐, 「율법과 은혜」, 1529, 독일 고타 Herzogliches Museum

야곱 반 루이스달, 「유대인 묘지」, 1654-55, 베를린 Alte Nationalgalerie

    프리드리히의 「외로운 나무The Lonely Tree」(1822)에는 꼭대기는 타버려 검게 변해 버린 메마른 가지가 보이지만, 하단은 잎이 무성한 나무가 서 있다. 메마른 나무와 무성한 나무의 대조는 위에서 살펴보았듯이 프로테스탄트 회화의 전통이기도 하다. 이 나무는 꼭대기는 비록 타버렸지만 무성한 새잎이 가득하므로 새 생명과 궁극적으로는 예수의 부활을 상징한다. 나무 중에서도 특히 참나무는 예수님이 지신 십자가가 참나무로 만들어졌다고 알려져 있었기 때문에 그리스도의 상징으로도 해석된다. 그림을 자세히 보면 나무의 아래쪽에 한 목자가 나무에 기대어 서 있음을 볼 수 있다. 이는 작은 존재인 인간이 예수 그리스도께 의지하고 있는 모습이다.

카스파 다비드 프리드리히, 「외로운 나무」, 1822, 베를린 Alte Nationalgalerie

카스파 다비드 프리드리히, '나무에 기대어 있는 목자', 「외로운 나무」의 부분, 1822, 베를린 Alte Nationalgalerie

「바닷가의 달빛 The Moonlight of the Sea」(1830)은 「외로운 나무」와 펜던트로 애초에 프리드리히가 짝으로 제작한 작품인데, 여인들이 달빛아래에서 바닷가로 돌아오는 배들을 바라보고 있다. 항해는 종종 삶의 여정으로 비유되었고 달빛은 인생의 길을 비추는 예수 그리스도를 상징하기 때문에, 참나무와 달빛은 같은 의미가 있다. 언뜻 보기에 두 작품은 짝으로 제작된 이유를 간파하기 어려우나, 상징적 의미에서 같은 의미를 공유한다.

카스파 다비드 프리드리히, 「바닷가의 달빛」, 1830, 베를린 Alte Nationalgalerie

앞에서 살펴보았던 프리드리히의 「빙해의 난파」(1798)는 엄청난 자연의 힘에 맞서는 인간의 배를 묘사하고 있으며, 「북극해」(1824)에서는 거대한 얼음 조각 속에 침몰당한 난파선의 형체도 보이지 않는다. 엄청난 자연의 힘에서 맞서 황폐해지고 패배 한 배를 보여준다. 얼음은 매우 사실적으로 묘사되었고, 하늘을 향해 뻗어있다. 이 또한 신의 위대함과 하나님의 섭리를 연상시키며 재난은 인간이 제어할 수 없는 영역임을 강조한다.

카스파 다비드 프리드리히, 「북극해」, 1824, 함부르그 Kunsthalle

인간의 노력이 헛됨으로 돌아갈 수 있음을 의미하는 바니타스 (*vanitas*) 모티브는 17세기 네덜란드 풍경과 정물 작품의 가장 흔한 주제였다. 꽃, 해골, 유리잔 등은 곧 시들어 깨어지고 늙어지는 속성들, 즉 인간이 행하는 모든 노력의 헛됨을 의미한다. 풍경화에서는 무덤, 폐허, 난파선 등이 바니타스 주제를 나타내는 모티브였다. 위에서 살펴본 야콥 반 루이스달의 「유대인 묘지」(1650년대)에는 유명한 외과 의사의 관을 그려 삶의 연약함을 상기시켰다. 같은 맥락에서 프리드리히의 「참나무 아래의 수도원」(1810)에 있는 고딕 양식 건물의 수직 창은 인간이 만든 사물의 헛됨을 상징한다. 이 건물의 창문은 모든 유리가 깨져 프레임만 남아있다. 유리는 깨지기 쉽기 때문에 허영심을 상징하는 전통적인 상징이다. 프리드리히 풍경화에서 깨진 유리창은 인간이 만든 것들의 지속될 수 없는 연약함을 상징한다.

프리드리히의 풍경화

19세기 독일 낭만주의 화가 카스파 다비드 프리드리히의 풍경화는 미지의 세계와 숭고를 추구하는 낭만주의 정신의 표현을 넘어서는 종교적인 표현으로 볼 수 있다. 즉, 자연에서 종교적인 감정을 찾고, 해변 설교를 해온 루터교 목사 코제가르텐의 세계관을 반영하고 있다. 프리드리히의 풍경화는 하나님의 창조와 섭리를 찬양하는 17세기 프로테스탄트 명상의 주된 주제였던 인간의 유한성과 창조자의 광대하신 능력의 대조가 주를 이룬다. 그의 이러한 태도는 17세기 프로테스탄트 형이상학 시인들과 엠블럼 집의 작가들, 일상생활에의 명상에서 유래했다. 시각 요소와 관련해서는 명상하는 인물들과 점경인물, 바니타스 모티브들, 구약과 신약과 대조 등의 모티프들은 프리드리히가 그의 낭만주의 동료들보다 17세기 네덜란드 풍경화의 전통에 더 기대어 있었음을 증명한다.

6

● 김진명 교수 | 장로회신학대학교

장로회신학대학교에서 구약학 교수로 재직하고 있으며, 성화해석과 성경해석을 융합한 '미학적성경주석' 방법론과 목회와 성서신학을 위한 '정경적전개'에 관한 주석적 연구방법론을 독창적으로 개발했다. 지속적인 연구를 통해 '한국적 신학'의 꿈을 위한 기초를 놓는 일에 많은 관심과 노력을 기울이고 있다.

김기창의 「요한에게 세례 받음」과 미학적 성경주석

공통점 vs 차이점

미술관에 전시된 수많은 '성화'를 보면서 이 그림을 그린 화가가 읽었던 성경말씀은 어떤 본문인지 상상한다. 예술가는 어떤 성경본문을 묵상하고, 이해하고, 해석하면서 작품을 만들게 된 걸까? 만약 성화를 예술가의 관점과 시각으로 해석한 일종의 성경해석 결과로 본다면. 성서신학자가 같은 본문을 보고 주석할 때 그 예술가와 성서신학자의 성경본문 해석에서 어떤 공통점과 차이점을 발견하게 될지 궁금증을 갖게 된다. 기독교 예술가와 성서신학자 혹은 성도들이 예술작품과 성경본문 안에서 미학적인 아름다움의 요소들을 함께 찾아보고, 예술적인 상상력을 가지고 서로 소통한다면 이러한 대화는 어떤 결론에 도달할까?

이연호는 운보 김기창(이하, 운보)의 그림에 대해 이당 김은호가 조선시대의 화가 혜원 신윤복의 인물화와 단원 김홍도의 풍물화법이 어우러졌다고 평가했던 점을 언급하면서, 틴토레토 Tintoretto 와 브뤼겔 Brugel 의 성화에서 운보의 그림이 영향을 받은 요소가 있다고 해설했다.[1] 한국 전통회화와 서양화의 융합적인 영향은 운보의 작품인 「요한에게 세례 받음」에서도 나타나고 있으며, 레오나르도 다 빈치 Leonardo da Vinci 가 그의 스승 벨로치오 Andrea del Verrocchio 와 함께 그린 작품으로 알려진 벨로치오의 「그리스도의 세례」에서 운보의 그림과 가장 유사한 특징을 비교할 수 있다.[2]

안드레아 델 벨로치오, 「그리스도의 세례」, 1475, 나무에 유화, 151×177 cm, 피렌체 우피치 미술관

그림의 왼편에 있는 어린 천사들 가운데, 등을 보이고 돌아서서 예수님을 올려다보며 그의 옷자락을 들고 있는 좌측의 천사와 멀리 보이는 풍경, 그리고 예수님의 모습은 벨로치오의 제자인 레오나르도 다빈치가 마무리하고 완성한 것으로 전해진다.[3] 벨로치오의 그림에서 예수님의 두 손을 모은 자세와 지팡이 형태의 십자가를 요한이 들고 있는 모습, 예수님의 머리 위에 물그릇으로 요한이 물을 붓는 모습, 그리고 원근법을 사용한 배경 묘사가 보인다. 이는 운보의 채색 수묵화「요한에게 세례 받음」과 유사한 특징들을 보여주는 구체적인 내용이다.

벨로치오는 마태복음 3장 16절의 "하늘이 열리고"라는 문장과 "하나님의 성령이 비둘기같이 내려"에 해당하는 내용을 문자적으로 묘사했다. 그러나 운보는 성령을 상징하는 '비둘기'의 전형적인 모습과 '천사들'을 과감하게 제거하거나 변형시켰으며, 대신 하늘에서 내려오는 '빛줄기'와 '선녀'의 모습을 표현함으로써 기존의 다른 그림들보다 역동적이고 생동감 있으며 화려한 형태로 바꾸어 표현했다.

운보의 작품과 비교할 수 있는 또 다른 그림은 피에로 델라 프란체스카 Pierodella Francesca 의「그리스도의 세례」이다.[4] 1450년대에 제작된 피에로의 그림에서도 세례를 받는 예수님의 모습을 볼 수 있다. 예수님은 물에서 올라와 마른 땅을 밟고 서 있는 모습으로 묘사되었으며, 성령은 비둘기의 모습으로 표현됐다. 그림에 나타난 인물들의 자세와 구도, 소품은 운보의 그림과 더불어 벨로치오의 그림과도 유사하다.

요한에게 세례 받으시는 예수님이 두 손을 모은 자세와 물그릇에 물을 담아 예수님의 머리에 붓는 요한의 모습, 그림의 중앙에 위치한 예수님의 모습과 그림 좌측 천사들의 배치, 그리고 원근법을 통해 가까이 있는 인물들과 중간의 나무들, 멀리 위치한 산의 배경 등을 표현했는데 이는 앞의 그림과 비교 가능한 요소들이다.

피에로 델라 프란체스카, 「그리스도의 세례」, 1448-1450, 목판에 템페라, 116×168 cm, 런던 내셔널 갤러리

특히 여기서 그림 위쪽의 하늘은 돔 형식의 반원을 보여주지만, 실제 구도는 위쪽의 원과 아래쪽의 사각형 구조로 이루어져 있다. 사각형과 원의 두 도형이 겹쳐지면서 동시에 사각형의 맨 위와 원의 정중앙에 해당하는 위치에 하얀 비둘기가 배치되어 있다. 기하학적 조화를 이룬 구도의 그림 안에서 피에로는 하늘과 땅의 세계 사이의 중개자로서 성령을 상징하는 비둘기를 표현했으며, 예수님은 세례 요한과 나무 사이의 가운데 서 있는 구조를 이루고 있고, 비둘기와 예수님의 손과 다리까지 일직선을 이루는 형태로 배열되어 있다.[5]

서양화가들이 그렸던 '예수 세례' 기사에 관한 그림의 공통적인 요소는 성령의 '기름 부음'을 의미하는 것으로 해석되는, 비둘기 형상의 '성령 임재'에 관한 묘사이다. 그러나 운보의 본문에 대한 관점과 해석은 매우 달랐다.

운보, 세례 받으시는 예수님을 그리다

운보 김기창, 「요한에게 세례 받음」, 1952-53, 비단에 채색, 63.5×76 cm

운보의 「요한에게 세례 받음」은 6.25 전쟁으로 군산에서 피난 생활 중이던 1952년에 제작한 30점의 「예수의 생애」 연작 가운데 하나이다. 운보는 이 그림을 마태복음 3장 13~17절과 연결된 작품으로 소개했다.[6] 이 본문에는 구약의 다른 본문들이 인용되어 있다. 운보가 동양화의 변혁을 시도했던 점은 원근법을 도입한 입체적 묘사였으며, 그러한 특징은 이 그림에서도 잘 드러나고 있다.[7] 그림의 가장 앞쪽에는 예수께서 세례 받으신 요단강과 그 주변의 수풀들이 묘사되어 있다. 가운데는 세례 요한이 물그릇에 물을 담아 예수님의 머리 위에 붓고 있는 모습과 예수께서 두 손을 모으시고 조용히 세례를 받으시는 모습으로 그려지고 있다. 중간 위치에는 선녀들이 색동 옷을 입고 악기들을 연주하며 하강하는 모습이 묘사되었고, 저 멀리 그림의 가장 안쪽에는 산들이 그려져 있다.[8]

그림에서 하늘은 먹구름이 끼어 흐린 날씨로 묘사되었지만, 그 먹구름을 뚫고 내려 비추는 빛줄기는 오히려 선명하게 그림의 중앙을 가르며 예수님의 머리 위로 쏟아지고 있다. 예수님의 머리 위에 부어지는 세례 의식의 '물'은 단순한 강물이 아니라 하늘로부터 내려오는 빛과 함께 부어지는 물줄기로 연결되어 있다.

그렇다면 빛줄기와 연결된 세례의 물이 뜻하는 바는 무엇일까? 하나님의 아들로서 이 땅에 오신 예수님을 히브리서 4장 15절에서 "죄 없으신 분"이라고 진술했으며, 죄 없으신 예수께서 사람들의 죄를 대속하셨음을 신약에서는 일관되게 증언했다.[막 10:45] 그러므로 예수께서 받으신 세례의 물은 그 당시 세상 사람들이 죄 씻음을 얻기 위해 받았던 세례 의식의 물과 동일한 의미를 지닐 수 없다.

운보는 하늘에서 내려오는 빛줄기와 연결된 세례 의식의 물줄기를 묘사함으로써 본문 주석의 새로운 가능성을 열어놓았다고 해석할 수 있다. 중간의 선녀들은 서양화에서 나타나는 천사들을 한국화에 맞게 토착화시킨 가장 한국적인 요소이며,[9] 운보는 이러한 시도를 통해 그림을 보는 한국의 관람자들에게 작품 속 인물들의 정서적인 친숙함과 익숙함에서 오는 안정감을 느끼게 한 것으로 보인다. 선녀들을 색동 한복을 '날개옷'으로 입은 한국적이며 단아한 화려함을 지닌 아름다운 여성들로 묘사했다.

선녀들이 연주하는 각양각색의 다양한 동양 악기들은 아름답고 풍부한 음악 소리로 가득한 천상의 기쁨을 표현하는 듯하다. 보통 옛날의 잔치와 행차에서는 북, 장구, 두 개의 피리, 대금, 해금으로 구성되는 '삼현육각'(三絃六角)의 풍류를 베풀었으나,[10] 그림 속 악기의 구성은 '삼현육각'을 온전하게 이루지는 않았다. 운보는 마태복음 3장 17절의 '하늘의 소리'를 말씀 대신에 선녀들의 축하 연주와 음악 소리로 묘사했고, 하나님의 기뻐하고 사랑하시는 아들로서 예수 그리스도의 공생애 사역 시작을 축하하는 장면으로 예수님의 세례 사건을 해석하고 표현했다.

운보의 「요한에게 세례 받음」은 전통 한국화의 '우상(右上)에서 좌하(左下)'로 시선이 흐르도록 하는 화면의 구도와는 조금 다른 화면 구성을 보여준다.[11] 오른편 위쪽에 그려진 선녀들의 동선이 왼편 아래의 강물 위 수풀에 시선이 닿을 수 있도록 구성된 그림의 구도는 전통적인 한국화의 구도를 생각할 수 있는 요소지만, 왼편 하늘에서도 선녀들이 내려오는 모습이 묘사되어 있고, 전체적인 그림의 구성은 상하와 좌우가 엇비슷한 대칭 구조를 이루는 형태로 이루어져 있다.

먼저 운보의 그림은 대각선으로 화면 위에 선을 그렸을 때, 정확하게 그 중심점이 예수님의 얼굴에 놓인다. 그림에서 하늘의 빛줄기와 함께 하강하는 선녀들이 향한 방향을 연결해 보면 역삼각형의 구조로 볼 수 있고, 동시에 그림의 원거리 배경이 되는 산과 강물의 수풀이 연결된 선은 아래쪽의 정삼각형 구조를 이루는 것으로 볼 수 있다. 좌우 대칭적인 형태를 이루도록 그려진 그림에서 위의 역삼각형과 아래의 정삼각형이 만나는 부분에 예수님과 세례 요한의 모습이 배치된 구도를 보여준다.

운보 김기창의 세밀한 구도가 엿보이는 「요한에게 세례 받음」

운보는 그의 수묵화 작업에서 그림의 세밀한 구도를 구성하는데 노력을 기울였다. 예수님을 화면의 가장 중심에 배치함으로 마태복음 3장 13~17절의 중심인물로서 예수님이 주목받을 수 있도록 계획한 것으로 보인다. 이러한 화면의 구성과 그림의 구도는 "이는 내 사랑하는 아들이요 내 기뻐하는 자라"마 3:17라는 본문의 표현과도 부합되는 요소라고 할 수 있다. 이 본문은 구약의 시편 2편 7절과 이사야 42장 1절을 인용하여 예수님이 구약성경에서 예언되었던 '메시야', 곧 '그리스도'이심을 드러내주는 중요한 문장이기도 하다. 서양 화가들은 마태복음 3장 13~17절의 모든 내용을 시간적인 순서에 따라 개별적인 장면을 묘사하기보다는 하나의 화면 안에 집합적으로 담아내려고 노력했던 형태를 종종 발견할 수 있다. 예를 들어, 예수님이 세례를 받으시는 순간과 하늘이 열리는 장면과 성령이 비둘기의 모습으로 나타난 장면이 한 작품의 화면 안에서 동시에 나타나는 특징을 서양 화가들의 작품에서 확인할 수 있다.

그러나 운보는 「요한에게 세례 받음」에서 서양화의 원근법과 구도와 세부적인 요소들을 활용하면서도 다른 성화들과는 다르게 예수님이 물에서 올라오시기 직전에 세례받는 순간을 포착해서 한 장면에 집중했던 것으로 보인다. 즉 운보의 그림은 다른 성화들과 다르게, 성경 본문에 더욱 충실한 형태라고 평가 할 수 있다. 왜냐하면 물로 세례 받는 동안에는 그다음 순서에 나타난 성령의 임재가 동시에 이루어질 수는 없기 때문이다.

또한 운보는 '예수께서 세례 받으심'에 관한 본문을 표현했던 다른 작품들의 공통 요소로서 '성령'을 상징하는 '비둘기'를 과감하게 생략했다. 그 대신에 하늘의 빛줄기와 선녀들의 악기 연주와 음악으로 천상의 소리를 시각적으로 아름답게 묘사하려고 했다. 운보의 그림에서 '성령 임재' 장면을 생략한 것은 이 그림을 보는 성서학자들에게는 '기름 부음'의

의식이 아니라, 그 이전의 독립적인 단계와 절차로서 '물로 받는 세례 의식'의 의미에 더욱 집중하도록 하는 해석학적 단서를 제공해 줄 수 있다. 운보의 작품에 반영된 기쁨과 축하의 분위기도 그림에 나타난 미학적인 시각화 작업을 통해 잘 표현되었다고 볼 수 있다.

구약에서는 '왕의 즉위식'에서 물을 사용한 정결 의식과 기름 부음의 두 가지 절차가 실제로 언급된 경우는 없다.[12] 왕과 제사장과 예언자의 경우, 기름 부음을 받는 의식을 통해 공식적인 취임이 이루어졌다. 그러나 레위기 8장 6절과 12절을 보면 이중, 유일하게 '제사장 위임식'에서만 물로 씻겨 정결하게 하는 정결 의식 이후에 기름을 붓는 의식이 진행되는 구체적인 절차가 있었음 확인할 수 있다.

그러므로 마태복음 3장의 내용이 예수 그리스도의 '메시야'로서 공적인 위임식을 선포하는 본문이라면, 왕과 예언자와 제사장으로서의 위임식에 해당하는 절차와 내용이 함께 반영되어 있다고 보는 것이 더욱 적절할 것이다.[13] 왜냐하면 물로 받는 '세례'의 의미를 죄 사함의 목적과 구별되는 '정결 의식'으로 해석하고, 비둘기 같은 성령의 임재를 '기름 부음' 요일 2:20, 27의 의식으로 해석할 때, 신약의 '대제사장'으로서 예수 그리스도에 대한 이해 히 4:14-15의 전제가 되는 「제사장 위임식」으로서 이 내용이 설명될 수 있기 때문이다. 즉 '제사장 위임식'의 개별적인 절차로서 마태복음 3장에 기록된 예수님의 '세례 의식(물로 씻음)'과 '성령의 임재(기름 부음)'의 의미가 해석된다.

독창적 시각, 새로운 시도가 남긴 의미

마태복음 3장 13~17절의 본문에 반영된 여러 가지 구약적인 전승과 내용과 요소들이 왕과 예언자, 그리고 제사장으로서 메시야 주제를 직·간접적으로 보여준다는 결론은 구약의 관련 본문들을 근거로 하는 해석의 결과였다 시 2:7; 사 42:1; 레 8:6, 12. 히브리서는 예수 그리스도를 '대제사장'으로 표현했으며 히 2:11, 17; 7:26, 마태복음은 예수님의 '죄 없으심'에 대한 인식을 분명히 가지고 있다.[14] 때문에 마태복음 3장의 본문에 나타난 예수 그리스도의 세례 받음은 '죄 씻음'의 의미보다는 레위기 8장의 제사장 위임식 절차로서 '정결 의식'의 의미로 해석하는 것이 더 적절할 수 있다는 해석의 가능성을 운보의 「요한에게 세례 받음」에 대한 도상학적 해석과 그림과 관련된 성경본문에 관한 설명 과정에서 확인할 수 있었다.

이러한 해설이 가능할 수 있었던 출발점은 운보의 작품 「요한에게 세례 받음」에 관한 분석과 다른 작품과의 도상학적인 비교 연구를 통해 발견할 수 있었던 내용 가운데 하나이다. 이는 운보의 새로운 본문 해석과 예술적인 상상력의 표현을 확인하고, 미술과 성서신학의 간학문적인 대화를 시도함으로써 찾을 수 있었던 내용이기도 하다. 운보는 '메시야'로서 예수 그리스도의 '공생애'와 '사역'의 시작을 알려주는 마태복음 3장 13~17절의 본문과 내용을 한국의 기독교인 예술가로서 독창적인 시각을 가지고 해석했다. 이러한 작업을 통해 운보는 서양화로만 여겨지던 성화가 한국의 기독교인들에게 공감을 불러일으키도록 전통 한국화의 기법을 사용해서 성경본문 해석의 결과를 예술적으로 표현했다. 이러한 시도는 기독교의 토착화를 시도했던 것으로 평가된다.[15]

성화해석과 성경해석을 접목한 '미학적 성경주석'은 예술적인 상상력과 미학적인 관점에서 성화와 그 관련 본문의 해석을 시도하는 주석적 연구방법론으로써 미술을 포함하는 예술계에서뿐만 아니라, 신구약 성경 본문의 전통적 읽기와 성서신학 분야를 위해서도 신선한 자극과 새로운 도전의 의미를 가진다.[16]

7

● 김진명 교수 | 장로회신학대학교

장로회신학대학교에서 구약학 교수로 재직하고 있으며, 성화해석과 성경해석을 융합한 '미학적성경주석' 방법론과 목회와 성서신학을 위한 '정경적전개'에 관한 주석적 연구방법론을 독창적으로 개발했다. 지속적인 연구를 통해 '한국적 신학'의 꿈을 위한 기초를 놓는 일에 많은 관심과 노력을 기울이고 있다.

김기창과 렘브란트의 성화 속 '이집트' 이야기

미학적 성경주석 방법, 작품에 대한 깊은 이해

신약성경에는 약 200여 개가 넘는 구약의 말씀들이 인용되며, 신약은 이 말씀들이 예수님을 통해 성취되었음을 이야기한다.[1] 그 가운데 마태복음에는 60회 이상의 구약 본문들이 인용됐는데, 이는 다른 복음서들과 비교했을 때 두 배 이상에 해당한다.[2] 미가서 5장 2절에서는 메시야가 베들레헴에서 태어날 것이라고 예언되어 있다. 그리고 이 말씀은 마태복음 2장 6절에서 인용된다. 그리고 이처럼 분명하게 그 연관성을 확인할 수 있는 인용문만 신약에서 나타나는 것이 아니다. 마태복음 2장 15절에서처럼, 호세아 11장 1절은 본래 문맥에서는 한 사람이 아니라 이스라엘 민족 전체에 적용되었던 말씀이다. 그러나 마태복음 2장 15절처럼 신약에서는 직접 예수님 개인에게 적용된 것으로 인용되는 애매하고 어려운 경우도 있다.[3]

이처럼 어려움을 느끼는 신약의 구약 인용 본문의 예가 적지 않다. 이에 필자는 구약에 기록되었던 예언의 말씀이 신약에서는 왜 이런 형태로 인용되었는지, 구약 예언의 성취에 관하여 어떤 이야기를 해주려는 것인지를 설명해보려고 한다.

이를 위해 앞서 예로 들었던 호세아 11장 1절의 본문이 인용된 마태복음 2장 15절에 대한 이야기에서부터 다시 살펴봐야 한다. 우선 그 구절들이 포함된 구약과 신약의 좀 더 큰 단락을 살펴보자면, 각각 호세아 11장 1~4절과 마태복음 2장 13~15절에 속해있는 말씀이라는 사실을 확인할 수 있다.

그런데 마태복음 2장 13~15절은 특별히 운보 김기창 화백이 예수의 일대기를 한국화로 표현했던 「예수의 생애」 가운데, 「아기 예수 이집트로 피난」(1952)이라는 작품을 그릴 때 묵상했던 본문 말씀이다.[4] 렘브란트 역시, 요셉과 아기 예수와 그의 모친 마리아가 애굽으로 피난했던 사건을 「이집트 피난길에서의 휴식」(1647)이라는 제목의 작품으로 제작했었다.[5] 기독교 역사에서 많은 화가가 이 주제를 그림으로 표현했지만, 렘브란트처럼 지속적이고 반복적으로 이 주제를 화폭에 담았던 화가는 드물었다.[6] 여기서 특별히 두 화가에 주목한 이유 가운데 하나는 운보와 렘브란트가 각각 이 주제로 그림을 그렸던 시기가 화가들의 인생사에서 고난과 역경의 상황과 맞물려 있었다는 공통점이 특별하게 눈에 띄었기 때문이기도 하다.[7] 그러한 인생 과정에서 겪었던 어려움과 신앙적인 경험들이 크리스천 예술가로서 한 사람의 작품 속에는 어떤 형태로 반영될 수 있었는지에 관한 궁금증도 이 글을 쓰면서 찾아볼 수 있었다. 이러한 다양한 내용을 살펴보기 위한 출발점과 단서로 포착한 요소는 구약과 신약의 성경 말씀과 운보와 렘브란트의 성화에서도 공통으로 다루어졌던 '이집트 Egypt'라는 지명이다.

호세아 11장과 마태복음 2장과 운보와 렘브란트의 작품에 나타난 공통적인 요소로서 '이집트'는 현실적인 지명(地名)인 동시에 역사적이며 신학적인 의미가 있는 용어로서 성경 본문과 그림 작품 안에서 배경적인 역할을 한다. 그러므로 각각의 본문과 작품을 하나의 연속 선상에서 보도록 하는 매개체의 역할을 하는 요소가 바로 '이집트'라는 단어이다.

이 글은 한 사람의 성도로서 예술가의 그림에 나타난 성경본문을 이해하고, 목사와 신학자의 시각으로 본 성경 본문 이해의 대화를 위한 것이다. 이 범위 안에서 성경본문과 연관된 동양화와 서양화 및 구약과 신약의 상호 해석의 문제들을 살펴보고자 한다. 이를 위해 사용하는 글의 전개 방법을 굳이 이야기하자면, 미술과 성서신학의 간학문적 대화의 시도로 '미학적성경주석방법'이라고 할 수 있으며 이 방법을 적용해 글을 풀어보고자 한다.[8]

이집트, 그리고 피난

운보 김기창,「아기 예수 이집트로 피난」, 비단에 채색, 76×63 cm

운보 김기창의 「예수의 생애」 30편의 작품들 가운데 네 번째인 「아기 예수 이집트로 피난」은 마태복음 2장 13~15절을 묵상하고 공부하면서 그린 작품이다.⁹ 운보는 마태복음을 중심으로 네 복음서의 공통점을 확인하며 순서에 따라서 그림을 제작했다.¹⁰ 운보의 그림에서 아기 예수를 품에 안은 어머니 마리아는 맞바람을 받으며 나귀에 올라앉아 있다. 아버지 요셉은 갓을 쓰고 도포를 입고, 나귀를 끌고 가면서 뒤를 돌아보는 모습으로 묘사되어 있다. 작품 속 인물들은 모두 한복을 입은 조선 시대 인물들로 묘사되어 있고,¹¹ 그림 속의 그믐달은 묘사하는 사건의 시간적 배경이 한밤중임을 말해준다. 요셉과 아기 예수와 그의 모친의 피난 장면은 마태복음 2장 14절에 해당한다. 그러나 성경 본문에는 언급되지 않은 나귀가 그림에 등장한다. 그림 속의 세 인물 가운데 아기 예수와 그의 모친 마리아는 얼굴이 드러나 있지 않다. 운보는 왜 이렇게 묘사했을까?

　운보의 그림을 보면, 14절과 앞선 13절에 기록된 '주의 사자'가 꿈에서 헤롯의 계획을 미리 알려주며 위험을 피하라고 가르쳐준 대로 요셉이 잠에서 깨어나 행동으로 실천했다는 내용과 같이, 주된 역할을 능동적으로 감당한 요셉의 얼굴만을 드러낸다. 그래서 어머니 마리아와 아기 예수의 뒷모습만을 보여주었다는 해석도 가능하다. 이는 또한 가장으로서 가족 전체를 이끄는 요셉의 모습이, 가부장적인 문화가 지배적이던 조선시대와 한국 문화의 전통을 드러내 주는 요소로도 풀이해 볼 수 있다.

요셉은 푸른색의 한복을 입었고, 마리아는 쓰개치마라고도 하는 연한 녹색의 장옷을 썼으며, 짙은 초록색의 치마를 입은 것으로 묘사되어 있다. 조선 시대 여성들이 외출할 때에 얼굴을 가리기 위해 쓰던 장옷은 색상은 나이 든 여성의 경우에 흰색을 사

용하고, 젊은 여성들은 청색이나 황색이나 녹색을 사용했다고 한다.[12] 그렇다면 첫 아이를 출산한 어머니 마리아가 사용한 장옷은 마리아가 그 당시에 젊은 여성임을 알려주는 색상의 표현으로 해석할 수 있다. 이 그림 속 요셉과 마리아의 이 한복들은 운보가 그 앞의 두 번째 순서로 그렸던 「아기 예수의 탄생」이라는 작품 속 요셉과 마리아의 복장과 동일한 형태와 색상으로 묘사된 것이다.

　운보는 '이집트'에 도착하여 피난을 완료한 요셉과 마리아, 아기 예수의 가족을 그리지 않았다. 계시의 말씀을 들은 요셉이 가족을 깨워서 이끌고 밤중에 피난을 떠나는 급박한 상황을 포착해, 그림의 장면으로 묘사했다. 그림은 움직임의 순간을 포착하여 선으로 묘사한 특징으로 인해 매우 역동적이다.[13] 잎사귀가 모두 져버린 앙상한 겨울나무와 어둡게 비탈진 언덕, 휘날리는 장옷 자락을 통해 느껴지는 적막하고 차갑고 스산한 풍광은 요셉과 가족의 외로움과 불안함, 긴장감과 같은 인물의 심리를 더 절박하게 느끼도록 도와준다. 「아기 예수 이집트로 피난」이라는 작품에서 피난민의 정서와 심리를 느낄 수 있는 것은 그 그림이 묘사한 요셉과 식구들의 모습이 화가 자신의 경험인 동시에 한국전쟁을 겪고 있던 그 당시 한국인들의 경험이 그대로 투영되었을 가능성을 엿볼 수 있기 때문이다.[14] 피난하는 요셉의 얼굴은 한국전쟁 당시에 가족의 생존을 책임져야 했던 가장들의 얼굴인 동시에, 피난민들의 얼굴을 비춰준 것이다.

이 그림에서도 가까이 보이는 대상들과 멀리 보이는 산까지 입체적으로 표현한 원근법을 확인할 수 있으며, 사람과 사물과 대상들의 움직임까지 역동감이 느껴지는 선으로 묘사한 운보 그림의 특징들을 볼 수 있다.[15] 밤하늘의 넓은 공간에서 여백의 '미'를 발견할 수 있으며, 요셉 한 사람의 얼굴만을 드러낸 묘사를 통해 절제의 '미'와 함께 그의 표정 속에서 비장함마저 느낄 수 있다. 이러한 미학적인 아름다움의 요소들을 담아낸 운보의 그림은 '이집트'라는 장소보다는 '피난'이라는 주제에 더 초점을 맞추며, 이러한 특징을 통해 '피난민'이 된 예수 그리스도의 가족에 더 관심을 가지게 한다.

운보는 자신과 그 당시 한국인들이 겪었던 전쟁의 아픔과 생존을 위해 급박한 상황에 내몰리고 쫓기던 현실의 경험을 이렇게 이 그림에 표현해낼 수 있었던 것으로 보인다. 왜냐하면 운보는 예수의 생애에 한국전쟁을 겪던 한국인들의 고통을 표현하고 담아내려 했다고 고백했고, 이 작품에서도 그러한 점들을 충분히 생각해 볼 수 있기 때문이다.[16] 그 역시 한국전쟁 상황에서 군산으로 피난을 내려온 처지였으며, 자신이 피난의 어려움을 직접 경험한 장본인이기도 했다. 사실 조선 시대를 배경으로 예수의 생애를 표현한 운보의 그림에서 요셉의 가족이 실제 '이집트'로의 피난을 실행한다는 전제는 불가능한 상황이었다. 그렇다면 마태복음 2장 13~15절에서 언급한 '이집트'는 한국전쟁의 참상을 겪던 당시의 운보와 한국인들 모두가 간절히 바라고, 찾아가고자 꿈꾸었던 피난처와 희망의 공간을 상징하는 요소는 아니었을까?

무엇을 주목하고 있는가

렘브란트 반 레인, 「이집트 피난길에서의 휴식」, 1647

렘브란트 반 레인 Rembrandt van Rijn, 1606-1669 이 1647년에 그린 「이집트 피난길에서의 휴식」[17]이라는 작품에서 조명이 집중된 곳은 휴식을 취하는 마리아와 요셉, 아기 예수의 모습이 묘사된 부분이다. 아기 예수의 얼굴은 보이지 않으나 엄마 품에 고요히 안겨 잠든 아기의 모습으로 그려졌고, 그

모습을 가장 가까이에서 지켜보는 요셉도 볼 수 있다. 그 앞의 잔잔한 물 위에는 가족의 모습이 반사되어 비치는 것 또한 확인할 수 있다.

주님의 천사가 일러준 대로 아기 예수를 헤치려는 헤롯왕의 박해를 피해서 달아나고 있는 급박한 상황을

피해 유대 땅에서 '이집트'로 이동하던 요셉이 나귀를 활용했는지 혹은 도보로 이동했는지 세부적인 상황들은 알 수가 없다.

하지만 렘브란트는 헤롯왕과 군사들의 추격이 미치지 못할만한 장소에 이르러 춥고 어두운 밤을 지새울만한 임시 거처를 마련했던 요셉의 가족을 묘사한 것으로 보인다. 이에 대한 자세한 내용은 성경에 기록되어 있지 않음으로, 이 장면은 성경본문에 대한 예술가 렘브란트의 성경 해석과 상상력의 결과물이라고 할 수 있다. 이 그림에서도 루벤스의 작품에서 나타나는 과장된 몸짓이나 분위기는 느낄 수 없으며, 작품의 감상자가 성경을 이해하고 묵상하는 것을 돕기 위한 '잔잔한 재현'이 강조되었음을 볼 수 있다.[18]

그 옆을 지나던 목동 소년은 낯선 이방인이지만 어린 아기를 품에 안은 산모와 그 가족에게 도움을 주고자 추위와 어두움을 쫓아낼 수 있는 모닥불을 열심히 피우고 있고, 소와 양과 가축들도 한밤중의 추위를 피하고자 모닥불 주변에 다가와 휴식을 취하고 있는 모습으로 묘사되어 있다. 렘브란트는 물의 수면 위에 비친 어린 목동의 모습과 불빛까지 세밀하게 묘사했으며, 동물들의 뒤편에 서 있는 또 다른 목동의 모습도 그림에 담았다.

좌측으로부터 요셉 가족의 모습에 이어서 불을 피우고 있는 목동 소년 일행의 모습을 볼 수 있고, 그 오른쪽 뒤편으로 그려진 부분에는 지팡이를 짚고 작은 등불을 손에 들고 또 다른 가축 무리를 이끌어 오는 목동의 모습이 보인다. 아마도 그림 속의 목동들은, 어느 숲속의 연못이나 작은 호수처럼 묘사되었지만 유대 사막과 그 주변 지역에서는 오아시스였을

수 있는 그 장소에서, 고된 여정의 피곤함과 힘겨움을 내려놓고 잠시 휴식을 취하려고 모여들었던 것 같다. 매우 짙은 어두움 속에서 멀리서 걸어오는 이 목동의 모습을 볼 수 있는 것은 그가 자신의 왼손에 들고 있는 등불 때문이었을 터다. 이 등불은 목동과 그가 이끌던 가축들의 모습도 어느 정도 구분할 수 있게 해주고 있다. 그런데 렘브란트의 이 작품에서 빛은 가장 가까이에서 환하게 빛을 비춰주는 모닥불과 멀리서 다가오는 다른 목동의 등불만 있는 것이 아니다.

더 먼 곳에 서 있는 높은 건물의 형태와 창문으로 새어 나오는 작은 불빛이 보이고, 더 위로 올라가면 그림의 가장 윗부분 좌측에는 어두운 구름 뒤에서 드러나지 않은 채로 밝게 하늘을 비추는 달빛이 묘사되어 있다. 이 그림에서는 하늘의 달빛과 지상의 모닥불과 등불, 건물의 불빛과 수면 위에 반사된 빛을 볼 수 있다. 이 불빛을 받은 대상들 이외의 사물들을 모두 어둡게 보이도록 처리했다는 점에서 렘브란트 그림에 특징적으로 나타나는 다양한 빛의 실험과 명암의 기법을 뚜렷하게 확인해 볼 수 있다.[19] 그런데 이 그림에서 읽어낼 수 있는 특징 가운데 하나는 풍경화와 종교화의 특징이 조화를 이루고 있다는 점이다.

조금 시각을 달리해서 본다면 풍경화 안에 피난길에서 휴식을 취하는 요셉과 마리아와 아기 예수를 그림의 한 부분처럼 보이도록 평범하게 표현함으로써 종교화의 비중보다는 풍경화의 비중이 더 크게 느껴지는 그림을 그렸다는 점이다. 풍경화는 종교화가 주류를 이루던 중세시대와 다르게 종교개혁 이후 17세기에 새롭게 나타난 네덜란드 회화의 중요한 변화이기도 했으며,[20] 렘브란트의 이 작품에서는 당시 풍경화의 특징을 반영하면서도 성화의 주제를 자연스럽게 담아낸 것으로 보인다.

이 그림을 그렸던 1647년은 그에게 시련과 혼란스러움이 이어지던 시기였다. 1642년에 그의 사랑했던 아내 사스키아[Saskia]가 세상을 떠났고, 유일한 혈육으로 남겨진 티투스[Titus]의 유모로 집안에 들어온 드리크스[Geertje Dricks]와의 만남과 갈등이 있었으며, 1647년에 새롭게 들어온 헨드리케[Hendrickje Stoffels]와의 새로운 관계가 시작된 사건들이 있었다.[21] 1647년에 이 그림을 그린 렘브란트는 가정의 아픔과 아내와의 사별 이후에 집안에서의 불화와 혼란의 과정을 경험하게 된다. 그림 속의 평화로운 가족의 모습과 휴식의 주제는 렘브란트의 마음속에서 가장 절실한 바람이었을 수도 있다.

1640년대는 렘브란트의 경제 사정이 계속 어려워지던 시기였다. 그래서인지 소년 그리스도와 요셉 등의 서정적인 인물과 주제들이 자주 등장했고, 더욱더 따뜻하고 깊이 있는 색의 조화가 지속적으로 나타났던 특징을 보여준다.[22] 렘브란트의 「이집트 피난길에서의 휴식」에서도 1640년대 렘브란트의 작품들에 나타났던 특징들이 고스란히 나타나고 있음을 볼 수 있다. 17세기 네덜란드에서 살았던 렘브란트에게도 마태복음 2장 13~15절의 '이집트'라는 장소는 결정적인 의미가 있는 구체적인 장소가 아니었던 것으로 보인다. 그의 그림에서 그리는 풍경은 유대광야 혹은 네게브 사막이나 시내광야와 같은 지역에서 찾아볼 수 없는 모습이었다. 오히려 그 당시 렘브란트가 보고 경험했던 주변의 환경에 더 가까운 모습이었을 수 있으며, 인물들의 복장도 그 당시의 의복 형태였을 수 있다.[23]

렘브란트는 아기 예수를 포함한 인물들의 표현도 종교적인 '후광'이 더해진 초월적인 인물 묘사가 아니라 실재적이고 평범한 사람들의 모습으로 그렸다. 때문에 단순한 풍경화로 지나칠 수 있었을 법한 작품을 제목을 통해 성경 본문의 내용을 묘사했다. 그런데 렘브란트가 그렸던 요셉 가족의 여정에는 하늘의 빛과 땅의 다양한 빛들이 곳곳에서 그의 주변과 길들을 비춰주었고, 무서운 어두움과 추운 날씨를 이겨낼 수 있는 온기를 제공해주기도 했으며, 무엇보다도 소년 목동과 같은 사람들의 도움의 손길도 이어졌을 것이라는 정보를 제공해준다. 즉, 이 그림에서 발견할 수 있는 미적인 요소는 어두움 속에서 아름다움을 드러내는 빛의 요소들이라고 할 수 있다. 이 땅에 빛으로 오신 예수 그리스도의 성육신 사건의 의미를 그림 속 아기 예수와 그의 가족과 함께하고 있는 가장 밝은 빛 속에서 발견할 수 있는 것이다.

마태복음 2장에서 '이집트'는 출애굽 사건을 기억하게 하는 장소였고, 헤롯의 위협을 피해 달아날 수 있는 피난처였으며, 예수 그리스도의 정체성과 소명이 연결될 수 있는 말씀의 성취가 이루어지는 장소였다. 하지만 렘브란트는 '이집트'로 향해 가는 여정 가운데서 만날 수 있는 평범한 사람들의 일상에 더 관심을 기울였으며, 그들의 도움이 있었던 현실적인 문제들을 생각하게 한다. 그 가운데 다양한 형태의 빛을 묘사한 그림으로 하늘과 땅, 사람과 아기 예수의 가족들이 함께 조화와 평화를 이루는 장면을 표현했다.

예수의 생애, 민족의 고난을 투영하다

다음 단계에서는 운보와 렘브란트의 그림 작품에 연결된 마태복음 2장의 본문 자체에 대한 해설과 신약의 본문이 인용한 구약의 호세아 11장까지 거슬러 올라가면서 본문 풀이를 시도하려고 한다. 이를 통해 화가들의 그림에 묘사된 특별한 내용과 비교하면서 살펴볼 수 있는 요소들이 무엇일까 생각해보려고 한다.

> 마태복음 2장 13-15절[24]
>
> 그들이 떠난 후에 (보라) 주님의 천사가 꿈에 요셉에게 나타나서 말하기를, "일어나라, 그 아기와 그의 모친을 데리고, 이집트로 피난하라. 그리고 말하여 일러줄 때까지 거기에 머물러 있어라. 왜냐하면 헤롯이 그 아이를 죽이기 위하여 찾고 있기 때문이다." 그래서 일어나게 된 그는 그 아이와 그의 어머니를 밤중에 데리고 갔다. 그리고 이집트로 피난하였다. 그래서 그가 헤롯이 죽기까지 그곳에 있었는데, 그것은 주님께서 예언자를 통하여 말씀하 신대로 이루어지기 위함이었다. "내가 나의 아들을 이집트로부터 불러내었다."

마태복음 2장 13~15절 본문은 이집트라는 낱말이 각각 언급된 세 개의 연속된 구절들로서 하나의 단락을 이루고 있다. 이 단락은 마태복음 1~2장에 기록된 예수 그리스도의 탄생과 유년 시절에 대한 본문들 가운데 한 부분에 해당한다.[25] 13절은 이집트로 피난하라는 주님의 사자를 통한 꿈에서의 계시로 요셉의 경험에 대한 기록이며, 사건의 발단에 해당한다. 14절은 요셉이 아기와 아내를 데리고 이집트로 피난했다는 내용으로 그 사건의 전개에 해당하는 중간 과정이라고 할 수 있다. 15절은 이 사건의 결과로 이집트에서 체류하게 된 사실을 서술하고 있으며, 여기서 비로소 구약의 연결 본문을 언급했다. 15절에서 인용한 본문은 호세아 11장 1절이다. 이를 통해 마태복음의 저자는 '아기 예수의 사건'이 호세아 선지자의 예언이 성취된 신비한 사건임을 증언한다. 이는 본문 안에서 하나의 역사적인 사건을 영적인 차원으로 새롭게 경험하도록 하는 미학적인 주제에 속한 한 요소로 해석될 수 있다.[26]

13절은 주님의 천사가 요셉의 꿈에 나타나서 했던 말을 직접화법 형식으로 기록했으며, 이러한 문장 형태는 이야기를 구체적이고 생생한 느낌이 들도록 기술한 방식이다.[27] 꿈을 통한 계시의 전달자는 '주님의 천사'이고, 계시의 수용자는 '요셉'이며, 마태복음의 이야기에서 '꿈(o;nar, 오나르)'은 주님의 천사로부터 전달되는 매우 중요한 메시지와 관련된 요소였다(1:20, 24; 2:13, 19; cf. 2:12, 22과 27:19의 로마 총독 빌라도의 아내).[28] 그 말씀에 대한 응답으로 이집트로 피난하는 과정은 다음에 이어진 14절에서 묘사되었다.[29] 14절에서 사용된 주요 동사는 3개이다. 잠에서 깨고, 데리고 가고, 피난한다는 동사들의 주어는 모두 3인칭 남성 단수로 본문에서 서술한 모든 일이 아버지 요셉의 주도로 이루어졌음을 보여준다.

마태복음 2장 15절의 호세아 11장 1절 인용문에서는 이스라엘이라는 민족 공동체와 예수님 개인의 연관성을 살펴볼 필요가 있는데, 여기서 예수님은 이스라엘 민족 전체를 대표하는 '메시야'로서 그 모습이 나타나고 있다. 마태복음 2장 15절의 하반절에 기록된 "내가 나의 아들을 이집트로부터 불러내었다"라는 본문은 호세아서 11장 1절의 인용문으로,[30] 이스라엘 민족 전체에 관한 호세아 11장의 내용을 아기 예수 개인에게 적용하기 위한 마태복음의 의도적인 변형이라고 할 수 있다.[31] 다시 말해 마태복음 2장 13~15절의 구약 인용문은 예수께서 메시야로서 이스라엘 민족 전체의 영적인 경험을 재현하게 되었음을 보여주는 내용이

라고 풀이할 수 있다.³²

　이 본문과 관련된 운보와 렘브란트의 그림에서도 분명한 차이점들을 찾아볼 수 있다. 마태복음 2장에서 요셉의 주도적인 역할을 드러내는 내용은 '운보'의 그림에서 요셉의 얼굴만을 드러내 주었던 점과 가장으로서 요셉에게 초점을 맞추었던 특징과 비교될 수 있으며, 그런 점에서 '운보'의 그림은 많은 인물과 상황에 대한 묘사를 시도했던 '렘브란트'의 작품보다 상대적으로 마태복음의 내용을 충실하게 반영한 작품으로 볼 수 있다. 따라서 이 작품에서도 운보는 한국 예술가로서 기독교적 토착화를 시도하면서도,³³ 성경 본문의 내용을 충실히 그림에 반영하고자 노력했다는 평가를 할 수 있다.³⁴

　또한 이스라엘 민족 전체의 주제를 마태복음 2장의 구약 인용문에서 찾아볼 수 있는 점은 운보가 예수의 생애에 한국 민족 전체의 고난이라는 주제를 투영시켜 표현하고자 했던 요소와도 비교해 볼 내용이기도 하다. 이에 비해 렘브란트는 본문 자체의 내용보다는 본문에서 언급한 '이집트'라는 요소를 매개로 하여 성경에서 언급하지 않은 더 많은 인물과 상황들에 대한 묘사를 시도했으며, 예술가의 상상력을 통해 피난길에서 아기 예수의 가족들이 경험할 수 있는 현실적인 문제들을 보여주었다.

하나님의 은혜를 기억하다

　　호세아 11장 1-4절³⁵
　　이스라엘이 어렸을 때 내가 그를 사랑하였고, 내가 나의 아들을 이집트로부터 불러내었다. 그들이 그들을 부를수록 그들은 그들 앞에서 떠나갔으며, 바알들에게 제사했고, 우상들에게 분향했다. 그러나 내가 에브라임에게 걸음을 가르쳤고, 그의 팔들로 그들을 붙잡아주었다. 그러나 내가 그들을 치료해주었음을 그들이 알지 못했다. 사람의 줄로 (곧) 사랑의 줄로 내가 그들을 이끌었다. 그리고 그들의 목에서 멍에를 벗기는 자처럼 그들을 위하여 내가 그렇게 되었다. 그리고 내가 그에게 손을 내밀어 먹게 해주었다.

호세아는 주전 8세기, 북이스라엘의 여로보암 2세(B.C. 790-750)와 남유다의 웃시야가 왕으로 통치하던 시대에 활동한 북이스라엘의 예언자였으며, 호세아서는 이집트와 앗시리아가 가나안 지역으로 세력을 확장하려던 시대적 상황과 복잡했던 국제 정세를 배경으로 한 책이다.[36] 호세아서 11장은 이스라엘 민족의 죄악과 회개를 촉구하는 내용으로 구성되었으며, 1~4절은 '법정 고발'의 양식으로 부모에게 반역한 자녀의 죄를 열거하듯이 하나님께서 이스라엘의 죄를 고발하는 11장 1~11절의 본문 가운데 첫 부분에 해당한다.[37] 여기에 이어진 5~7절은 앗시리아와 애굽으로 말미암아 재난을 겪게 될 이스라엘에 대한 하나님의 훈계와 이를 거절하는 현실에 대한 내용이며(현재와 가까운 미래), 8~11절은 결국 멸망한 이스라엘을 애굽과 앗수르로부터 구원하실 하나님의 사랑과 구원의 희망에 대한 말씀(종말론적 미래)으로 이루어져 있다.[38]

1절에서 "어렸을 때"로 번역한 부분은 '종' 또는 '노예'라는 의미를 함께 포함하는 낱말로,[39] 이어진 문장과 함께 이스라엘 민족이 이집트에서 노예생활을 했던 시대를 말해준다. "나의 아들"이라는 표현은 출애굽기 4장 22절에서도 동일한 표현을 찾아볼 수 있는데, "이스라엘은 내 아들 내 장자라. 내가 네게 이르기를 내 아들을 보내 주어 나를 섬기게 하라"라고 하나님께서 이집트의 파라오에게 말씀하셨던 본문과 연결된 이스라엘의 첫 번째 역사적 인식을 반영하는 표현이다.[40] 2절에서 사용된 히브리어 동사 세 개는 그 뒤에 이어진 3~4절의 낱말들과 내용적인 평행을 이루면서 하나님께서 행하신 일과 이스라엘의 행위를 대조적으로 보여준다. 이러한 문학적인 장치는 '하나님의 은혜'에 대한 '이스라엘 민족의 반역과 배반'의 주제를 더욱 강조해서 보여주는 기능을 한다.

11:2 이스라엘 - 떠났다 / 바알들에게 제사했다 / 우상들에게 분향했다
11:3 하나님   - 걸음을 가르쳤다 / 팔로 붙잡았다 / 치료했다
11:4 하나님   - 이끌었다 / 멍에를 벗기는 자 되었다 / 먹게 해주었다

2절에서 반복적으로 사용된 3인칭 복수 인칭대명사 "그들"은 번역상에 혼선을 일으킬 수 있는 요소이다. 「표준새번역」 성경에서는 이를 "내가"로 번역하여 전체 문장을 하나님의 말씀으로 이해하고 해석했음에 비해, 「개역개정」 성경은 "선지자들이"로 번역하여 이 문장을 예언자들의 예언과 교훈으로 해석했다. 결국, 이어진 4절까지의 본문은 출애굽 시대의 구원과 하나님의 사랑을 경험했던 이스라엘 민족이 하나님을 떠나 우상과 이방신들을 섬기는 죄를 범하였음을 서술한 '이스라엘 민족' 전체에 관한 내용으로 요약할 수 있다. 따라서 1절은 하나님께서 모세 시대에 일어났던 출애굽 사건을 기억하시며, 이스라엘 민족 전체에 대한 사랑과 하나님의 구원 역사를 언급하신 말씀을 선지자 호세아가 전달한 예언의 한 부분으로 파악할 수 있다.

그러한 해석의 단서를 제공하는 요소를 '이집트'라는 단어라고 볼 수 있다. 예언자 호세아는 '이집트'와 연결된 표현으로 '나아르'라는 낱말을 사용하여 이스라엘 민족 전체가 '노예 생활'의 고역에 시달렸던 아픈 역사의 기억뿐만 아니라 '어렸을 때'라는 의미를 통해 하나님의 자녀(아들, 장자)로서 하나님과의 특별한 사랑의 관계 cf. 사 54:6; 말 2:14와 이스라엘의 정체성에 대한 추억을 상기할 수 있도록 해주었다.[41] 호세아서 11장에서 보여준 신학적으로 재해석되고 상징화된 '이집트'에 대한 표현의

요소는 렘브란트와 운보의 작품들에서 상징화 시켜 반영했던 예술가들의 '이집트' 해석에 정당성을 부여해 주는 포인트로 평가해 볼 수 있다.

운보의 그림에서는 한국전쟁 당시의 피난민들에게 피난처로서의 상징적인 이미지가 될 수 있는 '이집트'를 상정해 주었다. 렘브란트의 그림에서도 '이집트'는 추상적으로 상정된 이미지로 전제가 되었지만, 그림 안에서 구체적인 장소로 시각화되지는 않았다. 렘브란트 작품에서의 '이집트'의 개념은 인생 경험과 정서를 투영해줄 수 있는 간접적인 요소로, 그는 오히려 이집트로의 피난 여정 가운데 휴식과 다양한 인물들의 도움이라는 다른 측면의 현실적 주제를 보여준 것으로 풀이해 볼 수 있다.

'모세'와 '이스라엘 민족'의 모형론

마태복음 2장 13~15절은 15절에서 호세아 11장 1절을 직접 인용했으나, 출애굽기 2장의 모세 이야기에서 사용한 공통된 표현들과 유사한 형식의 서술을 통해 마태복음의 예수님 이야기와 밀접한 연관성을 보여준다. 또한 마태복음의 저자는 2장 15절에서 호세아 11장 1절의 LXX(70 인역 성서)에서 이스라엘 민족을 의미했던 하나님의 '아들들'이라는 표현을 의도적으로 메시야를 의미하는 하나님의 '아들'이라는 형태로 변경함으로써 개인으로서 '메시야'를 뜻하는 동시에 '집단적 개인'으로서 '이스라엘'을 상징화하는 중의적인 의미가 있게 했다. 이를 통해 마태복음의 저자는 예수께서 하나님과 이스라엘 민족과 특별한 관계를 갖는 메시야로서 이 땅에 오셨음을 표현했다.[42]

따라서 마태복음 2장 13~15절 본문은 호세아 11장 1절과의 직접적 연관성을 보여주는 동시에 출애굽기 2장의 내용과도 간접적인 연관성을 보여주는 내용으로 파악할 수 있다. 그렇다면 마태복음 2장의 예수님 이야기는 모세 한 사람과 연결된 '모세-모형론'(제2의 모세) 혹은 이스라엘 민족 전체의 영적 경험과 연결된 '이스라엘-모형론'이라는 두 가지 해석 사이에서 옳은 해석을 찾아야 하는 선택 문제가 아니라,[43] 세 개의 본문들 사이의 상호적 관계성을 보여주는 종합적인 특징을 가진 본문으로 해석하는 것이 더 적절할 수 있다.

마태복음 2장 13~15절은 예수 그리스도께서 '제2의 모세'와 같이 세상에 오셨음을 가르쳐주는 동시에 아브라함과 다윗의 자손으로서 참된 이스라엘이며,[마 1:1] 새로운 '하나님의 백성'으로서 구약의 이스라엘 민족이 행해야 했던 순종의 본을 보여준 '장자'[출 4:22; 히 5:8], 곧 메시야로서의 정체성을 가진 분임을 보여주는 본문으로 해석할 수 있다.[44] 다시 말해, 마태복음 2장 13~15절에서 예수님은 탄생부터 그분의 삶을 통해 하나님의 백성으로서 '이스라엘의 역사'를 구현하는 영적 체험을 했으며,[45] 구약적인 연속성을 보여주는 동시에 하나님의 아들과 메시야로서 '예수 그리스도'[마 1:1]라는 새로운 정체성을 갖는 분으로 드러나고 있다.

호세아 11장 1절은 '출애굽' 전승과 '공동체'로서 이스라엘에 관한 전승을 언급한 본문으로 구약의 맥락을 보여주지만, 마태복음 2장 15절은 이 본문을 인용하면서 아기 예수 '개인'에게 이를 적용했다. 따라서 메시야로서 예수 그리스도를 드러내고자 했던 마태복음에서는 집단으로서 이스라엘의 전승과 개인으로서 메시야의 전승을 결합하여 이 '아기 예수'에 관하여 설명한 본문으로 해석할 수 있다.

이 짧은 본문은 구약과 신약의 만남을 보여주며, 집단으로서의 이스라엘과 개인으로서 메시야 전승의 결합을 드러낸다. 예언과 성취의 구도를 아기 예수의 '이집트' 피난 사건을 통해 묘사함으로 역사 속에 드러난 하나님의 초월적 계시라는 종교적 신비의 주제를 담아냈다.

운보와 렘브란트, 구약과 신약의 만남

창세기에서 이집트는 아브라함과 야곱과 같은 족장들에게 가나안 땅의 기근을 피해 생명을 보존할 수 있던 '피난처'였다. 그러나 모세 시대에 '이집트'는 하나님의 백성 이스라엘에 노예로서의 강제 노역과 이집트인들의 지배를 경험한 고통스러운 역사의 자리였다. 출애굽기에서는 아픈 역사의 현장으로 '이집트'가 출애굽 구원사의 공간적 배경이 되었다. 호세아 11장 1절은 하나님을 섬기는 대신에 우상을 섬기고, 하나님으로부터 멀어졌던 이스라엘 민족의 죄악상에 대해 고발하시는 하나님의 말씀이 기록돼있다. 이 가운데 '이집트'를 이스라엘 민족의 '초기 역사'와 관련된 고난의 장소인 동시에 '하나님의 아들'로서 부름을 받았던 하나님과의 특별한 관계와 기억의 장소로서 의미를 지닌 곳으로 표현해 주었다.

호세아서에서 이집트는 이스라엘 민족의 출애굽 구원사와 관련된 장소였다. 마태복음 2장 15절은 '이집트'를 모세와 출애굽 역사가 관련된 장소라는 암시를 제공하는 문학적 장치들이 활용된 2장 13~14절의 '모세 모형론'과 함께, 이스라엘 민족 전체가 '하나님의 아들'로 부름 받은 출애굽 사건을 언급한 호세아 11장 1절을 '이스라엘 모형론'으로 결합했다. 마태복음 2장 13~15절은 '아브라함과 다윗의 자손'으로서 예수를 통해 구약의 말씀과 예언이 성취되었고, 동시에 '그리스도'로서 예수께서 하나님의 아들로 부름 받았음을 증언했다. 이 본문들 안에서 '이집트'는 현실적으로 아기 예수와 마리아와 요셉의 가족이 생명을 보존할 수 있었던 피난처였다. 동시에 예수께서 애굽에서 나와서 갈릴리 나사렛으로 이주하셨던 사건을 통해 마 2:19-23, 자기 삶의 경험 안에서 이스라엘 민족의 출애굽 역사를 구현하신 그가 '하나님의 아들과 장자'로서 참된 이스라엘, 곧 하나님의 백성 구원 역사를 새롭게 시작하는 '메시야'를 소개하기 위한 매개체로서 '이집트'가 언급되었음을 볼 수 있다.

이러한 구약과 신약의 본문을 예술작품으로 표현한 운보의 「아기 예수 이집트로의 피난」에서 모든 내용은 실재 이스라엘 땅과 이집트라는 장소를 배경으로 한 것이 아니라, 조선 시대를 배경으로 하는 한국화로 재해석되고 묘사되었다. 이 그림에는 한국전쟁을 겪던 한국인들의 민족적이며 공동체적인 고통이 아기 예수와 그의 가족의 고난에 투영되었으며, 그 당시 피난민들에게 가장 절실한 '피난처'의 상징적 의미를 담은 곳으로 '이집트'가 비가시적인 형태로 그림에 반영되었을 가능성에 대한 해석을 할 수 있었다. 이와 함께 운보의 그림에는 '피난'이라는 주제가 부각되었고, 피난 상황에 부닥친 요셉의 내면적인 어려움과 심리, 급박한 분위기가 생생하게 시각적으로 묘사된 특징을 확인할 수 있다.

피난을 떠나는 출발 시점의 급박함과 불안한 내면적 심리를 묘사한 운보 김기창의 작품과 비교했을 때, 렘브란트의 작품 「이집트 피난길에서의 휴식」은 시간상으로 그다음 순서에 해당한다. 이집트로의 피난길에 올랐던 요셉의 가족은 그 여정 중에 휴식을 취하고 있었고, 그 장면을 화폭에 담은 렘브란트의 표현을 통해 마태복음 2장 13~15절의 본문에 드러나지 않은 이집트로의 피난 과정과 이집트에서의 체류 상황에 대한 문제까지 본문 이해의 시야와 본문 해석을 위한 생각의 폭을 넓힐 수 있다. 렘브란트가 이 작품을 그리면서 염두에 두었을 '이집트'는 안식과 평화와 안전을 기대할 수 있는 피난처로서의 의미를 가질 수 있었으며, 요셉과 마리아와 아기 예수의 피난과 이집트의 삶은 하나님의 보호하심과 많은 사람의 도움을 통해 가능한 현실의 삶이었다는 해석을 보여주었다.

운보와 렘브란트의 그림에 내포된 하나의 매개체로서 '이집트'는 안식과 평안, 생존의 희망을 암시하는 상징적인 장소로서 예술작품 안에서 모든 내용의 전제와 배경으로 반영되었다. 이 장소는 출애굽기의 과거 역사

속 '이집트'와 연결되어 있으며, 호세아 11장에서 이스라엘 민족 전체를 향하신 하나님의 사랑과 선택, 구원사가 결합한 기억의 장소로 재해석되었다. 마태복음 2장에서는 구약 예언의 성취로서 이스라엘 민족의 영적인 정체성을 반영하는 동시에 예수 그리스도의 메시야적 정체성을 드러내는 상징적 의미와 연결된 장소로 해석할 수 있었다. 이와 함께 마태복음에서는 아기 예수와 그의 가족에게 있어서 실재의 피난처로서 이집트가 언급되었음을 확인할 수 있다.

운보 김기창과 렘브란트, 마태복음 2장과 호세아 11장을 공시적으로 바라보면서 예술작품으로서의 성화와 기독교 정경의 최종 본문으로 성경의 상호 관계성 속에서 구약과 신약의 본문을 해석했을 때에 입체적이고 다양한 접근이 가능했다. 운보의 그림을 통해 성경의 인물들이 경험했을 심리적인 면들과 본문의 평면적인 문자에서는 확인할 수 없는 분위기의 급박함을 생생하게 전달받을 수 있었다. 더불어 렘브란트의 그림에서는 성경 본문 자체에서 볼 수 없었던 피난의 과정과 많은 이의 도움이 필요했을 피난민들의 실재적이며 현실적인 삶의 내용을 파악하는 차원까지 본문 이해의 지평을 확장할 수 있었다.

보이는 것 너머를 보다

이글은 호세아 11장 1절과 마태복음 2장 15절과 렘브란트와 운보의 그림에서 전제하고 있는 '이집트'를 본문 이해와 풀이를 위한 하나의 단서와 매개체로 활용하여 성경말씀과 예술작품의 상호 대화와 해석을 시도했다. 예술가로서 운보와 렘브란트의 성경본문 해석과 그 내용을 묘사한 그림의 상징적 표현들은 '이집트'라는 요소를 단서와 매개체로 살펴보았던 성서신학적인 본문 해석의 결과들과 상응하는 특징들을 드러내고 있음을 확인할 수 있었다.

성경본문들 속에서 '이집트'라는 개념은 구약과 신약의 만남과 예언과 성취의 주제를 연결하는 요소인 동시에 하나님의 초월적 계시와 구원 역사의 신비를 연결하는 매개적인 요소로서 역할을 하며, 운보와 렘브란트의 작품들 속에서 보이지 않는 상징적인 공간으로서 화가들의 심리와 정서가 반영된 작품의 전제가 되기도 했다.

마태복음과 호세아서와 렘브란트와 운보의 작품들에서 확인하고 비교해 볼 수 있었던 내용과 시각화의 요소들은 글자로만 기록된 성경의 내용을 보다 구체적으로 이해하는 동시에, 본문의 문자적인 해석과 의미적인 해석을 입체적으로 시도할 수 있도록 도움을 줄 수 있다. 또한 눈으로 볼 수 있는 현실의 영역과 눈에 보이지 않는 영적이며 종교적인 차원으로까지 본문의 의미와 배경 이해의 영역을 확장하고, 현실적인 생동감을 느끼며, 본문을 공부하고 묵상하는 데 도움이 될 수 있다.

8

● 안용준 박사 | 토론토대학교 객원 연구원

홍익대학교 대학원 미학석사 예술학박사를 취득하고 토론토대학교 빅토리아칼리지 미학미술사 연구원을 역임했다. 이 밖에도 목원대 기독교미술과 겸임교수, 연희동 원천교회 '원천아트갤러리' 담당 목사, 문화재청 기독교유물 연구원으로 지냈으며 작품이 표현한 복음의 메시지를 꿰뚫어 보는 혜안으로 극동방송 「성경을 그리다」 게스트 진행자로 격주로 출연하며 작품에 대한 풍성한 해설을 한 바 있다.

삶의 소명을 일깨우는 예술 :
박수근의 회화세계

예술, 그리고 신앙고백

박수근^{朴壽根, 1914-1965}[1]은 전통에 대한 강한 단절의식을 내재한 역사적 격변을 지나왔다. 이러한 박수근의 회화는 근대화의 물결속에서 무조건적인 서구화와 근대화를 추수하기보다는 현대와 전통 사이에서 끊임없이 현세적 정체성의 의미를 모색해왔다. 이것은 넓은 의미에서 한국 현대미술 발전의 커다란 원동력이 됐다.

그는 일제강점기와 6.25전쟁으로 이어지는 온갖 고난 가운데서 살았지만, 인내하며 감사한 마음을 잃지 않았다. 자기에게 주어진 삶을 소명으로 여겼고, 자신의 운명을 충실하게 받아들이는 순교자적 풍모로 인내했다.

기독교 집안의 삼대독자로 태어난 박수근은 독자적인 자신만의 조형언어로, 강원도의 버드나무 마을과 그 주변의 험준한 산의 화강석 바위 그리고 서민의 모습을 애정 어린 시선으로 표현했다. 그는 자신에게 주어진 삶의 터전을 선하게 보여주고 싶었다. 더욱이 그는 생전의 인터뷰에서 "참는 자에게 복이 있다든가, 이웃을 사랑하라는 성경말씀을 늘 생각하면서 진실하게 살려고 애썼다. 또 나의 고난의 길에서 인내력을 키워왔다."[2]라고 말했던 것처럼 이러한 신앙적 철학은 그의 작품에도 연관되어 나타났다. 위의 두 성경 구절은 박수근 자신의 모습이었고, 또 그의 그림 속의 이야기이기도 했다.

박수근은 하늘에 소망을 둔 기도의 사람이었다. 후일 장남인 박성남은 선한 화가가 되기를 바란 부친의 소원을 미가서를 통해 설명했다.

"사람아 주께서 선한 것이 무엇임을 네게 보이셨나니 여호와께서 네게 구하시는 것은 오직 정의를 행하며 인자(仁慈)를 사랑하며 겸손하게 네 하나님과 함께 행하는 것이 아니냐" 미 6:8

박수근의 삶의 여정은 고난의 연속이었으나, 자신의 재능을 하나님의 선한 뜻에 따라 사용되기를 바라는 간절한 마음으로 위대한 예술을 탄생시켰다. 그는 자신의 기독교적 삶과 신앙고백을 기초로 예술 활동을 했다.

밀레 Jean-François Millet, 1814-1875 와 같은 화가를 꿈꾸다

박수근은 어린 시절, 자신의 예술에 관한 세계관을 자연스레 형성했다. 12세가 되던 해, 그는 밀레의 「만종」을 보고 너무 좋아서 어쩔 줄을 몰랐다고 한다. 그 후부터는 늘 '하나님, 이 다음에 커서 밀레와 같이 훌륭한 화가가 되게 해 주세요.'라고 기도드렸다고 한다.[3] 기독교 가정에서 성장한 박수근에게 「만종」은 삶을 밝혀주는 희망이요, 목표가 되어줬다. 그는 화가의 길로 들어선 후에도 밀레의 영향을 계속 받았다. 밀레와 박수근의 작품에는 성경의 진실성이 스며있다. 그들은 가난한 삶을 영위했지만, 그 가운데 내주하시는 하나님에 대한 은혜와 진리를 겸손하게 추구했다. 박수근은 이 진리야말로 기독교 신앙의 본질이며, 진정한 사랑의 기초가 된다고 봤다. 자연의 영역에서 감각적 사물에 대한 집착을 부정하고, 하나님에 대한 사랑 안에서 거듭나지 않는 한, 즉 하나님의 은총으로 새 마음으로 변화되지 않는다면 인간의 행위는 결코 선한 것이 될 수 없다는 것이다.

박수근은 1932년 제11회 『조선미술전람회』에서 첫 입선을 했다. 이것은 마땅한 그림 선생이 없던 고학의 청년에게 큰 힘이 되었으나, 그 이후 1933년부터 1935년에 연이어 낙선하게 된다. 아무래도 기법을 전문적으로 배우지 못한 처지이었기 때문이었을까? 그는 일본 유학의 꿈을 키우기 시작했다. 하지만 어머니가 돌아가시며, 이 꿈은 접어야 했다. 아버지는 빚에 몰려 금강산으로 들어가고, 형제들은 뿔뿔이 흩어져야만 하는 기가 막힌 처지에서 일본으로 가려는 그의 꿈은 무참히 깨질 수밖에 없었다. 그의 나이 스물 한살 때였다.

루오 Georges Rouault, 1871-1958 의 미술적 세계관을 추구하다

박수근의 환경은 인간적인 시각에서 보면 분명히 불행이었으나, 이것이 박수근 회화세계의 독특함을 이끌어 내는 요인으로 작용했다. 그는 누구에게도 체계적으로 직접 가르침을 받은 적이 없었다. 이러한 이유로 그는 자신의 삶의 모든 것을 진지하고 일관되게 작품에 투영시킬 수 있었다. 박수근은 고난 가운데서도 진실하기를 원했다. 이러한 그의 태도와 입장은 초기 작품인 「나물 캐는 여인(봄)」(1940)과 「맷돌질하는 여인」(1940년대 후반)에 나타난다. 특히, 그의 작품에서 루오(1871-1958)의 영향이 두드러지는데, 이는 루오와 박수근 모두 삶과 인간의 진실성을 추구했다는 점뿐만 아니라, 표현주의적인 색채와 구도, 형태가 맥을 같이 하기 때문이다. 어린 시절 밀레와 루오의 영향을 받은 박수근의 그림 속 테마는 기독교인의 가치관으로 삶을 바라보는 것이다.[4] 다음의 말은 그의 미술적 세계관에 대한 소박하지만, 진솔한 작가선언이다.

나는 인간의 선함과 진실함을 그려야 한다는 예술에 대한 대단히 평범한 견해를 가지고 있다. 따라서 내가 그리는 인간상은 단순하고 다채롭지 않다. 나는 그들의 가정에 있는 평범한 할아버지와 할머니 그리고 어린아이들의 이미지를 가장 즐겨 그린다.[5]

결국 박수근의 작품세계의 구성요소는 신앙과 민족적인 일상성과의 조화에 있다.

박수근, 「맷돌질하는 여인」, 1940년대, 하드보드에 유채, 21.5×27 cm

박수근, 「나물캐는 여인들」, 1940년대, 하드보드에 유채, 25×34 cm

고흐 Vincent van Gogh, 1853-1890 의 깊은 영성을 닮아가다

밀레와 루오에 이어 박수근에게 영향을 준 또 다른 작가는 바로 고흐이다. 실제로 박수근 자신이 만든 '미술 스크랩북'[6]을 보면 고흐의 영향을 받은 삽화들이 있다. 그중, 여인의 누드상은 고흐의 「슬픔」과 너무 흡사하다는 것을 알 수 있다. 삽화의 특성상 인물의 윤곽선이 흑백의 선묘로 묘사되어 있지만, 무릎을 구부려 앉은 채로 머리를 두 팔로 감싸 안은 여인의 도상은 박수근이 고흐의 그림을 모사하였음을 알 수 있다. 이외에도 박수근의 「감자」(1952), 「굴비」(1950년대, 1962), 「복숭아」(1957), 「생선」(1956) 등이 고흐의 작품 경향과 유사하다.

1950년대 이후 더욱 심화되어 나타나기 시작한 박수근 특유의 마티에르와 색채의 표현도 마찬가지다. 이 시기, 박수근의 회화는 전체적으로 누런 황갈색조의 화면 속에서 대상은 흰색 위주로 표현되고 있는데, 전체 화면의 생기 있는 포인트를 주기 위해 노란색이나 분홍색을 사용하면서 인상파의 영향을 드러낸다.[7] 이러한 경향은 「나물케는 여인들」(1940년대), 「시장의 여인」(1960년대)에서 여인의 치마나 저고리에 표현된 노랑, 분홍, 주홍색 등도 동일한 맥락으로 설명된다.

고흐의 작품 「별이 빛나는 밤」, 그곳엔 유난히 넓게 펼쳐진 밤하늘이 있다. "주의 인자하심이 하늘 위에 광대하시며"시 108:4(개역한글) 메아리치듯, 영원의 상징인 열 두개의 큰 별은 아름다운 빛을 발하고 있다. 고흐의 눈이 하늘에 고정되어 그곳이 열려있는 것을 보았기 때문일까. 그 반짝거림은 우리의 시야를 가득 메우고 있다.[8] 마치 열두 별이 영원히 고갈되지 않는 창조적 에너지로 넘치는 '새 예루살렘 성'의 열 두개의 문과 같다.

후기인상주의로 분류되는 고흐의 예술세계는 박수근에게 하나님 사랑에 대한 깊은 영성을 심어주었다. 이것이 박수근의 종교적 고뇌의 원천이자, 추진력이었다. 그가 몸이 쇠약해지고 시력을 잃어버리는 고통 속에서도 끊임없이 자연과 인간의 대화를 고취하는 것은 창조의 능력을 이루어 가시는 하나님에 대한 그의 사랑 때문이었다.

리얼리티에 대한 새로운 시각

이러한 박수근의 작품에 반영된 세계관을 보다 잘 이해하려면 리얼리티(Reality)에 대한 그의 관심을 확인하는 일이 중요하다. 고대 그리스로부터 오늘날에 이르기까지 예술에서 지속적인 관심을 끌어온 논쟁은 예술 텍스트와 현실의 관계였다. 예술은 현실을 그대로 재현하여 반영하는가, 아니면 굴절시켜 재현하는가? 현실을 충실히 재현하는 것과 현실을 초월한 상상의 세계를 펼치는 것 가운데 어느 것이 예술의 본령에 부합하는 표현양식인가? 이러한 문제는 크게 보면 모방론과 표현론, 모더니즘과 포스트모더니즘으로 나뉘어 끊임없이 논쟁 되어 왔다. 무엇보다 현 사회가 디지털 사회로 변동되면서 가상현실이 삶의 영역으로 들어왔다. 컴퓨터와 인터넷이 만들어 낸 가상세계는 이미 현실의 경계를 넘어서고 있다. 실체보다 이미지가 예술의 성공을 좌우한다는 목소리가 여기저기서 들리는 지경이다.

리얼리티의 개념이 변하고 실체를 알 수 없다고 한다면 이제는 리얼리티의 재현을 바탕으로 하는 예술의 개념 또한 새로운 지평을 요구하는 것은 아닌지 생각해 봐야 한다. 그렇다면 21세기, 리얼리티의 개념은 어떻게 변하고 있는가? 실제 리얼리티와 재현 또는 표현 사이에 거리가 있다면 이를 왜곡하는 것은 무엇인지 연구해야 한다. 이 글은 재현의 위기를 맞이하여 진실을 드러내는 예술적 대안은 무엇이며 여기에 박수근의 회화 미학이 대안의 빛을 감추고 있는 것은 아닌지 이같은 질문에 대한 탐색이다.

박수근 작품의 기본적인 유형은 평면화법(平面畫法)이다.[9] 박수근의 화면 작업은 1953년 무렵부터 통상적인 명암법이나 원근법을 도외시하며 평면적인 조형의식으로 진행됐다. 그런가 하면 전면적으로 토속적인 분위기를 조성시킨 회갈색 주조의 독특한 질감 위에 굵고 짙게 조성한 단순화 된 검은 윤곽선으로 주제를 부각하는 독자성을 나타내기 시작했다. 그는 분명 서구적인 것에서 영향을 받았지만, 근본적인 조형의 탐색은 민족적인 표현, 즉 전통회화의 표현을 배제하지 않았다. 원근감에 의해 생기는 사물의 멀고 가까운 삼차원적인 대상은 그의 화면에서 단일 평면으로 새롭게 체험된다.

박수근은 자신을 가리켜 '동양 화가'라고 이야기한 바 있다.[10] 사실 그는 서구적 매체를 통해서 민족적인 미를 자율성에 따라 계승, 발전시켰다. 그의 독자성은 조선 후기의 겸재(謙齋), 단원(檀園), 혜원(惠遠)의 풍속화의 표현양식과 닮아 있다. 서민의 일상성을 소재로 삼았고 공통적으로 '민족적 리얼리즘'의 화법을 재현했다. 그들이 활동한 시대는 다르지만, 그들은 외래사조의 영향을 그대로 답습하지 않고, 민족의 정서와 자연을 통해 직접적인 체험을 토대로 민족적인 서정성을 표출했다.

그의 회화세계는 일제 강점기부터 전후까지 역사의 한복판에서 이 땅의 삶의 진실을 이루어가는 리얼리티를 평면성으로 묘사한다. 이 점은 과거의 고전주의적인 모방 원리와는 상당히 다른 위치에서 이루어진다. 또한 그의 작품은 현대 리얼리즘의 예술 철학적 기초로써 기독교의 보편적 인류 사랑의 영역에 주목하면서도, 20세기 이후 추구되어 온 표현주의 계열의 흐름에도 밀접히 연관해서 해석될 수 있다는 점이 매우 의미심장하다.

박수근은 서구의 표현주의와 민족적 전통의 색감과 질감이 만나는 바로 그 지점에서 예술의 두 가능성을 보여줬다. 즉 작품의 서사성과 역사성을 종합함으로 현대의 예술적 활동 전개에 매우 생산적인 영향을 준 것이다. 그는 회화의 평면성을 통해 한국적 이야기 성격에 주목하는데 자극을 주었고, 작품 텍스트에 내재하는 시간성과 역사성을 부각하여 새로운 예술적 차원의 가능성을 열어주었다.

그는 자신의 작품 이미지가 갖는 도드라짐과 움푹 팬 역사적 상징성의 양면을 놓치지 않았다. 그는 자신의 모든 이야기가 구성될 때 상상력을 사용하여 인간의 실제적 삶을 모방해서 만든다. 그러나 비록 드러내지는 않지만 움푹 패인 조형성을 통해 민족의 애환을 담은 이야기도 시공간 속에서, 즉 역사적으로 경험하는 사건으로 표현된다. 이 점에서 움푹 패인 화면에 끊임없이 이어지는 야트막한 작은 공간들은 그가 경험한 영적 실체가 자리하는 장소성의 상징이 되는 것이다.

박수근은 인간을 둘러싼 선과 악의 현현 등을 표현하고 싶은 예술적

욕구를 느꼈을 것이다. 그의 화면에 넓게 자리하는 야트막한 공간에는 한국의 역사 속에서 우리의 삶에 무겁게 내려 있는 이야기의 거처였다. 생각해 보라! 예수님의 부활사건에 나타난 놀라운 사실 중의 하나는 예수님의 부활하신 몸에 남겨진 상흔이다. 박수근에게 예수님의 몸은 아름다운 형상으로 변화됐지만, 상처는 그리스도의 몸이 갖는 역사적 연결고리가 되었다. 사실 인간의 역사는 수천 개의 상처의 꼬리표를 안고 있다.

놀랍게도 박수근은 이곳에 창조의 규범으로부터 빛이 내려와 새로운 전이 가능성을 투영한다고 생각했다. 그는 미래를 열어가는, 끊어지지 않고 계속된 구원 역사의 흐름 속에 자신의 작품을 가져다 놓기를 원했다. 아울러 그는 인간이 깊이 팬 장소에 머물지라도 그곳을 관통하여 흐르고 있는 하나의 중심적인 빛의 이야기를 전하려고 했다. 켜켜이 쌓아올린 요철의 공간은 이제 '양구'라는 장소성을 넘어서서 빛에 대한 성경의 가르침을 표현하는 단계로 나아간다. 이것은 어떤 것에 탐닉하는 의지적인 환상이 아니라 인간의 역사를 붙들고 있는 정돈된 질서이다.

하나님이 인간을 다루신 방법을 보면 그 배후에 하나의 동일한 인격체가 있다는 것을 알게 된다. 구약의 말씀들은 이런 통일성을 반복해서 들려준다.

"이스라엘아 들으라 우리 하나님 여호와는 오직 하나인 여호와시니…"

이런 관계에 비추어 볼 때 박수근에게 빛이라는 모티브는 움푹 팬 장소에 머무는 한줄기 생명이 되어 그의 작품을 보다 더 분명하고 풍성하게 한다.

박수근은 하나님의 역사적 결단뿐 아니라, 하나님의 내면적 동기에 집중했다. 이스라엘의 하나님은 한순간도 비인격적인 분이 아니셨기 때문이다. 히브리어 'Mishpat(미쉬팟)'의 기본 의미는 언약을 지키는 데 공헌하는 모든 인간의 행위를 말한다. 특히 사람과 사람 사이의 관계와 하나님과 인간 사이의 관계에서도 동일하게 적용된다. 선지자들은 하나님의 편에 서서 단순히 정보를 전달하는 것이 아니라, 하나님의 말씀에 담겨 있는 열정을 전달하지 않았는가!

기독교 세계관과 세계 긍정의 미학

세계관(*Die Weltanschaung*)은 인간의 삶을 총체적 관점으로 인도하는 기능을 수행한다. 그래서 인간이 소유하는 세계관의 차이에 따라 삶과 예술의 방향도 크게 달라진다. 이 세계관은 인간이 사는 현실인 시대를 어떻게 이해하느냐에 따라 형성되는 사유의 틀에 의해 만들어진다. 예술 역시 세계관으로부터 생성된다. 예술은 시대의 미학적 현상뿐만이 아니라 삶의 총체적 관점을 반영한다. 즉 예술은 역사적 삶 속에서 형성되는 것으로 세계관이 지시하는 미학적 지형에 따라 특정한 이미지로 표현된다. 그동안 예술의 역사에서 미학적 세계관의 정립은 곧 예술작품의 해석을 의미했다. 세계관의 반영으로서 예술은 역사적 삶의 표현이며 결정체로서 미학적 중립의 태도를 용인하지 않는다.

인간을 향한 사랑의 미학

사랑이라는 개념처럼, 문화와 예술 그리고 윤리학의 분야에서 인간의 관심을 끌어온 단어가 또 있을까? 이 개념이 박수근의 회화에서 어떻게 나타났는지 살펴볼 수 있다.

박수근의 회화에 등장하는 모티브는 인물, 자연, 정물의 범주에 있다. 이 같은 모티브의 범주는 인상파 이후의 소재 영역이었다. 알려진 바와 같이 인상파는 일상에서 소재를 선택한다. 이것은 신화나 종교적 주제에 의지하는 초월의 세계에서 현실 세계로의 전환을 의미한다. 인상파로 활약한 작가 중, 피사로^{Pisarro}는 구도의 묘사에 역점을 두었다. 이것이 세잔느나 스라 혹은 고갱 등에 전수되어 발전했고, 다음의 입체주의로 전개시키는 요인을 만들기도 하였다. 세잔느는 화가의 감각자료 속에 지성과는 별도로 '진정한 시각상(Real Vision)'이 존재한다고 생각했다.[11]

우리나라의 서양화는 20세기 초반 일본에 전수된 인상파를 배워 오는 것으로부터 시작됐다. 따라서 우리의 서양화에 대한 체험은 인상파의 범주 안에 있었다. 그림의 소재를 인물과 풍경, 정물에서 찾는 것도 인상파에서 유래한 것이다. 박수근 회화의 소재 역시 예외는 아니었다.

당시 화단의 사정이 이러함에도 박수근 회화는 제도적인 미술계에서 찾아보기 힘든 독특성을 가지고 있다. 그의 드로잉은 단순한 선을 통해 기하학적 형태로 나아가고 있다. 선과 형태는 사실적인 묘사를 덜어내고 대단히 단순화되어간다. 색채는 제한적으로 사용되고 있다. 백색이 주조를 이루는 한국의 보편적 기질을 드러내는 듯하다. 화면은 대상을 주시하되 단순히 물리적 공간을 추구하지 않는다.

한국인의 보편적 정서를 담아둘 만한 정신적 유희(Das Spiel)[12] 공간이라고 할만하다. 독일의 미학자인 쉴러에 따르면 인간성의 근원에 바탕을 두고 있는 생명의 표현, 즉 감각계에는 동적인 힘들인 충동(Das Trieb)이 존재한다. 우선 소재충동(Stofftrieb)은 인간의 물리적 육체적 존재로써 모든 힘을 포함하고, 상태(Zustand)의 변화를 요구한다. 현상이나 경험의 영역에서 이러한 소재충동을 통해 근거 지워진다. 반면, 형식충동은 인간의 정신적 존재로써 모든 힘을 포함하며 인격(Person)의 통일과 지속을 요구한다. 우리들은 이념이나 정신의 영역은 이러한 형식충동을 통해 근거 지워진다. 쉴러에 따르면 인간의 이 두 가지 충동 가운데 어느 한쪽의 일방적인 강요는 인간성의 내적 통일을 파괴하는 것이다. 인간은 한쪽의 배타적인 지배를 극복하고 두 힘 사이의 영역에서 위치하게 될 때 비로소 인간성을 완전하게 직관하게 된다. 이러한 상태는 유희의 특성을 지니고 있다고 할 것이다.[13]

그래서 박수근의 회화에는 하나의 시각적 아름다움이라고 할 만한 대상을 상정하도록 유혹받지 않는다. 우리가 대상을 '아름답다.' 라고만 판단하게 될 때, 예술로써 그것의 자연적 본성은 타당하지 않은 오류의 늪으로 치달을 수 있기 때문이다. 다시 말해 그의 작품에 대한 미감적 판단 (*Die ästhetische Urteilskraft*)은 하나의 충동에 의해 규정될 수 없으며 심지어 그 작품의 산출을 지도하는 충동일 수도 없는 듯하다.

박수근이 그려내는 화면이 일상의 삶에 지친 인간 영혼이 숨 쉬고 자리를 틀만 한 자유로운 유희의 공간이 마련되어 있다고 추론하는 것은 이러한 이유가 잠재되어 있기 때문이다. 그래서 누구나 초대될 만한 넉넉한 공간으로 인식된다. 흐르는 개울물에서 열심히 빨랫감을 두드리고 있는 여인들이 보인다.

그의 작품에 흐르는 개울 앞에 앉아 빨랫방망이를 두들기는 여인, 빨랫감을 물에 휘휘 헹구는 여인 등 여러 동작이 엿보인다. 겨우내 얼었던 개울물이 풀리듯 여인들의 다소 화사한 저고리의 색깔에는 봄의 기운이 역력하다.

박수근의 화면에는 직관된 진료가 오성의 개념을 통해 인식되는 것을 넘어선다. 박수근의 마음이 사랑의 기관으로 작동하기 때문에 이러한 현상이 발생한다. 누구나 인간의 마음은 대상을 향한 지향성을 갖는다. 다시 말해 박수근의 마음은 인간을 향해 있으며 사랑도 여기에 따라서 움직이는 것이다. 모든 성향, 사랑은 어떤 대상을 가정하며 따라서 박수근의 마음의 사랑도 어떤 인간에 대한 기울임 혹은 성향을 갖는다.

박수근은 참으로 사랑할 만한 존재를 찾아서 사랑했다. 그는 자신 밖에 있는 것을 사랑하는 넉넉한 마음의 소유자였기에, 그 자신이 아닌 사람을 자신의 내면으로 투영할 수 있었다. 그는 자연과 인간으로부터 가장 보편적인 상을 만들고자 했다. 이러한 사고는 자연에서 최상의 것과 유형적인 것을 선택하는 데서 비롯된다. 그는 오로지 기독교적 사랑에 근거하는 인간과의 긴밀한 접촉을 통해서 이러한 미학에 도달했다.

여기서 중요한 것은 박수근의 사랑하는 마음의 지향성과 하나님과의 관계이다. 박수근은 화가이기 이전에 참다운 인간으로 살고자 했다. 하나님의 자녀로서 사는 것이 인생에 새로운 의미를 부여한다는 사실을 깨달았다.

"참는 자에게 복이 있다든가, 이웃을 사랑하라는 성경 말씀을 늘 생각하면서 진실하게 살려고 애썼고 나의 고난의 길에서 인내력을 길러왔습니다."

이것은 평소 그의 신앙고백이었다.[14] 짤막한 내용이지만, 그의 고백은 많은 것을 함축한다. 인간을 보는 박수근의 시각은 여기에서 출발한다. 아내에 대한 깊은 사랑도 성실히 살아가는 평범한 사람들에 대한 깊은 애정도 그러하다.

마음은 사랑의 기관이다.[15] 박수근의 마음은 어린아이와 아낙네 등 연약한 인간을 향한 지향성을 가지고 있다. 그에게 하나님을 믿는다는 의미는 사랑의 응답이며, 사랑을 통하여 작용하는 것이 믿음이 되고 있다. 하나님에 대한 지식은 하나님의 사랑에 대한 긍정으로써, 단순한 지식이 아니라 경험적 지식이다.[16]

빈민들의 모습에 대한 긍휼의 미학

박수근이 애착을 가지고 그렸던 그림은 그의 삶의 무대였던 빈민촌의 가난한 사람들의 모습이다. 빈민들의 삶을 담은 작품은 그의 실천적인 삶의 철학과 예술세계를 잘 반영해준다. 그는 "이웃을 사랑하라"라는 성경말씀을 늘 생각하면서 전쟁의 고통이 휩쓸고 지나간 고난의 길에서 인내력을 배웠다.[17]

일본의 패망으로 우리 민족은 그토록 기다리던 해방을 맞이했다. 하지만 해방의 기쁨도 잠시일 뿐, 북에 김일성 정권이 세워지면서 기독교인에 대한 탄압이 날이 갈수록 심해졌다. 그의 가족도 예외는 아니었다.

전쟁이 발발하면서 야수의 본색은 더욱 드러났다. 크리스천을 잡아들이던 그들은 박수근을 요주의 인물로 지목했다. 박수근은 낮에는 깊은 산속에 들어가 지내다가 밤이면 내려와 지낼 정도였다.[18]

실로 김일성 정권은 하나님에 대한 사랑의 의무, 그것을 가로막는 불의한 존재로 우리로 하여금 사랑의 상실과 인간의 타락한 모습을 바라보게 한다. 죄로 인한 인간의 타락은 무한한 창조자에 대한 사랑을 잃어버린다. 하나님의 사랑이 지배하는 것 대신에, 자기 사랑만이 지배하게 되는 것이다. 다시 말해 인간은 자신을 사랑하기 위해서 무한한 사랑에 대한 하나님의 능력을 사용한 것이다. 타락한 인간은 하나님으로부터 돌아섰으며, 자신을 위한 사랑은, 하나님의 사랑이 떠나버린 빈 공간에 자리를 넓히고 넘쳐나게 된 것이다.[19]

광복을 전후로 한국미술은 가슴 벅차게 일본의 침탈에서 벗어나 미래의 청사진을 그려나갈 수 있었다. 그러나 6.25전쟁으로 인한 피폐함은 생각하기도 싫은 악몽 같은 것이었다. 전 국민은 전쟁의 참화를 온몸으로 견뎌야 했다. 2차 대전 때 유럽에 떨어진 포탄의 수보다도 더 많은 살상무기가 화려한 금수강산을 산산조각 내며 부서뜨렸다. 250만 명의 사망, 1,000만 명의 이산가족은 남북한의 눈물과 아픔이 얼마나 거대한 것인가를 단적으로 말해준다. 죄로 인해 왜곡되어 각종 오류에 기울어져 진리를 날조하려는 욕망이 낳은 결과는 처참했다.

박수근은 예술가이기 이전에 참다운 인간으로 살고자 했다. 어머니는 일을 하러 나가셨는지 동생을 업고 있는「아기 업은 소녀」(1954)에서 당시의 어려운 생활상이 아련하게 다가온다. 물끄러미 아래를 응시하는 소녀의 시선은 우리의 망가진 눈을 긍휼의 아름다움으로 회복시키려 한다. 생명과 아름다움이 멀리 있는 것이 아니라는 진리를 깨우쳐 주기에 충분할 정도다. 그는 고난을 겪을 사람들에 대해 각별한 애정을 가지고 있었다.

박수근,「아기 업은 소녀」, 1950, 하드보드에 유채, 38×17 cm

1960년대「시장」이란 유화에는 두 여인이 등장한다. 두 여인은 삶의 고단함이 짙게 묻어난다. 앞쪽의 한 여인은 고단한 나머지 왼손을 얼굴에 대고 잠시 눈을 붙이고 있다. 잠시 이 여인의 하루 일과를 추적해 볼 수 있다. 동이 트기 전에 무거운 눈꺼풀을 비비며 일어나 아이들을 위해 아침밥을 챙겨주고 등교를 위해 뒤치다꺼리를 한 후 흔들리는 버스에 몸을 싣고 힘겹게 시장까지 나왔을 것이다. 그녀는 의지할 데가 없는 가련한 과부일 수도 있다.[20] 박수근은 여인들을 두루 뭉실하게 피상적으로 바라보지 않았다. 그들의 삶의 애환을 잘 알고 돌아보는 마음을 늘 품고 있었다.

박수근, 「시장」, 1960, 캔버스에 유채, 65.1×53 cm

하박국 3장 2절에는 "진노 중에라도 긍휼을 잊지 마옵소서"라는 말씀이 나온다. 하박국이 하나님께 대한 찬양과 신뢰로 기도하는 제의시(祭儀時, Liturgical psalm)이다. 당시 박수근이 겪었던 고난의 세상은 한국전쟁이라는 엄청난 사건의 결과이다. 거기에는 하나님의 진노하심의 흔적들이 여전히 남아 있으련만, 여전히 자비로운 회복의 방법으로 일하고 계심은 우리에게 남겨주신 긍휼의 미학이라고 할만하다. 다가올 재난을 알고 있음에도 하나님 안에 자리한 하박국에게 기쁨과 평화가 있었듯이, 박수근에게도 하나님의 긍휼의 성품으로 가까이 다가서려는 신

실함이 베여있다.[21]

하박국이 노래한 긍휼의 마음은 오로지 하나님의 성품과 신실하심에 기인하는 것이다. 이제 황폐한 상황이 그의 믿음을 방해하지 못하듯이, 박수근에게도 하나님의 신실하심에 기초한 긍휼의 마음이 자리하고 있었던 것이다. 그래서 그의 시선은 온유하고 따뜻하다. 하나님과 솔직하게 대면하고자 했던 그의 마음이 작품 안에 긍휼의 미학으로 그윽하게 표출되는 것이다.

그러므로 박수근의 작품에 내재되어 있는 긍휼의 미학은 하나님에 대한 사랑과 관련해서 이해되어야 한다. 이것은 이웃에 대한 사랑의 개념을 아주 성경적 방식으로 사용한 것이다. 그것은 그저 상식적인 방식으로 이웃을 사랑하는 것을 의미하는 것이 아니다. 그것은 "이성적 존재자를 단순히 수단으로서가 아니라 항상 목적 그 자체로 여기는 그런 방식으로 행위하라"[22]라는 칸트적인 '정언 명법(*Der kategorischer Imperativ*)'과 동일시 되는 것이 아니다.

이 점을 잘 이해하려면 키에르케고어 Søren Kierkegaard, 1813-55 의 이웃개념[23]을 조금 더 살펴봐야 한다. 키에르케고어에 의하면, 하나님께서 중간 언어로 계실 때만 우리는 이웃을 참으로 발견할 수 있다. 하나님에 대한 사랑이 우리의 다른 사람들에 대한 사랑의 원천이라는 말이다. 그러므로 하나님이 없이는 이웃도 없다. 하나님과 함께라야만 우리는 이웃을 발견할 수 있다. 왜냐하면 하나님이 중간 언어(the middle term)이시기 때문이다.[24]

이웃을 향한 샬롬의 미학

박수근의 회화에서 그동안 간과되었던 이웃을 향한 '샬롬의 미학'이란 무엇일까? 간략히 설명하자면 상처받은 영혼뿐만이 아니라 타락한 세계의 추함까지도 그리스도 안에서 이루어지는 미학적 성취를 통해서 회복의 길로 들어설 수 있다는 말이다. 이점에 관하여 캐나다 토론토 '기독교학문연구소Institute for Christian Studies'의 미학자인 칼빈 시어벨트Calvin Seerveld의 통찰력이 빛난다. 그는 성육신(Incarnation)에 관한 결정적인 기독교 교리를 미학에 제공하고, 이웃을 향하여 예술의 구속적 음성을 울리게 했다.

현대 예술에서 자주 나타나는 현상인 무정부주의나 주관주의적 태도는 예술 그 자체가 지니고 있는 창조의 정당성을 다 지워버리지 못한다. 요컨대 죄악은 하나님의 손으로 지으신 세상(작품)에 대한 한결같은 신실성을 무효로 돌릴 만한 힘이 없기 때문이다.

그래서 시어벨트는 『타락한 세계를 위한 무지개』에서 '화해'와 '샬롬'이라는 화두로 신뢰할 수 있는 계시의 미학을 구성한다. 그에 의하면 "화해시킨다"라는 것은 우리를 성급하게 하나님으로부터 등을 돌리게 하고, 그러한 의식에 동조하려는 올바르지 못한 형상들을 만드는 방식에서 손을 떼는 것을 의미한다.[25] 박수근의 회화에서 이러한 유형의 예술을 다음과 같은 두 가지로 나누어 설명한다.

「나목」과 「여인」에 나타난 샬롬의 세계

박수근의 그림에는 바위의 질감 위에 우리나라 산천 어디서나 쉽게 볼 수 있는 앙상한 나무들이 자주 등장한다. 단순한 구도 속에서도 고향의 정서가 고스란히 녹아있다. 무엇보다 이 정경들은 한국전쟁의 깊은 상처가 몰고 온 전후의 피폐한 사회상을 반영하고 있는듯하다. 여러 종류의 수목들이 숲을 이루고 있는 장면을 그리기에는 사회적 분위기가 녹록지 않았을 것이다.

박수근의 나목은 앙상하다. 나무줄기는 눈에 띄게 비틀어져 있다. 무슨 일이 있었는지 심하게 전지되어 참혹할 정도로 곁가지가 잘려져 있는 것도 있다. 굽이 휘어진 가지에 바래버린 녹색의 솔잎을 엉성하게 달고 있는 나무도 있다. 이러한 나목들은 본줄기만 겨우 남아 심하게 불어대는 칼바람에 대응해야 할 때도 있을 것이다. 선선하게 불어오는 봄바람에 미소 짓는 순간도 있었을 거다.

어찌 보면 썰렁한 겨울 풍경이요, 전쟁 이후의 궁핍한 시대상의 투영이기도 하다. 하지만 이곳엔 인간의 이성과 능력으로는 도저히 감당하기 힘든 '생명'이 자리하고 있다. 창조세계의 요소에 작용하는 생명은 껍데기처럼 보이는 나목에도 여지없이 그 숨결을 뿜어내고 있는 것이다. 보일 듯 보이지 않는 생기는 잔잔히 화면 전체에 스며들고 있다. 그려지진 않았지만, 이 생명의 은총은 삶의 풍성함이다. 미래에 대한 끊임없이 솟아오르는 소망이다. '생명'은 절대적인 의미에서 생물학적인 단절을 의미하는 '죽음'까지도 이길만한 넉넉한 그릇이다. 그래서 박수근의 회화는 샬롬의 세계로 나아가는 영적(Spritual) 예술이라 불릴 만하다. 성령의 내주하심을 체험한 박수근은 그 열매가 무엇인지 잘 알고 있다. 사랑, 기쁨, 화평, 오래 참음, 친절함, 선함, 실실함, 온유, 그리고 절제는 삶과 예술세계의 방향이요, 이정표였다. 진정 인간의 제한된 이성의 힘으로 '생명'의 신비로움을 완전히 깨달아 알 수 없다. 박수근의 영성은 성령의 내주와 인도하심으로부터 내적 변화를 거듭하는 가운데 심화하고, 성화를 위한 의지의 결단과 실천을 통해 더욱 다져진 것으로 보아야 한다.

박수근, 「나무와 두 여인」, 1962, 캔버스에 유채, 130×89 cm

　한편 전후 한국의 소시민들은 척박한 현실을 이겨내려는 인고의 시간을 지나고 있었다. 60년대까지도 포장이 안 된 질퍽질퍽한 도로가 서울의 곳곳에 보였으니, 다른 곳은 말할 필요도 없을 정도로 경제 사정이 낙후되어 있었다. 지구 저편의 이스라엘의 사막 한가운데는 종려나무가 무성하고, 수목들이 숲을 이루고 있었으니 부러워할 만도 했다. 당시 한국의 여인들은 메마른 현실에서 풍성한 수풀을 그리고 있었을 것이다.

나목의 주위에는 생활을 위해 어디론가 이동하는 시골부인이 보인다. 가족을 위해 희생하려는 단단한 의지가 엿보인다. 이 여인들의 행동은 집단의 결속을 위한 것이 아니다. 그것은 진정한 공동체의 성장을 위한 자양분이며 이를 인도하시는 하나님 사랑의 증거이다.

"공동체는 옛것이 지나가고 새것이 태어나는 죽음의 고통과 새로운 탄생의 아픔 그리고 수고가 넘치는 장소이다. 공동체는 본질상 영적이다."[26]

이것을 기독교 세계관의 시각에서 풀이하자면, 그리스도께서 교회의 머리되심과 같이 남편과 가족에게 순종하는 삶의 태도라 할만하다. 희망의 싹을 틔우기 위해 위기의 시간을 인내와 사랑으로 포근하게 아우르는 것이다.

요한계시록 5장에 이런 이야기가 있다. 요한은 '권위의 상징인 일곱 뿔'과 '하나님의 일곱 영인 눈'을 가진 어린 양이 하나님의 오른팔까지 다가서서 하나님의 무릎 위에 있는 책을 수여받는 장면을 목도한다. 그가 목도한 그리스도는 유다 지파의 사자이자, 다윗의 뿌리이신 그리스도다. 무엇을 말하는 것일까? 우리 주님이 어린 양의 길, 다시 말해서 구속적 사랑의 길을 통해 진정한 승리자가 되셨음을 암시하는 것이다. 교회 공동체가 어떠한 길을 가야 하는지를 분명히 제시하는 메시지다.

사실 그리스도가 공동체의 실제적 근거이다. 개인이나 집단이 공동체 안에서 참모습을 찾으려 할 때 겪게 되는 모든 고통과 어두움 속에서도 은혜와 진리, 그리고 성장이 가능한 이유는 오직 그리스도가 당한 고난때문이다.[27] 유비적 의미에서 박수근의 회화에 등장하는 여인 역시 하나님께서 주신 성품과 영성에 근거한 구속적 사랑을 실천하는 온유하고 절제된 이미지다.

「할아버지와 손자」에 나타난 하나님의 사랑

박수근은 1960년대에 이르러 완숙한 예술의 경지에 이르고 있었다. 박수근 회화의 중요한 변화인 흑회색의 두꺼운 마티에르와 직선으로 구획된 형상들이 원숙기에 접어든 것도 이 무렵이다. 특별히 이 당시 공간과 시간에 대한 이해가 깊어간 사실이 놀랍다. 질병과 사투를 벌이면서도 진리와 오류를 분별하는데 놀랄만한 정신의 명료함을 가지고 있었고, 진리를 향한 신앙의 유일한 목적으로 삼아 만족할 만한 화면을 구성하려고 노력했다. 이 시기에 제작된 「할아버지와 손자」는 그의 인생철학과 신앙이 고스란히 담겨있는 대표적인 작품이다.

손자를 돌보고 있는 할아버지의 모습이 보인다. 손자는 아직 돌봄의 손길이 필요한 나이가 어린소년이다. 소년은 할아버지의 넉넉한 그늘 아래에 포근히 자리하고 있다. 이리저리 뛰어놀 나이건만 할아버지의 그늘이 좋은가보다. 할아버지는 사랑 가득 담은 그윽한 눈길을 손자에게 보내고 있다.

이 그림을 보면서 박수근의 처지를 생각해 봤다. 다름 아닌 박수근 자신이 어린 손자처럼 따뜻한 보호와 위로 그리고 소망을 절실히 필요로 했다. 만일 박수근 자신이 아이라면 그를 감싸는 할아버지는 '하나님이 아닐까'하는 상상을 해보게 된다. 이 말은 하나님을 형상화했다는 의미가 아니다. 오래지 않아 죽을 운명을 감지한 박수근은 하나님의 은혜를 더욱 갈구하게 됐다. 탕자의 비유에서 아버지의 명예를 더럽힌 둘째 아들에게 입 맞추는 아버지의 넓은 사랑이 그리웠을지도 모를 일이다.

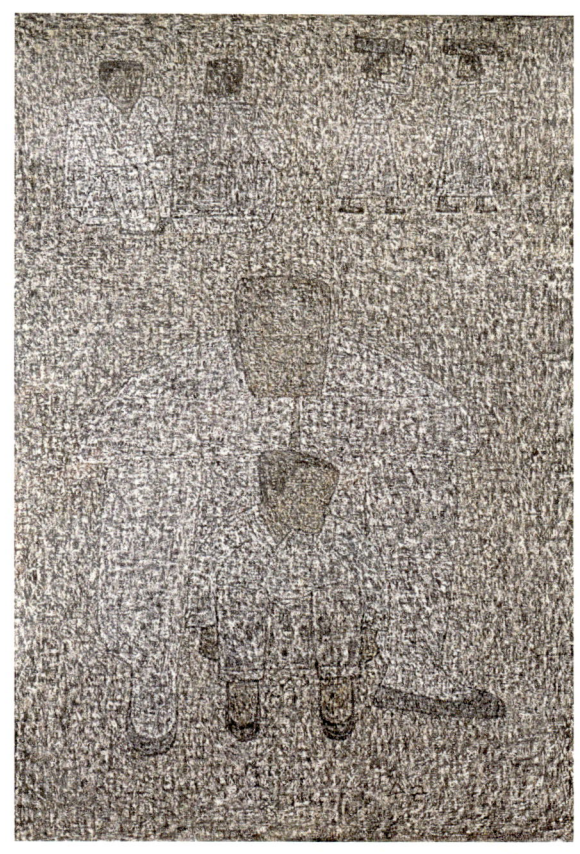

박수근, 「할아버지와 손자」, 1964, 캔버스에 유채, 146×97.5 cm

    죽는다는 것은 영원한 세계로 들어가는 입구라는 사실을 알았을 것이다. 뒤러Albrecht Dürer, 1471-1528의 요한계시록 판화에는 선민들의 찬양계 14:1-5이라는 주제가 있다. 여기서 뒤러는 요한계시록에서 생명수처럼 솟아나오는 찬양의 메아리를 풍성히 전달하기 위해 이미지를 효과 있게 사용하고 있다. 화면 중앙에는 시온산에서 영광스러운 모습으로 하나님을 찬양하는 144,000명의 선택된 자들이 보인다.[28] 아브라함을 통해 모든 민족이 복을 받게 될 것이라는 약속이 성취되는 장면이다. 그들은 흰옷을 입고 종려나무 가지를 들고 새 노래로 찬양한다. 구원하심이 보좌에 앉으신 우리 하나님과 어린 양에게 있음을 큰소리로 외치는 것이다.

　박수근의 「할아버지와 손자」에서도 우리는 구원과 사랑의 진수를 맛볼 수 있다. 삶의 찌든 환경에서 좌절을 맛보고 노래를 잃어버린 수많은 사람에게 한 줄기 희망을 선사하기 때문이다. 인생의 나그네로 왔다가 말할 수 없는 고생과 외롭고 힘겨웠던 인생의 걸음을 뒤로하고 이제는 가슴을 활짝 펴고 하나님 앞에 경건하고 겸손한 모습으로 서있다. 박수근은 이 땅에서 달려갈 사명의 시간을 아름답게 마무리하는 것이다.

9

● **유경숙 작가 | 서양화가**

다수의 전시에 참여하며 작가로서 활발한 작품 활동을 이어가고 있으며, 자신의 미술작품 활동뿐 아니라, 다른 작가들의 작품 해설을 통해 하나님의 생명의 복음을 풍성하게 전하는데 관심을 기울이고 있다. 또한 성서본문이 작가들에게 어떻게 해석되고 표현되는지 살펴보고 성서본문을 바르게 연구하고 해석하는데 매진하고 있다.

하나님의 긍휼을 품다 :
이연호의 실천적 삶과 작품세계

긍휼의 마음으로 섬기다

목회자이면서 화가였던 이연호는 1919년에 태어나 1999년 81세의 나이로 생을 마감할 때까지 평생을 가난하고 병든 사람들과 나약하고 소외된 사람들을 위해 헌신적인 삶을 살았고, 그들 속에서 아름다움을 발견한 예술가였다.

그가 살았던 시대는 일제의 억압과 6.25의 아픔을 겪어야 했던 민족의 수난기로 민족의 운명에 대해 예민한 자각을 하던 이연호는 적극적인 민족운동에 참여하기도 했다. 부친의 거듭되는 사업 실패로 유년 시절부터 가난을 벗 삼아 살았던 그는 가난한 사람들의 친구가 되어주기로 한다. 사랑에 목마르고 관심이 필요했던 사람들의 진정한 이웃이 되는 길이 그리스도의 사랑을 전하는 것으로 생각했기에 연약한 사람들과 함께하는 고난의 길을 선택한 것이다.

이연호는 1943년부터 아현동 호반재에서 빈민전도를 시작해 1945년에는 이촌동으로 이사를 해 본격적인 목회 활동을 펼쳤다. 그는 그곳에서 성 나사로 교회(현재 이촌동 교회)를 설립하고, 의사인 부인과 함께 빈민들을 위한 병원을 세워 빈민구호에 앞장섰으며 한국전쟁으로 부산에 피난 갔을 때는 수정동에 매축지 교회와 성민의원을 세워 사역했다. 그 후 다시 서울 용산구 이촌동에 돌아와 원로 목사로 은퇴할 때까지 그는 42년간 이촌동 교회에서 목회 활동을 했다.

이연호는 목회 중에도 빈민들의 삶의 모습과 변화되어가는 이촌동의 모습들을 작품에 담았는데 그가 그렸던 초기의 그림들은 장애인, 걸인 등 가난한 사람들의 진솔한 모습과 철거촌의 풍경 등이 대부분을 차지한다. 그리고 후기에는 꽃과 자연 풍경을 대상으로 한 수채화 작품들을 다수 제작했다.

그의 예술에 관한 관심과 열정은 그림을 그리는 작가로서의 활동 외에도 미술 이론가로서 다양한 활동으로 이어졌다. 그는 대학교에서 '기독교 미술학' 강의를 하고, 1966년 한국기독교미술인협회를 창립하여 미술전을 개최하는 등 기독교 미술 홍보에 큰 노력을 기울였다. 또한, 자신이 평생을 두고 모아온 고미술품과 민속품 400여 점을 장로회 신학대학에 기증하여 장신대 박물관 설립에 기초를 다졌다. 그는 기독교 미술 평론가와 화가로 활동하면서 미술 외에도 시, 콩트, 수필, 논설, 평론 등 700여 점의 대표적 작품을 남겼으며, 한국 내외의 잡지를 통해 기독교 미술을 소개하여 한국 기독교 미술의 역사와 기독교 미술에 대한 이해를 도왔다.

우리는 한국교회와 기독교 미술계에 지대한 영향을 끼쳤던 이연호의 신앙과 예술세계가 그의 생애 가운데서 어떻게 형성되었는지 그 배경을 살펴보고, 빈민들의 삶과 철거촌의 모습을 섬세하고 진실하게 표현한 그의 초기 작품들을 분석할 것이다. 이를 통해 목사이면서 화가였던 이연호의 실천적 삶과 예술 속에서 하나님의 긍휼한 마음이 어떻게 반영되어 나타나는지 발견하게 될 것이다.

고난 속, 내딛은 신앙의 첫걸음

이연호는 1919년 9월, 5남 2녀 중 둘째로 태어났다. 그가 태어난 황해도 안악은 그에게 향수를 일으킬 만큼 아름답고 정겨운 곳으로 이연호는 회상한다.

> 뒷문을 열면 우리 집 과원이 있었는데 여기에는 배나무, 밤나무들이 무성했다. 봄이면 배꽃이 만발했고 밤나무 꽃내음이 진동했던 것으로 생각난다. 그리고 여름이면 푸른 하늘을 등진 이 양산대 계곡 넓고 평평한 암벽 위에 아낙네들이 너는 빨래들이 눈부시게 희었다. 광목을 바랜 듯한 긴 세탁물이 여러 줄 널려있었던 것이 내 눈에 지금도 선하다.[1]

붓글씨와 묵화를 잘 그렸고, 손재주가 뛰어났던 아버지의 영향을 받아 이연호는 어릴 때부터 그림 그리기를 좋아했고, 그림에 재능을 보였다. 그림 잘 그리는 아이로 소문이 나있었던 이연호에게 아이들이 나뭇가지를 가지고 와서 그림을 그려보라고 했고, 심지어 경찰서의 경관들도 흑판 위에 그림 그리기를 청했다고 한다. 이연호는 담임선생님과 함께 구월산에 가서 산골짜기를 가득 메운 철쭉꽃의 소담스러운 잎들과 호화로운 분홍색 꽃들의 풍요한 모습을 보며 그림을 그리곤 했다.

선교사들이 운영하던 안신학교를 다닌 적이 있었던 어머니의 영향을 받아 이연호는 어릴 때부터 기독교 교육기관에서 양육을 받을 수 있었다. 이런 배경들이 이연호의 신앙의 첫걸음이 되었다. 한번은 세뱃돈으로 찬송가를 샀다가 그의 가족으로부터 원성을 듣기도 했는데, 울면서 찬송가를 바꾸러 가던 이연호는 뒤따라오던 어머니에게 잡혀 집으로 돌아오게 되었다. 이후부터 이 찬송가를 숨겨놓고 아무도 없을 때 만져보기도 하고 찬송을 부르기도 했다. 어린 이연호의 마음에 신앙에 대한 간절함이 있었던 것이다.

이연호는 어린 시절 안악 길거리에서 예수님의 십자가상을 놓고 전도하던 분의 그림에 감동을 받고 전도사를 존경하게 되었다. 후에 기독교 미술에 심취하게 된 것도 이런 일이 계기가 되었다.[2]

이연호의 어린 시절은 그리 풍요롭지 못했다. 계속되는 아버지의 사업(목공소, 양화점, 양복점 등) 실패로 인해 가세는 기울어졌고, 연말이 되면 빚쟁이들이 빚을 갚으라고 독촉하고, 그때마다 집안 곳곳에 빨간 압류 딱지가 붙곤 했다. 이연호는 방 한구석에 쪼그리고 앉아서 고개 숙여 우는 어머니를 봐야만 했다. 그의 아버지는 주벽이 점점 심해졌다. 이러한 가정환경 속에서 고독하고 괴로운 소년 시절을 보내며 자란 이연호는 결코 남의 돈을 취하지 않겠다는 것과 금주, 금연을 하고 직업을 자주 바꾸지 않겠다는 것을 다짐하게 된다.

보통학교 3, 4학년 시절, 안악 훈련리로 이사 온 초가집은 남산과 근접한 곳이었다. 소나무 잡목들이 울창했던 산 중턱 오솔길 큰 소나무 앞에 서서 큰 소리로 기도하던 어떤 청년을 따라 이연호는 새벽마다 산에 올라가 기도를 했다. 이런 새벽 등산기도는 춘천으로 이사 온 후에는 봉의산에서, 서울에 와서는 인왕산과 관악산에서 계속되었다. 이연호에게 있어서 산은 기도의 처소요, 거룩한 영감을 받는 장소였다.

> 나는 어린 시절부터 산을 친근케 하신 하나님께 감사한다. 그것도 나를 주의 종으로 키우시기 위한 하나님의 섭리였다고 생각하여 감사한다. 내가 항상 높은 곳을 바라보는 이상주의자가 된 것도 산의 덕분이다.[3]

> 나는 새벽기도회를 좋아한다. 외국 나갔다가 저녁 늦게 비행기가 김포 공항에 도착해도 그 다음날 새벽기도회 시간에는 반드시 단 위에 섰다. 나는

새벽기도회를 함으로 내 삶의 보람을 느낀다. 하루의 첫 시간을 복음전도와 신앙 간증에 바친다는 것은 가장 행복한 일이었다.[4]

이연호는 기독교인의 신앙생활에 있어서 기도는 호흡과 같이 중요하기 때문에 때와 장소에 관계없이 기도해야 한다고 말하며 기도의 중요성을 강조했다. 약한 몸이었는데도 불구하고 그가 많은 사역을 감당할 수 있었던 것은 새벽기도와 같은 그의 경건 생활에서 비롯된 것이다. 자신의 수난과 가족의 고난, 그리고 빈민과 민족의 고난 속에 살았던 이연호에게 신앙은 그의 삶을 지탱해준 동력이 되었다.

소망함으로 내일을 준비하다

이연호가 그림에 크게 두각을 나타낸 것은 춘천고보(춘천공립고등보통학교) 시절이다. 춘천공회당에서 열렸던 불조심 포스터 공모전에서 일등으로 당선이 되기도 하고 교직원실 복도나 회의실에는 그림이 몇 점씩 걸리기도 했다. 극빈한 환경 속에서도 그림에 대한 그의 관심은 매년 선전[5]을 보러 가는 것으로 이어졌다. 일 년에 한번 서울로 미전을 보러 갈 때면 어머니는 이웃집에서 여비를 빌려 오곤 했다.[6]

가난 중에 도망치다시피 춘천으로 이사를 했던 이연호의 가족이 처음에 머물렀던 곳은 남의 집 문 칸 방이었다. 춘천고보를 다니는 5년 동안 그의 동복은 단 한 벌 뿐이었고, 일본으로 수학여행을 떠날 때는 여비가 없어 학교에 혼자 남아 자습을 해야 하는 아픔을 경험하기도 했다.

춘천고보를 수석으로 합격한 그는 토요일 저녁 감리교파의 넬슨 여교사의 집에서 영어 성경을 배우고, 주일 아침에는 교회에 나와 영어 성경을 복습했다. 이런 영어 습득은 후에 그가 미국에 유학하여 공부하는데 바탕이 되었다.

민족의 운명에 대해 자각을 하던 이연호는 어려서부터 아버지로부터 안도산, 김구, 이승만 등 독립투사의 이야기를 어렴풋이 듣고 자랐고, 일본의 한국침략뿐만 아니라 한국인 차별에 대해 적개심을 품고 있었다. 그래서 이순신, 거북선 등을 리놀륨판(Linoleum)화에 새겼고, 이것들을 찍어 친구들과 배포한 일도 있다. 또 이연호는 당시 『삼천리』 같은 민족정신이 농후한 월간지나 이광수의 『흙』, 『무정』, 『조선의 현재와 장래』를 탐독하고, 심훈의 『상록수』를 비롯해 간디, 톨스토이 등의 작품도 읽는 등 민족주의 서적들을 애독했다.

그는 고등학교 시절, 봉의산 정상에 비밀 장소를 만들어 연설회를 하거나 민족주의적 문헌의 독후감을 발표했고, 청년학도의 귀농 운동을 토론하는 등 생각을 같이한 동료들과 함께 봉사활동과 애국 활동을 벌였다.[7] 결국 이연호는 졸업을 한 학기 남겨두고 일본인 교사의 한국인 차별에 분개하여 동맹휴학을 주도하면서 비밀리에 하던 '독서회', '상록회' 등 비밀 결사들이 발각되기에 이른다. 30년대 말경 지하 민족운동이 춘천농고, 광주고보까지 차츰 확대되어 마침내 일본 경찰에게 발각되는 이 상록회 사건으로 인해 이연호는 4년간의 옥고를 치르게 된다.[8] 그는 치안유지법 위반이라는 죄명으로 감옥 생활을 하면서도 가끔 '차라리 복음 전도를 하다가 옥고를 치른다면 좋았을 것을.' 하는 생각을 하기도 했다.[9]

교도소 생활은 신앙인으로서의 그의 삶을 탈바꿈하는 계기가 되었다. 무엇인가 열심히 공부해야겠다는 생각으로 신앙, 철학, 미술, 영어, 중국어, 불교 등에 관한 다수의 책을 읽었던 이 시기를 이연호는 새로운 인생을 꿈꾸고 준비하는 시간이었다고 말한다. 무엇보다도 하다노 세이치의 『서양 철학사』를 잉크병이 얼지 않도록 수건으로 싸놓고 두 번이나 요약했을 정도로 열심히 공부했다. 이는 후에 이연호가 철학에 관심을 두고 미국 로렌스 대학에서 '서양철학'으로 학위를 받아 서울 장신대에서 서양 철학사를 강의하게 된 계기가 되었다.

약 4년간의 옥고를 치른 이연호는 사상범으로 출감한 인물들을 '황국정신'을 가진 인간으로 새로이 훈련하는 곳인 서울 대화숙 미술부에서 극장 간판과 초상화 등을 그렸고, 조각부에서 조각 작품도 제작했다. 또 그는 근처의 학교에 못 가는 아이들에게는 일본어를 가르치기도 했다.

예수 그리스도의 삶을 따르던 삶

이연호는 석방된 후 대화숙 검사장의 도움으로 배재중학교를 마치고, 감리교 신학교에 입학한다. 그러나 일본 검찰의 탄압으로 입학이 취소되었고, 1944년 정치 운동에 가담하지 않겠다는 서약을 하고서야 다시 감리교 신학교에 다니게 되었다. 1946년 기숙사에서 지냈던 이연호는 거리에서 쓰러져 있는 거지 아이를 데려와 자기 방에 재우며 기숙사에서 주는 죽을 나누어 먹었다. 아현동 걸식 소년과 만남을 계기로 이연호의 빈민촌 목회가 시작되었다.

해방 후 이연호는 감리교 신학교[10]가 폐쇄됨에 따라 조선 신학교[11]를 졸업하게 되었다. 아버지의 기대와는 달리 영혼을 치유하는 의사가 되기를 원했던 그가 처음 사역지로 찾아간 곳은 서울 마포구 아현동의 호반재였다. 호반재는 그가 출옥한 후 사상범 훈련소인 대화숙에서 일하던 곳 바로 뒤에 위치했는데, 판잣집과 움집들이 밀집해 있었고 걸인과 장애인들이 있던 곳이다. 그는 호반재에서 군인들이 쓰던 철모를 구해 보리쌀을 삶고 소금으로 반찬을 해 먹었다.

얼마 후에 초등학교 교사를 하던 친구 석락현이 당시 교사 월급의 10배가 되는 300원을 보내와 호반재 빈민촌의 허름한 판잣집을 사서 거처 겸 주일학교 교실로 사용하기 시작했다.[12] 비가 오거나 너무 추울 때는 자취하던 방에서 집회를 하고, 가난한 아이들을 모아 성경을 가르쳤다.

그는 야학급료로 받은 5원으로 생활을 하면서 그곳에서 3년을 지냈다.

1945년 해방되던 해, 서울에 큰 홍수가 나 한강 다리 옆 서부 이촌동은 대규모의 빈민 밀집 지대가 되었다. 이곳은 아현동 호반재에 비해 규모도 큰 데다 엄청난 빈민들의 밀집 지대라서 교회도 병원도 없었다.

이촌동을 둘러본 이연호는 그곳이 바로 자신의 목회 현장이 되어야 한다고 마음을 굳히고, 3년이나 지내던 호반재를 떠나 이촌동으로 옮기게 된다. 호반재의 넝마주이 친구들의 도움을 받아 손수레에 몇 개 안 되는 짐을 싣고 이사 온 집은 허름한 판잣집 한 모퉁이 방이었다. 홍수에 절반이나 물에 잠겼던 집이라 벽이 군데군데 떨어져 나갔고, 지붕은 천막과 유리 조각으로 간신히 덮여 있었다. 집주인이 뗄 나무로 선반들을 뜯어 내버려 찬바람이 들어오는 집이었지만, 이연호는 일할 수 있는 거처를 주신 것에 감사했다.

이연호의 꿈은 그곳에 교회를 세우고, 그들을 위해 병원을 세우는 일이었다. 그는 동네 아이들을 한강 모래밭에 모아놓고, 성경을 가르치고 예배를 드렸다. 비가 올 때는 그의 거처를 예배당으로 사용했다. 비가 새어들어 받쳐 놓았던 그릇에 모인 빗물로 아이들이 물장난을 치기도 했다. 또 어떤 아이들은 부엌 바닥에 벗어놓은 동료들의 신짝들을 뒤섞어 놓기도 하고, 그것들을 지붕 위로 던지기도 했다. 겨울에는 성경 그림책들을 차가운 방바닥에 깔고 그 위에 얇은 요를 편 다음 입은 옷 그대로 새우잠을 자기도 했다.

비록 남루한 판잣집이었지만, 그에게는 꿈과 예술이 전개되는 아름다운 곳으로 하늘과 통하는 지성소였다. 이연호는 열악한 환경 속에 있었지만, 그곳을 무척 사랑하고 즐기기까지 했다.[13] 그에게 있어서 진정한 아름다움은 하나님에게서 오는 것이었기에 그곳을 아름답게 볼 수 있었다.

> 아침과 저녁 햇빛이 벽에 비치게 될 때에 방안에 무수한 노란 선들이 가로 걸러지게 된다. 그리고 컴컴한 벽 위에는 마치 나트리움의 분광경을 보는 듯한 눈부신 노란 줄이 곱게 물들여진다. 그리고 이때면 낡은 봉투를 뜯어 바른 천장의 한 모퉁이가 보석과 같이 빛나고 담 벽의 흙 떨어진 곳이 형석 모양으로 은근히 드러난다.[14]

이연호의 이러한 시적 표현은 다음 글에서도 찾아볼 수 있다.

> 문을 열면 푸른 한강이 보이고 러스킨이 말한 「무한곡선」의 나직한 산들이 멀리 지평선 끝에 누워있다. 안개 낀 아침의 황혼이 어린 저녁에 이른 봄 날, 늦가을에 달라져 가는 색채와 선의 신비. 그 맑고 고아한 정취는 말을 초월한 시와 기도의 나라로 나를 이끈다 … 그뿐이랴. 밤이 되면 별 내리는 반천을 볼 수 있고 지붕의 판자 사이로 별이 비친다. 이럴 때마다 내 집은 하늘에 가깝다고 외쳐대곤 했다. 낮에는 밀레의 「농부 그림」에도 찾을 수 없는 떨어진 옷차림을 한 절호의 모델들이 '골탄밭'에서 불을 피워가며 일을 한다. 석양이 그들의 등을 비출 때 더욱 좋다. 때때로 불후의 명작을 바라보는 듯한 느낌에 도취될 때가 있다.[15]

이연호가 본 1950년대 빈민촌의 모습이 그저 아름답기만 한 것은 아니었다. 힘겹게 견뎌내야 할 현실적인 모습과 생활에 대해서 그는 다음과 같이 묘사한다.

> '구더기는 나의 어머니요, 나의 누이요' 하고 한탄한 욥의 고난을 체험한 기분이었습니다. 설교 중에 악취로 인해 목이 아프고 아내는 진료를 못 할 정도로 냄새에 시달리고 결국은 출입구를 제외한 창문 틈을 모두 막아버리

고서 한여름을 보낼 수밖에 없었지요.[16]

　빈민촌은 외관상 불미스러울 뿐 아니라 내부도 불결해 여러 가지 전염병 발병의 근원지가 되었다. 또 싸움과 술주정, 절도, 살인, 밀주, 도박, 매음의 온상이 되는 문제 지역이 된다. 영세민 노동자, 병자 등이 많음으로 편견과 오해가 심하고, 미신을 숭상하는 사람들이 많았다. 이러한 실정은 빈민들이 외부로부터 소외를 당하게 했다. 빈민촌은 단순히 저소득자들이나 신체적 장해를 가진 사람들이 모여 사는 곳이 아니라 심리적으로 인격적으로 상처를 가진 사람들이 모여 사는 곳이라고 이연호는 말한다.[17]

　이연호는 사회로부터 소외된 빈민을 보살피며 함께 생활했다. 그는 가난하고 병든 사람들, 경제적, 문화적, 종교적으로 소외된 사람들과 함께하신 예수님과 같이 정신적으로 빈곤한 사람들의 친구가 되어준 것이다. 그들에 대한 목회는 물질적인 것과 신체적인 필요를 채워주고, 무엇보다도 그들의 인격을 존중해 주며, 그들의 상실된 인간의 존엄성을 회복 시켜 주는 일이었다. 그는 그들의 삶 속에서도 가치 있는 인간성을 발견하고, 아름다움과 노래를 발견하는 예술가였다.

　　이같이 추악 가운데 살면서 … 아니, 추악 밖에는 소유라는 것이 없었다. 그러나 빈민굴의 추악을 통하여 미와 기쁨과 노래를 찾을 수 있었던 것이다. 그는 강둑에 늘어놓은 인분의 모양에서 아브라함의 말을 찾고, 수채 구덩이에서 하천풍언에게 보내는 노래를 찾을 수 있었다.[18]

　이연호의 목회 철학을 한마디로 말한다면 '빈민목회'란 말로 특징지을 수 있다. 결혼한 뒤에도 이연호 부부는 방이 없는 빈민들과 함께 같은 방에서 생활했다. 그곳에서 그들은 미군 부대에서 사고로 다리를 잃은 고아와 폐병으로 죽어가는 여인을 돌보았다.

이연호의 글 '꾸부러진 화젓가락'에서 그의 빈민과의 사귐과 목회자적 자질을 엿볼 수 있다.

> 적선하라고 앉아서 내미는 저 손은 신일(이연호)에게 가끔씩 김치를 만들어서 보내주던 그 손이 아닌가! 그뿐인가! 그들이 쌀이 떨어져 시골로 동냥 갔다 돌아왔을 때도 너는 조기 열 마리를 선물로 받지 않았던가! 그믐에는 그들로부터 고기를 받지 않았던가! 저들은 너의 은인이다. 그리고 너는 저들의 유일한 친구며 의지가 아닌가? 그런데도 불구하고 어제도 너는 떨어졌으나 가방을 들고 헤어졌으나 외투를 입고 그들의 앞을 지나오지 않았던가?[19]

이연호는 쓰레기를 줍는 넝마주이들과 함께 한솥밥을 먹으며 한때는 직접 나무로 엮은 광주리를 메고 다녔다. 걸인들이 동냥해온 쌀로 떡을 빚어 판잣집 창문으로 넣어주면 사람들은 고맙게 받아먹었다.[20] 그는 자기의 생활이 그 이하로 낮출 수 없는 최저의 것이라고 생각하면서도 가난한 그들을 대할 때마다 죄를 짓는 것 같은 괴로움을 느꼈다고 고백한다. 예수 그리스도 안에서 굶주리고 고통받는 그들은 이연호의 형제들이었고, 이연호는 그들에 대한 불타는 사랑을 멈출 수가 없었다.

그는 전적으로 그의 삶을 그리스도께 내어드린 사람이었다. 그럼에도 불구하고 하나님과 사람들을 더 사랑하지 못하고 더 헌신하지 못하는 자신의 부족함에 대해 성찰하고 고뇌하며, 다음과 같은 시를 쓴다.

웃지 마시오 / 내 아버지가 이렇게 말했다오 / 큰 자식은 돈에 미치고 / 작은 자식은 예수에 미치고 / 나는 술에 미쳤다고 / 아! 미친놈 예수에 미친 놈- / 그러나 날더러 미친놈이라 말한 사람 / 아버지 뿐 만이 아니지요… 아! 예수 때문에 / 부모형제 버리고 / 예수 때문에 예술도 학문도 버리고 … 아! 아직도 미치지 못하고 / 거지동네 움집구석 / 한 닢의 다다미 위에서 / 오늘도 떨고만 있습니다.[21]

이연호는 빈민들을 위해 1945년 이천동에 성나사로 교회(현재는 이촌동 교회)를 건립했다. 국가에서 예배처로 1백 평의 하천부지를 내주었지만, 교회 건축에 필요한 자금이 부족했다. 그는 건축비를 마련하기 위해 미군 부대에서 초상화를 그렸다. 이연호의 회고에 따르면 7~8분에 초상화 한 장을 그렸는데, 당시 백 원을 받았다고 한다. 교회당을 짓기 위해 이연호가 그림을 그린다는 것을 알게 된 군인들이 담배, 구두 등을 처분해서 헌금을 주었다. 어떤 군인은 이촌동 교회당을 살펴보고 신학교 졸업장을 확인하고는 자신이 가진 돈의 전부를 주고 갔다. 그래서 다음날 필요했던 임금과 재료비를 충당하게 되었다.

1948년 2월 16일 미국 『타임지』에 이연호의 빈민촌 사역이 처음 소개된 이후 다섯 번에 걸쳐 기사화되었다.

이제 갓 한국 장로교 신학교를 졸업한 곱슬머리의 젊은 이연호는 … 쌓인 쓰레기더미 위에서 갈퀴질 하며 소음으로 뒤죽박죽된 누더기를 걸친 아이들을 보려고 멈춰 섰다. 그 개구쟁이들은 팔릴만한 석탄이나 양철, 종이 찌꺼기를 찾고 있었다 … 이 목사는 다음날 거리 청소부들을 만나서 친구가 되기 위해 쓰레기장을 찾았다. 그들이 새로운 쓰레기 더미가 도착하기를 기다리는 동안 그들에게 성경을 이야기해 주고 몇 가지 찬송도 가르쳐 주었다 … 그의 새 '교구'에 있는 다른 사람들처럼 이연호 목사도 화물 상자에서 그 자신을 깨닫고는 이사를 했고, 생활이 힘든 이들과 함께 그의 먹거리를 나누었다. 주일마다 이 목사는 평지에서 간단한 예배를 함께 드릴 무리들을 모았다.[22]

타임지는 이연호가 교회 건축을 위해 미군 부대에서 유·수채화 초상을 그렸던 일과 쓰레기 더미 위에 교회를 짓는 일들을 소개했다. 미국 언론에 한국의 실상과 교회의 헌신이 알려지면서 미국 크리스천들로부터 많은 성금이 교회 건축을 위해 전해졌다.

말쑥한 벽돌 종각의 교회와 사택 두 칸, 그리고 열 개의 병실을 갖게 된 병원을 보며 이연호는 빈민들을 위해 헌신하겠다는 그의 기도가 이루어졌음을 알고 감사했다.

> 이것은 정말 하나님의 은혜가 아니고는 불가능한 일이었다. … 젊은 동역자들의 수고와 미군 병사들의 우정, 저명인사의 호의, 관청의 후원, 내외국 언론 인사들의 도움에 감사하지 않을 수 없다.[23]

그는 헌신적인 의사인 아내와 함께 빈민을 위한 의료원을 세워 본격적인 의료, 선교, 봉사 활동을 시작했다. 그가 아내를 처음 만난 것은 서울 마포구 아현동의 호반재에 거주하면서 아픈 걸인들을 병원에 데려다주고 아이들을 돌봐주는 등 빈민들을 보살피고 있을 때였다. 이연호는 무료 진료를 하러 온 여의사 정용득을 만나 양가의 반대에도 불구하고 결혼식을 한 후 빈민촌에서 신혼생활을 시작하게 되었다.

1948년, 극빈자들의 집단 거주지로 우범지대였던 이촌동은 의사들도 기피했던 곳이었지만, 정용득은 빈민의원을 개원해 무료진료 활동을 펼치며 숱한 고생을 했다. 그때의 어려웠던 상황에 대해 이연호는 이렇게 적는다.

> 환경이 안 좋으니까 환자가 많이 발생할 뿐만 아니라 수없이 왕진을 요청하는 거예요. 새벽 한시 두시에도 찾아와 왕진을 요청하곤 했어요. 그럴 때마다 저는 아이들을 데리고 아내가 무사히 돌아오도록 기도하곤 했어요. 길도 험하고 주변 환경도 험하고 … 아내가 돌아올 때까지 잠을 이룰 수가 없었어요. 하지만 아내는 용케도 그 일을 잘 감당해내더군요.[24]

아내 정용득은 의사로서 자신에게 주어진 사명을 잘 감당했을 뿐 아니라 남편 이연호의 든든한 동역자였다. 이연호가 미국에 유학 가 있는 동안 혼자 자녀들을 키우며 환자들을 돌보느라 육체적, 정신적 피로가 심했던 아내의 병을 고치기 위해 이연호는 삼각산의 한 민가에서 자취 생활을 하기도 했다.

이연호 역시 평생을 그리 건강하게 살지는 못했다. 어릴 때부터 다병했던 그는 말라리아에 걸렸었고, 중학교 2학년 때는 폐병을 앓기도 했다. 미국 유학 시절에는 고된 유학 생활로 인해 신장 출혈을 하게 되었고, 지팡이를 짚고 등교해야만 했다. 그리고 1964년에는 '유종'으로, 1992년에는 전립선으로 수술을 받았다. 그 밖에도 몇 번의 교통사고를 겪었으며, 1994년에는 '부정맥'으로 쓰러지기까지 했다. 이러한 체질적인 약점에도 불구하고, 그는 1989년 은퇴 후에도 버스터미널에 나가 전도지를 돌리는 등 복음 전도자로서의 사명을 다하려고 했다. 이연호 자신의 약함과 가족의 약함을 통해 그는 하나님의 은혜가 필요한 연약한 사람들을 향한 긍휼의 마음을 더 깊이 품을 수 있었다.

지도자는 실력이 있어야 한다는 신념을 가졌던 이연호는 하나님의 세계를 좀 더 알고 싶다는 갈망에서 60세가 지난 나이에도 박사과정을 이

수하여 두 대학에서 학위를 취득했고, 또 70이 넘은 나이에도 매일 새벽 '영어 토익반'에 나가 토론을 하고 불어 지도를 받는 등 평생을 부단한 자기계발에 힘썼다.

이연호는 일생을 검소하게 살았던 사람이다. 일평생 빈민들과 어려운 생활을 함께했던 그에게 단 두 벌의 양복과 한 켤레의 구두가 전부였다. 백명자는 이연호가 자신의 차림새보다는 다른 이들의 아침끼니를 걱정하고 고통을 나누려 했던 모습을 다음과 같이 회상한다.

> 예년과 마찬가지로 바지는 여러 군데 꿰맨 몇십 년 전 그대로였다. 전도지를 나눠주며 노방전도를 할 때나 신문사를 들를 때, 대학에서 강의를 할 때 입는 낡은 양복은 다림질로 오히려 반짝반짝 윤이 나고 전쟁 후부터 귀하게 여기며 신어온 군화는 몇십년 전부터 신어왔지만, 여전히 새것처럼 빛났다.[25]

가난하고 소외된 사람들과 평생을 함께하며 예수 그리스도의 삶을 따라 목사와 예술가로서의 소명을 감당하며 살았던 이연호는 1999년 2월 5일 81세를 일기로 천국에서 영원한 영혼의 안식을 누리게 되었다.

곳곳에 묻어난 열심과 열정

이연호는 목사로서 실천적 삶을 살면서 틈틈이 사역의 장에서 만나는 이들의 모습을 그리기 시작했다. 그가 그렸던 초기의 그림들은 6.25동란 후의 교회의 모습, 장애인과 걸인 같은 가난한 사람들의 진솔한 모습, 철거촌의 풍경 등이 대부분을 차지한다.

타임지에 이연호의 빈민과 함께하는 삶이 기사화되면서 이것을 계기로 1953년 미국 시카고 근처의 애플톤시티 로렌스 Lowrence 대학의 초청을 받게 된 이연호는 철학과 생물학을 공부하면서 2년 반 동안 수채화가 토마스 디트리히 [T. Dietrich] 교수에게서 미술 지도를 받게 되었다. 1955년에는 미국 오슈코시 [Oshkosh] 의 미술관 [Paine Art Center] 의 초대로 3개월간 개인전을 가졌으며, 그 후 아내의 발병으로 임시 귀국한 이연호는 1955년 대한미술협회와 조선일보사의 후원으로 제1회 개인전을 동방화랑에서 개최하여 본격적으로 미술 활동을 시작했다. 또 1961년에는 대한민국「국전」에서「Princeton 풍경」이 입상하여 미술가로서 실력을 인정받기도 했다.[26] 제2회 개인전은 1977년 서울 미술회관에서 개최되었다.

1989년에는 샌프란시스코 신학대학 제네바 홀에서 또 한 번의 전시회(1989.4.1~5.27)를 갖게 된다. 이 전시회에서는 빈민가를 그린 작품 20여 점이 출품되었는데, 그의 전시회에 관해 이경성은 다음과 같이 평했다.

> 이연호는 그의 몇 점의 소묘와 수채화 출품으로 유일한 입지를 굳힌 예술가이다. 그는 가난하고 소외된 사람들이 살아가는 빈민가를 관찰해 오면서 성직자의 연민의 눈뿐만 아니라 미술가의 눈으로 그들을 사회에 드러냈다. 이 목사는 한국에 있을 때 빈민가 여기저기를 둘러보며 스케치 작업을 했다. 이 목사가 미국에 갔을 때에도 그는 물질문명의 어두운 그림자 속에 타락한 빈민가의 광경을 스케치했다. 이 목사는 거대한 사회에 빈민가를 드러냈다는 점뿐만 아니라 빈민가의 예술적인 측면에서도 관심을 가져 왔다는 점에서 훌륭하다.[27]

장복충 또한 이연호의 그림이 보는 이들에게 인간 상황에 대한 새롭고 더 깊은 이해를 주고 있으며, 크리스천 미술계에도 크게 기여한다고 말했다.[28] 또 월터 T. 데이비스 2세는 "이연호 목사는 성직자로서 대부분을 가난하고 억압받은 민중 사이에서 보냈고, 그만의 예술적인 창작은 하나님께서 창조하신 아름다움을 추함과 고통 가운데에 뛰어난 민감성으로 반영했다."라고 평가했다.[29]

이연호는 미술 작가 외에 미술 이론가로서도 다양한 활동을 해왔다. 1958년 미국 프리스톤신학대학원에서 종교심리학을 전공하고, 코치[Dr. Korch] 교수로부터 기독교 미술 강의를 들은 그는 1963년부터 27년 동안 서울장로회신학교에서 기독교 미술학 강의를 했다.[30]

특히 이연호의 활동 중에서 괄목할 만한 것은 1966년 한국기독교미술인협회를 창립하고, 기독교 미술 홍보에 많은 노력을 기울였다는 것이다. 그의 업적에 대해 이명의는 다음과 같이 전한다.

> 작은 키에 깡마른 체격, 안경 낀 지적 풍모의 얼굴, 낡은 양복, 검은색 가죽 가방, 그리고 잔잔한 미소로 사람을 편하게 하셨던 고 이연호 목사 … 한국교회의 성장과 함께 장차 선진국 같은 기독교 미술 단체의 필요성을 예상하여 당시 화단의 대표적인 작가 김은호, 김기창, 김기승 등을 직접 만나 권유, 설득하여 발기인 모임을 가진 후 1966년 4월 11일 창립총회를 열어 한국기독교미술인협회를 탄생케 하였고, 그해 태평로 신문회관 화랑에서 제1회전을 개최하였다.[31]

이연호는 교회연합신보에 1966년부터 1968년까지 기독교 미술 해설을 담당해왔으며, 한국기독공보에는 1990년부터 1992년까지 '교회 미술 순례'라는 제목으로 75회 연재했다. 그 외에도 동아일보, 한국일보, 경향신문 등에도 다수의 글을 실었다. 그는 1987년까지 350종 이상 한국 내외의 잡지를 통해서 기독교 미술을 소개했다. 또 기독교문사에서 발간한 '기독교 대백과사전' 전 16권의 유일한 기독교 미술 감수위원으로도 활동했다. 1983년 성탄절에는 KBS TV에서 방송되는 영상 다큐멘터리 "성화 속의 예수" 프로그램에 해설을 담당했으며, 동 방송국에서 1989년 방영한 "세계 다큐멘터리 성화, 그 발자취를 따라서" 프로그램에 자료를 제공하고 해설을 했다.

예술에 대한 관심과 열정이 많았던 이연호는 1983년 자신이 평생을 두고 모은 이조백자 등 고미술품과 민속품 400여 점을 장로회 신학대학에 기증하고, 기독교미술박물관을 세웠으며, 박물관장을 역임했다. 그는 자신이 예술을 사랑한 만큼 많은 사람이 예술을 공유하기를 원했다.

> 문화재는 공공의 장소에서 공공을 위해 보전돼야 해요. 문화는 개인의 것이 아니라 우리 모두의 것이기 때문이죠. 한 사람이 문화재를 독점할 필요도 없을뿐더러 그래서도 안 돼요.[32]

기독교 미술 평론가와 화가로 활동하면서 미술 외에도 시, 콩트, 수필, 논설, 평론 등 700여 점의 대표적 작품을 남겼던 이연호에게 에반젤 크리스천 Evangel Christian 대학에서는 그의 많은 집필을 인정하여 '명예 문학박사' 학위를 수여 했다.

이연호는 일생 교회를 돌보면서도 꾸준히 후학양성에 힘을 기울여 장로회신학대학교, 감리교신학대학, 서울장로회신학교 등 여러 신학교에서 기독교 미술에 대한 강의를 계속하는 등 목회자와 예술가로서의 사역을 동시에 충실히 수행했다. 목회자의 가난한 삶 속에서도 소중한 작품이 있으면 사들이는 등 그의 예술에 대한 사랑과 열정은 황량했던 한국기독교 미술 분야에 기초를 다져놓았다.

하나님의 형상, 그 아름다움을 발견하다

이연호가 그렸던 초기의 그림들은 그의 삶의 무대였던 빈민촌의 가난한 사람들의 진솔한 모습과 철거촌의 풍경 등이다. 빈민들의 삶을 담은 작품들은 그의 실천적인 삶의 철학과 예술세계를 가장 잘 반영해 주고 있다.

이연호는 이미 춘천고보 시절에 빈민들을 작품의 소재로 삼은 적이 있는데 「소양정의 걸인들」이다. 유동식은 그 작품에 대해 상세히 묘사하고 있다.

> 소양정은 춘천 소양강 다리 옆에 있는 암벽 위에 세워진 정각이다. 정자는 선비나 나그네들이 와서 쉬며 풍경을 즐기는 곳으로 이해된다. 그런데 이연호가 그린 소양정의 객은 걸인 세 명이었다. 한 사람은 걸터앉아 있고, 두 사람은 서 있는 것으로 기억된다. 그중 하나는 다리가 없어 목발을 짚고 있었다.

전쟁으로 인해 어쩔 수 없이 빈민이 되어버린 한민족을 외면할 수가 없었던 이연호의 빈민에 대한 관심은 그가 사상범 훈련소인 대화숙에서 지낼 때 커졌다. 빈민촌인 아현동 호반재는 판잣집과 움집들이 밀집해 있었고, 걸인들과 불구자들이 거처하고 있었다. 그리스도와 더불어 빈민과 일생을 함께하기로 한 그는 해방되던 해 홍수로 인해 대규모의 빈민들의 밀집지대가 되어버린 서부 이촌동을 목회현장으로 삼고, 빈민들과 함께 생활하기 시작했다.

그리고 그는 그곳에서 틈틈이 아프고 가난한 사람들, 소외되고 버림받은 사람들, 배우지 못하고 미천한 사람들을 그렸다. 그는 하나님이 인간에게 주신 고유의 인격성과 하나님의 성품을 잃어버린 사람들에게서도 예술적인 가치를 발견하게 된 것이다. 그가 본 예술적인 가치란 외형

만이 아니라 그의 영적 본질을 말하는 것이다. 그에게는 신앙이 곧 삶이었고, 예술의 신념이었다. 그는 하나님의 아름다운 형상을 영혼 속에 투영 시켜 만든 인간이 바로 하나님의 예술품이라는 생각으로 빈민들의 모습 속에서 아름다움을 찾았다.

> 낮에는 '밀레'의 농부에서도 찾을 수 없는 떨어진 옷에 쌓인 절호의 모델들이 골탄밭에서 불을 피워가며 일을 한다. 석양이 그들의 등을 비칠 때 더욱 좋다. 때로는 불후의 명작을 바라보는 듯한 느낌에 도취할 때가 있다.[33]

위의 글에서 알 수 있듯이 이연호는 빈민촌의 모습을 통해 밀레 Jean-Francois Millet, 1814-1875 의 「만종」(1859)을 연상했을 것이다. 하루해가 저물어가는 들판에서 고개 숙여 기도하고 있는 농부 부부의 등 뒤로 석양이 붉게 비치고 있는 풍경은 성스럽고 엄숙함을 느끼게 한다.

밀레가 가난하고 힘든 현실 속에서 살아가는 농부와 농촌의 풍경을 화폭에 담았듯이 이연호도 거칠고 남루한 옷을 걸친 가난한 사람들의 힘들고 고된 일상을 섬세하게 그리고 있다. 이연호는 인간의 연약함과 삶의 비애를 통해 신의 존재를 일깨운다. 그는 삶에 있어서 진정성과 가치를 세상의 잣대인 부와 쾌락, 명예 등에서 찾은 것이 아니라 약하고 희망을 잃어버린 가운데서도 선함과 진실함을 잃지 않으려는 기독교적 세계관에서 찾았다.

기독교적 관점에서 삶의 여정은 고난의 연속이다. 이연호는 그가 본 빈민들의 모습과 자신의 삶 속에서 그것을 더 깊이 느낄 수 있었다. 하나님은 인간이 겪는 고통 가까이에 계시고, 상처 입어 절뚝거리고 길을 잃고 방황하는 자에게 빛이 되어주심을 알고 있었던 이연호에게 고난의 인생길을 살아가는 사람들은 사랑해야 할 대상이었다. 인생의 모든 주권을 하나님이 쥐고 있고, 고난을 통해 인간의 참 존재를 깨닫게 하시고 성숙시킨다는 기독교적 정신은 연약한 사람들을 모델로 한 그의 작품 속에 고스란히 담겨있다. 빈민들의 삶의 현실을 세밀하게 관찰하고 있는 그의 그림에는 대상에 대한 애정과 사랑이 묻어 있다.

　이연호의 작품세계에 대해 박형성은 "80년대에 한국미술계에 등장한 민중미술을 이미 50년대에 그렸다."라는 평을 하고 있지만, 이연호 자신은 "젊은 시절 고난 가운데서 자신에게 임한 가시관을 쓰신 예수의 모습을 솔직하게 표현한 것뿐이다."라고 말한다.[34] 그는 이념을 앞세우지 않고 그저 자신이 하는 일이 신앙인의 자세라는 믿음 하나로 이웃들에게 사랑을 나누어주었고, 그들을 그렸던 것이다.

> 버림받은 자의 친구가 되고 싶었습니다. 그리고 나보다는 남들을 위해서 일할 수 있는 사람이 되고 싶었어요. 크리스천으로서 가난하고 버림받은 자들을 위해 무언가를 할 수 있다는 것은 보람된 일입니다. 목사, 화가이기 이전에 '진실한 인간'이 되고 싶어 그림을 즐겨 그렸을 뿐입니다.[35]

　이연호가 말한 '진실한 인간'은 서민을 통해 '인간의 진실'을 나타내고자 한 박수근의 화의와 맞아떨어진다. 두 사람은 이미 춘천에서부터 알고 있었던 사이로, 서성록은 이연호의 빈민목회 철학과 박수근의 예술철학 사이의 공통점을 찾는다.[36] 같은 그리스도인이요, 화가였던 그들이 가난한 서민과 빈민들의 모습을 그렸다는 것과 가난한 삶이지만 그 가운데 하나님에 대한 사랑과 사람에 대한 사랑을 가지고 인간의 선함을 아름다움으로 보고 화폭에 담고자 했다는 점에서 그렇다. 박수근의 작품이 꾸미지 않은 솔직함으로 가난한 이들의 모습을 진실하게 그렸듯이 이연호는 가난한 삶 가운데 있는 이들의 진정한 삶의 모습들을 작품

속에서 진솔하게 표현하고 있다.

  이연호는 빈민들의 모습뿐 아니라 이촌동의 변화하는 모습도 화폭에 담았다. 번화가나 상가, 도시 지역에 근접하여 자연적으로 형성된 빈민촌은 언제 철거를 당할지 모르기 때문에 빈민들은 주택의 미화 같은 것은 생각할 수도 없고, 주택에 대해서는 언제나 잠정적이라는 관념을 가지고 있었다.

  1967년 마침내 철거가 시작되고, 이촌동은 새로운 변화를 맞이하게 되었다. 비록 비바람에 쓰러지고 추위를 막아주지 못하는 판잣집이라 할지라도 유일한 거처요, 휴식처였던 주거공간이 철거 집행인들에 의해 무참히 무너졌을 때의 모습을 이연호는 섬세하고 자세하게 표현한다. 허물어져 가는 집, 부서져 폐허가 된 마을, 여기저기 흩어져 버린 판잣집의 잔여들, 이촌동 철거민들의 애환을 담아 그의 그림은 쓸쓸하기도 하고 풋풋한 향수를 느끼게도 한다. 고단한 삶을 살아가는 빈민들의 뼈저린 현실을 화가는 자신의 체험을 바탕으로 생생하게 묘사하고 있다.

  역대의 미술가들이 재난의 현장, 시련과 역경 속에서 살아가는 당시의 사람들뿐만 아니라 그들의 삶을 작품에 남긴 것처럼, 이연호 역시 민족과 개인의 고난과 역사를 예술작품에 담았다. 예술가로서 타인의 고통에 귀 기울이며, 어떻게 그들을 포용하고 사랑할지를 고뇌하며, 삶의 여정 속에서 타인과의 동행을[37] 실현해 갔던 이연호의 대표적인 초기 작품을 살펴보자.

그의 눈에 비추어진 것들

이연호, 「6.25 동란 후의 이촌동 교회」, 1950, 펜

「6.25 동란 후의 이촌동 교회」는 전쟁이 쓸고 간 상처와 아픔을 잘 보여주는 작품이다. 한국전쟁 이후 이촌동 교회와 병원 건물이 60%가량 파괴되어 미군들의 초상화를 그림으로 교회 건축비를 마련해야 했다는 이연호의 기사가 1950년 11월 7일 자 타임지에 소개된 바 있다.

작품에서 하늘로 길게 뻗은 해바라기 줄기는 앙상하게 말라 있고, 꽃은 힘없이 고개를 숙이고 있다. 메마른 잡풀들이 생명을 잃고 죽어가는 풍경은 쓸쓸하고 서글퍼 보인다. 천막이 찢어져 펄럭거리고 그 앞에 아이를 등에 업은 여인이 서 있다. 이연호의 작품에 등장하는 여인은 빈민촌에서 사는 가난한 여인들이다. 아이를 업은 여인은 주위의 풍경처럼 뼈가 앙상하게 드러나 있고, 주변의 교회와 풀들보다 보잘것없이 작아 보인다.

 양철지붕과 천막으로 지어진 교회의 종탑 위로 십자가가 하늘로 향해 있다. 어둡고 삭막한 분위기와는 달리 구름이 움직이고 있는 듯한 하늘은 오히려 신비롭게 느껴진다.

이연호, 「왕의 손님들」, 1961, 펜

 이 작품에는 걸인들과 장애인, 빈민들이 등장한다. 화면 중앙에 세 명의 남자가 서 있는데, 오른쪽 다리를 잃고 목발을 짚고 있는 한 사람은 한쪽 팔에 깡통을 차고 있고, 다른 남자는 지게를 지고 있다. 왼쪽 다리를 잃은 또 한 사람 역시 목발에 몸을 의지하고 있다. 누더기를 걸친 한 남자는 바닥에 다리를 뻗친 채로 등을 돌리고 앉아 있고, 주위에 다른 사람들은 지게를 지거나 연장통을 들고, 우산을 옆구리에 낀 채로 있다. 그들은 가난한 노동자들로 일거리를 기다리고 있는 듯하다. 이연호는 펜으로 사람들의 거칠고 어두우며 험악해 보이는 표정들을 섬세하게 그려내고 있다.

화면 아래 중앙에는 뼈만 앙상한 개 한 마리가 목을 쭉 내밀고 땅바닥의 냄새를 맡는 것 같다. 눈 덮인 바닥에는 여기저기 사람의 발자국이 드러나 있다. 왼쪽 후방에 고무신을 신고 지팡이에 의지하고 있는 노인과 저 멀리 작게 보이는 집들 사이로 교회의 작은 십자가가 보인다.

위와 같은 모습들은 이연호가 이촌동 빈민 지역에서 흔히 볼 수 있는 모습이었다. 그는 그들의 모습을 통해 성경 마태복음 22장[38]에 나오는 '왕의 혼인 잔치 비유'를 깊이 깨달을 수 있었다.

성경 내용을 요약해보면, 어떤 왕이 자기 아들 혼인 잔치에 준비된 사람들을 초대하기 위해 종들을 보낸다. 그러나 초대된 사람들은 여러 가지 핑계를 대며 잔치에 오지 않았고, 이에 화가 난 왕은 길에서 만나는 사람 누구든지 잔치에 데려오도록 한다는 내용이다.

이 비유에서 왕은 하나님을, 아들의 혼인 잔치는 구원의 때를 의미한다. 하나님은 악한 자, 선한 자, 가난하고 약한 자, 병들고 소외된 자를 사랑하셔서 그들을 구원하는 잔치에 초대하신다. 사람들은 비록 빈민들을 싫어하고 멀리했지만, 이연호는 다른 사람들과 동일한 하나님의 은혜가 그들에게도 주어진다는 것을 작품 속에서 표현하고 있는 것이다.

좌절과 아픔을 나타내다

이연호, 「1967년 9월 서부 이촌동 철거의 날」, 1967, 펜

    이연호가 평생을 바쳐 이웃사랑의 목회 철학을 펼쳤던 이촌동은 1967년부터는 개발 바람이 불어 아파트가 들어서고, 가난한 빈민들이 사라지기 시작했다. 주민과 교인들의 성분이 달라지고 있었다.

    이연호는 이 작품에서 현미경으로 사물을 관찰하듯, 면밀하고 치밀하게 펜으로 철거된 빈민촌의 모습을 기록하고 있다. 양철과 각목, 흙과 돌로 만든 허술하기 그지없는 판잣집이 전쟁 폭격이라도 맞은 듯 폐허가 되어 버렸다. 철거로 인해 무너져 내린 집의 잔재가 어지럽게 흩어져 있다.

    이연호는 넓게 펼쳐진 철거촌의 현실을 바라보고 있다. 그의 눈에는 수많은 사람의 모습이 보인다. 지붕 위에 올라가 있는 사람, 뒷짐을 지고 서 있는 사람, 웅크리고 앉아 무언가를 열심히 찾고 있는 사람, 저 멀리 언덕 위에 앉아 강을 바라보고 있는 사람들 모두가 그의 시선과 마음 안에 있다. 멀리 있어 잘 보이지도 않는 사람들 하나하나가 그의 작은 손놀림에 화면으로 들어와 의미 있는 요소가 되었다. 작가는 그들을 객관적으로만 바라보고 기록한 것이 아니라 철거된 빈민촌의 좌절과 아픔을 가슴 깊이 함께 느끼며, 변화되어 가는 모습을 진실하게 담고 있는 것이다.

이석우는 이 작품이 망연자실 하는 이들의 모습과 철거된 빈민의 좌절과 분노, 아픔을 드러내고 있을 뿐 아니라 아파트와 높은 건물들이 들어서게 될 억울한 현장을 증언함으로 역사적 의미가 크다고 평가한다.[39]

이연호의 그림은 빈민과 철거촌의 모습, 피난 시절 당시의 모습을 담았고, 대부분 펜화로 그려졌다. 그는 세밀한 필치로 가난하고 소외된 사람들의 힘겨운 삶의 모습들을 꼼꼼하게 기록하듯이 잘 묘사했다. 펜으로 그려진 재빠르고 정확한 선묘는 그의 능숙한 솜씨를 보여준다. 풍경에 등장하는 작은 인물은 엉성하게 보이는 자유로운 선에 의해 탄생하고, 배경의 상세한 묘사는 몇 개의 선묘에 의해 명암과 형태가 된다. 그는 능숙하고 정확하게 펜을 움직여 상황을 재현해냈다.

이연호의 「젖먹이는 여인」 또한 인상적이다. 1967년 빈민촌이 철거된 이후 허물어진 집 앞에서 여인은 아기에게 젖을 먹이고 있다. 집을 지탱했던 각목들의 이음새가 겨우 붙어있고, 바람막이가 되었던 천막들은 떨어졌다. 그것과 대조적으로 뒤쪽에는 하늘 위로 솟아오르는 아파트와 빌딩들이 희미하게 보인다.

도시화 되어가는 변화를 뒤로하고 머리에 수건을 쓰고 한복을 입은 여인은 아기에게 젖을 주느라 여념이 없다. 버선에 고무신을 신은 한국

이연호, 「젖먹이는 여인」, 1969, 펜

적인 여인의 모습에서 가난한 삶에 지친 여인의 힘겨움이 느껴진다.

  그러나 아기에게 젖을 먹이는 그 순간만큼은 아기를 바라보는 어머니의 시선이 따듯하고 평화롭기만 하다. 어머니의 사랑스러운 눈길과 보살핌은 아이에게 한량없는 평강과 기쁨을 느끼게 해준다. 여인의 발치에는 비둘기 한 마리가 날아와 무언가를 주워 먹고 있다.

  고달픈 현실을 살아가지만, 자녀를 사랑하는 어머니의 모습은 박수근의 작품 「母子」(1961)를 연상시킨다. 박수근의 작품에서 아이는 어머니의 품에서 왼손으로 흰 저고리 자락을 잡고 젖을 빨고 있는 평온한 모습으로 표현되고 있고, 아이를 포근히 감싸 안고 아들을 내려다보는 어머니의 표정은 인자하게 느껴진다.

  이연호와 박수근의 작품은 그 표현방식에서는 차이가 있으나 동일하게 힘든 현실을 살아가면서도 여전히 자녀를 사랑하고 보살피는 어머니의 모성을 나타내고 있다. 어린 자녀들은 가난한 여인들의 고달픈 삶을 지탱해주는 근원이며 삶의 목표가 된다.

하나님의 긍휼이 가득했던 삶과 예술

이연호는 자신과 가족의 고난, 그리고 빈민과 민족의 고난 속에 살면서도 그 속에서 하나님을 만나고, 그 만남을 통해서 창조적 예술활동을 펼쳤다. 미술에 대한 해박한 지식, 성직자로서의 실천적인 삶, 그리고 신학자요, 미술학자였던 이연호는 무엇보다도 인간에 대한 사랑과 긍휼함을 가졌던 사람이었다. 예수 그리스도가 복음의 말씀을 전하면서 아프고 가난한 사람들과 죄인들을 돌보시고 용서하셨던 것처럼 그 역시 사랑에 목마른 사람들에게 애정을 주고, 보살핌이 필요한 사람에게 관심을 주며, 이웃 사랑을 실천했다.

  그는 고난 속에서 인내를 배웠고, 그 역시 연약한 사람이었음에도 불구하고 어렵고 힘든 빈민 사역으로부터 도피하지 않았으며, 오히려 그 고난을 미적 세계로 승화시킬 수 있는 능력을 갖췄던 사람이다. 기교와 믿음만이 아니라 신앙과 예술적 기량과 아울러 성경 지식이 필요하다고 강조했던 이연호는 신앙과 미술이 혼연일체가 된 기독교 미술가이다. 약자들과 함께한 그의 실천적 삶 속에서 그려진 작품 안에는 하나님의 긍휼의 시선, 긍휼의 마음을 발견하게 된다. 유동식이 "예술가에게 요청되는 것은 사물과 인생의 실체 또는 실상을 꿰뚫어 보는 눈이다. 예술가는 진실을 통찰하는 사람이요. 예언자이다."라고 말한 것처럼 이연호는 특별한 시각을 가진 예술가요, 예언자이다.

이연호는 광야의 길을 가면서 그 속에서 틈틈이 아프고 가난한 사람들, 소외되고 버림받은 사람들, 배우지 못하고 미천한 사람들을 그렸고, 하나님이 창조하신 창조 세계를 아름답게 표현했다. 단순히 그림을 그리기 위한 하나의 모티브로 빈민들을 그린 것이 아니라 하나님이 인간에게 주신 고유의 인격성과 하나님의 성품을 잃어버린 사람들에게서도 예술적인 가치를 발견하게 된 것이다. 신앙이 곧 삶이었고, 예술의 신념이었던 그는 하나님의 아름다운 형상을 영혼 속에 투영시켜 만든 인간이 바로 하나님의 예술품이라는 생각으로 빈민들의 모습 속에서 아름다움을 찾았던 것이다.

이연호는 우리로 하여금 아름다움을 느끼는 것이 그 자체로서 귀중하며 우리의 삶을 풍요롭게 한다는 것을 상기시킨다. 그의 작품은 영적 진리를 드러내고 투명하게 표현해줄 수 있는 진실성을 가지고 있다. 또 우리의 눈을 열어 창조 질서의 아름다움을 볼 수 있게 해준다. 그의 작품이 우리의 가슴에 큰 울림을 주는 것은 그가 하나님의 시선과 긍휼의 시선으로 연약하고 소외된 이들을 바라보고, 그들과 함께 살면서 그들의 삶을 담았기 때문이다.

이연호는 하나님을 사랑하고, 사람을 사랑하고, 하나님이 지으신 세계를 사랑하고, 예술을 사랑했다. 성직자로서의 소명을 무엇보다 귀하게 여기고, 화가로서의 달란트를 성실히 수행했다. 하나님의 긍휼로 가득한 이연호의 삶과 예술세계는 우리에게도 하나님의 마음을 품고, 부르심의 자리에서 소외되고 연약한 이들을 더욱 사랑하며 살도록 이끈다.

미주

1   17세기 네덜란드 예술, 종교개혁의 적용과 열매

1   푸생과 로랭의 풍경화에 대해서는 마순자. (2003).『자연, 풍경 그리고 인간: 서양 풍경화의 전통에 관한 연구』. 서울: 아카넷.을 참고하라. 마순자는 서양풍경화의 전통을 르네상스 이후 현재에 이르기까지 잘 설명하고 있다. 이 책은 푸생과 로랭으로 대표되는 고전주의 풍경화에 대해 적절하게 설명하고 있다. 아쉬운 것은 이 책이 17세기 유럽의 풍경화는 남유럽을 중심으로 한 고전주의 풍경화와 북부 네덜란드를 중심으로 한 풍경화로 구분되는 데 네덜란드의 풍경화를 다루지 않고 바로 낭만주의와 사실주의 풍경화로 넘어갔다는 것이다.
2   Stefano Zuffi, *European Art of the Sixteen century* (C.A: Getty Publication, 2006), 188
3   Stefano Zuffi, *European Art of the Sixteen century*, 188.
4   Falkenburg, Reindert & Finny, Corby. *Calvinism and the Emergence of Dutch Seventeenth Century Landscape Art – A Critical Evaluation* (M.I: Grands Rapids, 1999), 301-318
5   Dyrness, William. *Reformed Theology and Visual Culture* (Cambridge: Cambridge University Press, 2001), 56-57
6   서성록, "17세기 네덜란드 풍경화, 종교개혁의 열매."『월드뷰』9. 2017: 25.
7   Gombrich, *The Story of Art*. 백승길, 이종승 역 (2003).『서양미술사』(서울: 예경, 2003), 427.
8   Larsen, Erick. Calvinistic Economy and 17th century Dutch Art (Maryland: University Press of America, 1979), 13-24.
9   16세기 네덜란드 역시 칼빈주의의 영향 하에 있었지만 스페인과의 오랜 독립전쟁으로 인하여 예술의 영역에 있어서 아직 17세기와 같은 발전을 이루지 못했다.
10   중세 교회는 이미지의 사용에 대해서 긍정적이었다. 다마스커스의 존(John of Damascus)과 같은 이는 가시적인 것을 통해서 비기시작인 것을 볼 수 있다고 주장한다. "나는 비가시적인 신이 이미지를, 비가시적인 것으로서가 아니라 살과 피에 참여함으로써 우리를 위해 가시화 된 것으로 감히 그려보겠다. 나는 불멸의 성부 이미지를 그리는 것이 아니라 육신을 통해서 가시화된 신의 이미지를 그리는 것이다." 중세 교회는 이콘(Icon)에게서 나타나는 것과 같이 그리스도께서 볼 수 없는 하나님의 반영이었듯이 성화도 그

것이 표상하는 원형의 영광을 지니고 있기 때문에 원형에 준하는 공경을 드리는 것이 마땅하다고 믿었다.

11 Calvin.*Institutes* (Philadelphia: Westminster Press, 1963), 1.5.1
12 Calvin.*Institutes*, 1.11.12.
13 Calvin.*Institutes*, 1.11.1.
14 김영중, "Regent 계층." 『EU 연구』 no.6. 2000, 35-81.
15 일상이 거룩해 질 수 있다는 생각은 세속적 활동의 도덕적 정당화를 가져왔다.
16 칼빈은 기독교강요 2권 7장-10장에서 그리스도인들의 생활원리를 설명하면서 성도들이 재산과 명예를 탐하고, 호화롭고 사치한 삶을 사는 것을 경계하고, 무절제함과 쾌락을 추구하지 말고 검소하고 절제하는 삶을 살아야 한다고 주장하였다.
17 Prak, M. *The Dutch Republic in the Seventeenth Century* (Cambridge: Cambridge University Press Prak, M. (2007). *The Dutch Republic in the Seventeenth Century*. Cambridge: Cambridge University Press, 2007), 236-237.
18 루벤스(Peter Paul Rubens, 1577-1640)의 「십자가에서 내려지는 그리스도(The Dedent from the cross)」의 가 그 대표적인 예이다. 이 그림에서 십자가에서 내려지는 그리스도의 모습은 「라오쿤의 군상」의 포세이돈과 같은 자세를 취함으로써 십자가에서 내려지는 그리스도의 모습을 드라마틱하게 묘사하였다. 웨이든(Rogier van der Weyden)의 「십자가에서 내려지는 그리스도(Decent from the cross)」에서도 그리스도와 마리아의 자세가 과장되게 묘사되었다.
19 Prak, M. *The Dutch Republic in the Seventeenth Century*, 240.
20 Israel, Jonathan. *The Dutch Republic* (Oxford: Clarendon, 1995), 556. 17세기 네덜란드 화가들의 작품들에 대해서는 영국의 네셔널 갤러리에서 발간한 화보집을 참조하였다. Langmuir, Erika. (2004). *The National Gallery: Companion Guide*. London: National Gallery. 아베르캄프의 「도시 근처의 얼음 위의 풍경」, 포테르의 「말 발굽 만드는 가게」, 반 오스타드의 「여인숙 앞의 노동자」, 베하의 「연금술사」, 더 호흐의 「뜰 안의 여인과 아이」 그리고 더 부루헨의 「백파이퍼」등이 있다. 이러한 작품들은 네덜란드 시민 외에도 독일, 영국 그리고 스칸디나비아 반도의 프로테스탄트 국가들로 팔려나갔다.
21 Pearcey, Nancy. (2010) Saving Davinci (Nashville: B&H Publishing, 홍종락 (역), 『세이빙 다빈치』 (서울: 복있는 사람, 2015), 164.
22 Stinson, Robert. *Seventeenth and Eighteenth Century Art* (Dubuque, Iowa: Brown Company Publishers, 1969), 56. 베르메르는 델프트(Delft)출신의 가톨릭 교도였던 카타리나 볼네스(Catharina Bolnes)와 결혼을 한 것을 계기로 개신교에서 가톨릭으로 개종했다고 전해진다. 일부는 베르메르의 결혼과 개종을 예로 들어 그의 작품과 종교개혁사상과 연계성을 부인하고자 한다. 하지만 단지 결혼만으로 그의 그림이 종교개혁과 상관

없다고 판단하기엔 무리가 따른다고 본다. 그것은 먼저 페르미어의 작품이 동시대 네덜란드 화가들과 화풍에 있어서 차이가 나지 않는다는 것이다. 그가 그린 작품 가운데 현재까지 남아있는 작품은 35점인 데 대부분의 작품들이 당시 제작된 풍속화들과 주제나 표현 방식에 있어서 차이가 나지 않는다는 것이다. 뿐만 아니라 베르메르 그림을 그리고 활동했던 지역이 강력한 칼빈주의 전통의 영향아래 있었던 델프트와 헤이그라는 것이다. 이것은 그의 작품의 주요 구매층이 프로테스탄트라는 것을 시사한다. 논란의 여지가 있겠지만 페르미어의 개종에 대해서도 다양한 해석이 존재한다. 당시 네덜란드는 종교적 관용정책으로 인해 가톨릭교회의 존재를 묵인해 주었다. 페르미어의 장모가 둘의 결혼 이후에도 8년이 지나도록 혼인증서에 사인하지 않았다는 사실은 참으로 흥미롭다. 프라나이츠(Wayne Franits)와 고바야시(Kobayashi Yoriko)는 페르미어의 장모가 혼인증서에 서약하지 않은 이유가 페르미어가 가톨릭으로 개종하지 않은데 있었다고 주장하였다. 참고. Franits, Wayne. Vermeer (London: Phaidon, 2015), 17-19. Kobayashi, Yoriko. & Kuchiki, Yoriko. (2003). Nazo Toki Vermeer. 최재혁 역 (2005).『베르메르, 매혹의 비밀을 풀다』. (서울: 돌베개, 2005), 36-37.

23 Mainstone, Rowland. (1981). *Introduction to the History of Art: The Seventeen Century*, 윤귀원 역. 『17세기 미술』. (서울: 예경, 1991), 80.
24 스텐의 작품에 대해서는 암스테르담의 라익스뮤지엄에서 출판된 챔프맨의『얀 스텐, 화가 그리고 이야기 작가』를 참고하였다(Champman, 1996:1-272).
25 Champman, H. Perry, *Jan Steen: Painter and Storyteller* (Amsterdam: Rijksmuseum, 1996), 166-168.
26 스텐의 작품에 대해서는 암스테르담의 라익스뮤지엄에서 출판된 챔프맨의『얀 스텐, 화가 그리고 이야기 작가』를 참고하였다. 이외에도 많은 작품들이 있지만 그 가운데 일부만 소개하였다.
27 Harbison, Craig. (1997). *The Art of the Northern Renaissance*. 김이순 역.『북유럽 르네상스의 미술』(서울: 예경, 2001), 166.
28 Prak, M. *The Dutch Republic in the Seventeenth Century*, 240.
29 17세기 이전에도 풍경 이미지가 있기는 하면지만 대부분 이야기의 배경으로서 풍경이었다. 풍경화는 17세기에 아서야 비로소 네덜란드 화가들에 의해서 독립적인 장으로 등장을 한다. 참고. Harbison, Craig. (1997). *The Art of the Northern Renaissance*. 김이순 역.『북유럽 르네상스의 미술』, 145-156.
30 심정아(2016), "예술작품 속에 발현된 '손상된 미'에 대한 연구," 박사학위논문, 홍익대학교. 심정아는 그림에서 나타나는 이러한 특징을 손상된 미(broken beauty)라고 보았다. 그녀의 지적처럼 이 시기 네덜란드 풍경 화가들은 손상된 미에 관심을 가졌다.
31 Rookmaaker, H. R. *Modern Art and the Death of a Culture* (Leicester: Apollos,

1994), 19-23.

32 서성록은 종교개혁 이후의 기독교 작가들은 고전적인 미의 개념이 완전, 조화, 비례와 같은 그러한 완전함이 아닌 무엇인가 결핍된 타락한 세상과 인간의 결핍을 묘사하였다고 한다. 결핍은 그 자체로는 미는 아니지만 그것이 회복을 갈망한다는 면에서 그리고 은총을 통해서 구속된다는 면에서 손상된 아름다움이다. 서성록이 지적한 손상된 아름다움은 네덜란드 풍경화를 이해하는 데 있어서 중요한 해석학적인 열쇠를 제공한다.

33 렘브란트는 유화 160, 에칭 80, 드로잉 600 점등 850점의 작품을 남겼다. 렘브란트의 작품에 대해서는 http://www.rembrandtonline.org를 참고하라. 렘브란트는 초상화가로 명성을 얻은 후에 점차로 성경을 주제로 한 그림을 많이 그렸다.

34 서성록, 『렘브란트의 거룩한 상상력』. (서울: 예영커뮤니케이션, 2007), 35-56.

35 원 제목은 「Christ in the storm on the Sea of Galilee」이지만 제목을 간략하게 바꾸었다.

36 Westermann, Marier. *Rembrandt* (London: Phaidon, 2014), 69. 베스터만은 그의 책에서 'unconditional faith'라고 표현했는 데 이 보다는 'unconditional grace'가 칼빈주의의 핵심 교리에 더 적합하다고 보아 무조건적인 은혜라고 수정했다.

37 그가 이렇게 성경을 주제로 한 그림을 그린 것은 서성록이 옳게 지적한 바와 같이 성경의 진리를 드러내고자 하는 렘브란트의 소명의 발현이었다. 참고. 서성록, 『렘브란트의 거룩한 상상력』, 28.

2 네덜란드 화파의 신학적 배경과 예술적 의의

1 Susan E. Schreiner, *The Theater of His Glory : Nature and the Natural Order in the Thought of John Calvin*, MI : Baker Academic, 1991

2 ibid., p.8

3 Benjamin Charles Miler, Jr., *Calvin's Doctrine of the Church*, Leiden: E, J. Brill, 1970, p.190

"태초에 말씀이 계시니라 이 말씀이 하나님과 함께 계셨으니 이 말씀은 곧 하나님이시니라"(요 1:1)

4 John Chrysostom, *Ad eos qui scandalizati sunt*, tr. Anne-Marie, Paris : Les editinns du Cerf, VII.26, 1961

5 ibid., II p.1

6 ibid., II p.14

7 ibid., I p.4-6

크리소스톰의 신학을 나타내주는 성경의 구절은 로마서 11장이다. "깊도다 하나님의 지혜와 지식의 풍성함이여, 그의 판단은 측량치 못할 것이며 그의 길은 찾지 못할 것이로다" (롬 11:33)

8 Augustine, *De Genesi ad litteram libri duodecim*. V.11.27-XⅡ.12.28, Cf Eve as Mother : Reaching for the Reality of History in *Augustine's Later Exegesis of Genesis in the History of Exegesis*, Lewiston, NY: Edwin Mellen, 1988

9 *St. Augustine's Confessions*, tr.Willian Watts, Cambridge: Harvard University, 1968

10 Saint Augustine: *The City of God*, tr.,G.Walsh, Garden City: Image Book, 1958

11 Susan E. Schreiner, *The Theater of His Glory: Nature and the Natural Order in the Thought of John Calvin*, MI: Baker Academic, 1991, p.11

12 *De Genesi ad litteram libri duodecim*, V.23.44-46 in The Theater of His Glory, p.12 재인용

13 John Calvin, *Calvin's Commentaries, Muti-Volume*. Grand Rapids, Mich., Eedmans, 1950-1972, 『존 칼빈 성경주석』 20권, 존 칼빈 성경주석출판위원회편역, 성서원, 2001 (이하 신구약의 각 권명으로 표현) Comm.on Gen.1:2, p.49

14 "주께서 낯을 숨기신즉 그들이 떨고 주께서 그들의 호흡을 거두신즉 그들은 죽어 먼지로 돌아가나이다" (시 104 : 29)

15 Comm. on Gen.1:2, p.49

16 Melanchton, *Initia doctrinae phyicae*, CR 13:200

17 Günter Gloede, *Theologia naturalis bei Calvin*, Stuttgart: Kohhammer, 1935, p.332-334

18 John Calvin, *Institutes of the Christian Religion*, ed., by John T. McNeill. trans. by Ford Lewis Battles,The Library of Christian Classics, Philadelphia: Westminster Press, 1960,『기독교강요 上』,김종흡 외 공역, 생명의 말씀사, 1988, pp. 282-83 (이하 Inst.로 약칭)

19 Sermon on Job. 25:1-6, 서문강역, 『칼빈의 욥기강해: 욥과 하나님』, 지평서원, 1988, p.277

20 Comm. on Ps. 104:32

21 유럽에서 네덜란드만치 자유가 신장되고 문화적으로 성장한 나라도 드물었다. 네덜란드는 유럽의 기독교 국가중에서도 가장 부강하였는데 이 나라는 활발한 해상 무역의 거점으로 부상하였고 유럽의 부자들을 암스테르담에 모이게 하였으며 세계의 상업중심지가 되었다. 이에 따라 문화예술적으로도 번영을 구가하였는데 17세기에 제작된 그림 수는 무려 9백만여 점이었다. 응접실과 작업실, 침실, 부엌, 복도 할 것없이 장소에 적합한 그림을 선택해서 감상할 정도로 미술향유가 보편화되었다. 또한 귀족이나

성직자, 부유한 부르주아 수집가들은 물론이고 제빵사, 제봉사, 대장장이 같은 사람들도 집안을 장식하기 위해 그림을 구입하였다. 그 외에도 정부나 자선기관을 비롯하여 민병대, 길드, 회사도 자신들의 건물을 장식하거나 기능을 보완할 의도로 그림을 주문하였다. 이처럼 네덜란드의 미술이 황금기를 맞이한 것은 사회경제적 안정 및 칼빈주의가 제공하는 종교적 안정이 주된 요인으로 작용하였기 때문이다. *Masters of 17th-Century Dutch Landscape Painting*, ed., Peter C. Sutten, Rijsmuseum, Museum of Fine Arts, Philadelphia Museum of Art, 1987, p.4

22   *Art in History/History in Art, Studies in 17th-Century Dutch Culture*, edited by David Freedberg and Jan de Vries, University of Chicago Press, 1991, p.352
23   *Masters of 17th-Century Dutch Landscape Painting*, ed., Peter C. Sutten, p.8
24   ibid., p.9
25   ibid., p.9
26   Wolfgang Stechow, *Dutch Landscape Painting of the Seventeenth Century, National Gallery of Art*, Kress Foundation Studies in the History of Art, no.1, London: Phaidon, 1966, p.8
27   Josua Bruyn, "Toward a Scriptural Reading of Seventeenth-Century Dutch Landscape," in *Masters of 17th-Century Dutch Landscape Painting*, ed., Peter C. Sutten, Rijsmuseum, Museum of Fine Arts, Philadelphia Museum of Art, 1987, pp.84-103
28   ibid., p.101
29   고전적 작가들이 쓴 글들이나 특별히 성경에 기록되어져 있는 속담, 이야기들, 인용구들은 주로 종교적이거나 도덕적 색채를 띤 교훈에 사용하기에 적합했을 뿐 아니라, 문학적이거나 우화적인 상상을 불러일으키는 어떤 이미지들을 창조해 내는 재료로 사용하기에도 적합했다. 그리고 그렇게 창조된 이미지들은 다시 역으로 격언과 교훈적 인용구들을 떠올리게 했다. ibid., p.85
30   Walters S. Gibon, "Scriptural Reading", in *Pleasant Places: The Rustic Landscape from Bruegel to Ruisdael*, Los Angeles: University of California Press, 2000, p.63
31   ibid., p.63
32   *Masters of 17th-Century Dutch Landscape Painting*, ed., Peter C. Sutten, p.13
33   https://www.artway.eu/content.php?id=1234&action=show&lang=en (검색일자 2021년 6월 13일)
34   Josua Bruyn, p.85
35   Josua Bruyn, p.85
36   Josua Bruyn, pp.84-103
언어와 이미지(word & image), 은유적 풍경화(the metaphorical landscape), 풍경

화 읽기(the interpretation of the landscape), 도상해부학적 프로그램(Iconographic Program) 등.

37 C. R. Leslie, *Memories of the Life of Constable*, ed. Jonathan Mayme, London: Phaidon Press, 1951, pp.318-19
38 Chaucer, *Canterbury Tales*, "The Pardoner's Tale," VI, lines 480-482
39 Bruyn, p.96
40 요한복음 14장 6절 참조. "내가 곧 길이요 진리요 생명이니"
41 Catherine of Siena, *The Dialogue, trans., and intro. Suzanne Noffke*, New York and Mawah, N. J: Palist Press, 1980, pp.64-71
42 1559년경 네덜란드 북부에서 공연된 연극에서 숲의 나라(*werelds foreest*)는 '죄와 위험'으로 가득 찬 곳을 언급한다. 또 단테의 *Inferno*에는 "내가 어두운 숲 가운데 있는 것을 알았노라"는 구절이 나오는데 숲은 이처럼 참된 인생의 길에서 벗어난 타락을 암시한다.
43 피치넬리(Picinelli)는 "강(Flumen)"이라는 글에서 어거스틴의 말을 다음과 같이 소개한다. "빗물이 불어나 강이 되고 그것이 흘러넘쳐 격노한다. 흐름을 이루며 흐르다가 흘러 사라진다. 인간의 운명이 이와 같다. 태어나고 죽으며 누군가 죽으면 또 다른 이가 태어나 그를 대신하고, 그 또한 자라나지만 그 역시 오래 머물지 못한다. 이 땅에 머물 수 있는 것은 과연 무엇인가? 빗속에 삼켜지듯이 혼돈의 심연 속에서도 사라지지 않는 것은 과연 무엇인가?" Bruyn, p.99 재인용
44 Walters S. Gibon, *Pleasant Places : The Rustic Landscape from Bruegel to Ruisdael*, Los Angeles: University of California Press, 2000, p.52
45 바니타스는 전도서에서 유래되었다. "헛되고 헛되며 헛되고 헛되니 모든 것이 헛되도다"(전 1:2) 바니타스는 지상적 삶의 덧없음과 죽음의 불가피성을, 그리고 영원한 삶에 대한 소망을 각각 담고 있다.
46 Walters S. Gibon, p.52
47 Bruyn, p.101
48 Reindert L. Falkenburg, "Calvinism and the Emergence of Dutch Seventheenth-Century Landscape - Critical Evaluation," *in Seeing Beyond the Word: Visual Arts and the Calvinist Tradition.*, edited by Paul Corby Finney, Michigan, Cambridge: Grand Rapids, 1999, p.344
49 M. de Klijn, *De involed van het Calvinisme op de Noord Nederlands landschap schilder kunst 1570-1630*, Apeldoorn, 1982. 17세기 네덜란드의 미술과 칼빈주의와 관련한 문헌으로는 Erik Larsen and Jane P. Davidson, *Calvinistic Economy and 17th Century Dutch Art*, New York: University of America, 1979, *Seeing Beyond the Word : Visual Arts and the Calvinist Tradition.*, edited by Paul Corby Finney, Michigan, Cambridge: Grand

Rapids,1999 ; Abraham Kuyper, *Lectures on Calvinism*, Grand Rapids, 1931, Jeremy S. Begbie, *Voicing Creation's Praise-Toward a Theology of the Arts*, T&T Clark Ltd, 1991 참조

50 William A. Dryness, *Visual Faith: Art, Theoogy, and Worship in Dialogue*, Baker Book House, 2001, pp.51-58

51 Walters S. Gibon, p.63 재인용

"창세로부터 그의 보이지 아니하는 것들 곧 그의 영원하신 능력과 신성이 그가 만드신 만물에 분명히 보여 알려졌나니 그러므로 그들이 평계하지 못할지니라"(롬 1:20)

52 J. M. Montias, "Work of Art in Seventeenth-Century Amsterdam: An Analysis of Subjects and Attributions," in *Art in History/History in Art, Studies in 17th-Century Dutch Culture*, edited by David Freedberg and Jan de Vries, University of Chicago Press, 1991, p.235-52

53 Reindert L. Falkenburg, p.346

54 Sutten., p.13

55 Sutten., p.13

56 J. Calvin, *Institution de la Religion Chrestienne* (Geneva, 1545), vol. I , chap. XI, para 12, (ed. J. D. Benoit, Paris, 1957)

57 Gene Edward Veith, *Painters of Faith: The Spiritual Landscape in Nineteenth Century America*, Washington: Regnery Publishing, Inc., 2001, p.23

58 Inst., I , Chapter 11, p.188

59 Gene Edward Veith, p.22

앨퍼스에 의하면, 네덜란드화파는 '기술(記述)의 미술(Art of Describing art)'로 화가들이 머리 혹은 상상으로 그리는 대신 자연으로 직접 들어가 평평한 네덜란드의 대지를 포착하고 목장, 마을 그리고 교회탑을 상세히 묘출하였다. Svetlana Alpers, *The Art of Describing Art: Dutch Art in the Seventeenth Century*, Chicago: University of Chicago Press, 1983, p.139

60 C. H. Spurgeon, *The Treasury of David, An Expository and Devotional Commentary on the Psalms*, Grand Rapid: Baker, 1984, 5:29

61 Comm. on Isa. 40:26. p.232

62 Inst., I .17.2. p.326

63 Inst., I .17.2. p.327

64 Sermon on Psalms 19:1 p.474

65 Michael Horton, *Where in the World is the Church?* 윤석인역, 『개혁주의 기독교세계관』, 부흥과 개혁사, 1995, p.122

3 렘브란트의 「돌아온 탕자」

1 제롬(St. Jerome)은 만형과 탕자는 유대인과 이방인을 각각 의미한다고 주장했는데 만형을 긍정적으로 해석하는 측면에서 본다면 그들은 성자와 죄인을 각각 지칭한다고 이해할 수 있을 것이다.(The Letters of St. Jerome, 1963:129)

2 탕자가 무릎을 꿇는 동작은 이미 헴스케르크(Maerten van Heemskerck)가 선호하던 자세로 그의 목판화에서 발견되며(White, Rembrandt as Ethcher, 1969:33), 그의 회화 작품에서(Max J. Friedlander, Early Netherlandish Painting, XIII, pl.105), 그리고 1640년경에 제작된 G. 플링크(Flink)의 작품에도 나타난다.(J. W. von Molke, Govert Flinck 1615-1660, Amsterdam, 1965, pl.9) 렘브란트가 1645년경에 그린 소묘에서도 아들이 아버지로부터 약간 떨어진 집밖에서 아버지를 향해 무릎을 꿇고 있는 장면이 나타난다.(Benesch, 1973 III:fig.731)

3 "헴스케르크는 단순한 판화가가 아니라 여러 명의 판화가들을 위해 뛰어난 밑그림을 제작하였다 … 그는 펜으로 대단히 멋진 소묘를 했으며 그의 선영(線影)은 매우 깔끔할 뿐만 아니라 터치는 부드럽고 정갈하다.(Stechow, 1964:37)"

4 신약시대에는 이스라엘로부터 타국에로의 이주가 매우 빈번하였다. 이스라엘에 거주하는 인구 50만 명보다 약 8배가 되는 많은 400만 명의 유대인들이 주위에 흩어져 살았던 것으로 기록되고 있다. (J. Jeremias, 1963:129)

5 렘브란트는 화상 헨드릭 반 윌렌부르흐(Hendrick van Ulyenburgh)의 사촌인 사스키아와 1634년에 결혼하여 그녀를 자주 그림의 모델로 등장시켰다. 1630년대 중반과 1640년대 초반 렘브란트는 투병하는 아내를 앉아 있거나 잠자거나 턱을 괴거나 누워있는 모습, 혹은 아이를 안고 있는 모습으로 그렸는데 그녀는 결국 30세인 1642년에 숨을 거두고 말았다. 「터번을 쓴 탕자」(이 작품은 「탕자로서의 자화상」으로 불리기도 한다)처럼 부부가 함께 있는 또 다른 그림으로는 「사스키아와 함께 있는 자화상」(1636, 에칭)이 있다.

6 렘브란트가 돼지를 소재로 한 작품은 「돼지」(1643)라는 판화를 들 수 있다. 상당수 네덜란드화가들이 돼지를 도살하는 장면 자체를 그린 것에 비해 렘브란트는 죽어있는 돼지의 방광을 가슴에 움켜쥐고 히히덕거리는 아이에 관심을 돌렸다. 소년이 부여안고 있는 돼지방광은 비누방울처럼 쉽게 사라진 지상세계의 덧없음을 암시하고 있다. 그의 작품에 나오는 돼지의 방광은 운명으로부터 벗어날 수 없는 가축을 말하지만, 넓게 보면 '물거품과 같은 인생(Homo Bulla)'을 상징하고 있다.(Holm and Welzel, 1991:64) 「돼지치기가 된 탕자」에 등장하는 돼지의 이미지는 누워있는 돼지를 물끄러미 바라보고 있는 루브르미술관에 소장된 「두 돼지의 습작」과 유사하다.

7 이 작품과 관련해서 토빗의 아들 토비아가 긴 여정에서 돌아온 광경을 그렸다는 주

장도 있다. 독일의 연구가 Christian Tümpel은 이 작품이 외경 토빗에 등장하는 아버지와 아들의 해후로 파악하였다(Christian Tümpel, 1969:133-34). 외경 토빗에는 탕자와는 정반대로 아들이 방탕이 아닌, 가난한 가족을 위해 힘들고 긴 여정 끝에 부를 축적하여 돌아오는 줄거리로 되어 있다. 실제로 렘브란트가 헴스께르크의 동명의 작품을 축약하여 그린 「라구엘의 도움을 받아 환영받는 토비아」를 보면, 거의 비슷한 동작이 등장한다.(Holm and Welzel, 1991:203-213)

8 렘브란트는 앞에서 살펴본 것처럼 「돌아온 탕자」 연작으로는 최초의 작품으로 평가되는 흑백 소묘작품(1632년 혹은 1633년)에서 집을 떠나는 탕자를 묘사하였는데 이 그림에서는 고깔모자를 쓰고 온갖 장식을 한 탕자가 어머니가 쥐어주는 선물을 받으며 말에 오르고 있다.

9 거지를 소재로 한 그림으로는 Barthel Betham의 「열 두명의 걸인들」(목판화)과 Hieronymus Bosch의 「절름발이와 거지들」(소묘),그리고 Pieter Brugel의 「절름발이 걸인들」(유화), Jacques Callot의 「두 명의 다리 저는 걸인들」(에칭)가 있다. (Held, 1991:153-163)

10 이 유형의 작품으로는 「긴 모자를 쓴 걸인」(1629), 「막대기에 기대어 있는 걸인」(1630), 「대화하는 남자 걸인과 여자 걸인」(1630), 「쥐잡는 사람들」(1632), 「유랑 음악가들」(1635년경), 「두명의 여자 걸인 습작」(1632년경), 「문에서 구걸하는 걸인들」(1648) 등이 있다. S. 스트레튼(Suzanne Stratton, 1986:77-82)은 렘브란트의 초기작이 실물을 모델로 삼기보다 Callot의 에칭작품을 모델로 삼아 '희화적 효과'를 지녔다면 후기그림은 네덜란드 경건주의의 영향을 받아 빈민에 대한 긍휼이 강조되고 사회적 및 도덕적인 의식을 받아들였다고 분석한다.

11 머리를 손을 얹는 자세는 테일러 미술관에 있는 「돌아온 탕자」(1642)에서 발견되며, G. van den Eckhout의 소묘에서도 찾아진다. 이 포즈는 가톨릭에서 고해성사를 묘사할 때 이용하는 것이지만 렘브란트는 이런 자세를 부성적인 축복장면을 나타낼 때, 가령 「야곱의 축복」이라든가 「토비아의 귀향」 등에 사용하였다.(Robert Baldwin, 1987)

12 "나는 마음이 온유하고 겸손하니 나의 멍에를 메고 내게 배우라 그리하면 너희 마음이 쉼을 얻으리니 이는 내 멍에는 쉽고 내 짐은 가벼움이라"(마 11:29-30)

13 "Art thou content to submit thy necke thy God's yoke"(Baldwin, 1987:7 재인용-)

---

4 그림은 눈에 보이는 설교 : 반 고흐의 예술과 소명

1 라영환, "고흐와 고갱의 이미지 사용에 관한 연구", 113.
2 Van Gogh, Vincent, *The Complete Letters of Vincent Van Gogh. Vol.1*, 199.

3   준데르트가 네덜란드 남부에 있음에도 북부 브라반트라 불리는 이유는 이 지역이 브라반트의 북쪽 지방에 있기 때문이다. 1183년 건국된 브라반트 공국(Hertogdom Brabant은 벨기에 남부로부터 지금의 네덜란드 남부에 이르는 땅을 영토로 가지고 있었는데, 30년 전쟁의 결과로 체결된 베스트팔리아 조약(The Peace of Westphalia, 1648)에 의해 지금의 네덜란드에 속하게 된다.

4   https://en.wikipedia.org/wiki/Historical_urban_community_sizes (검색일 2019.7.22.)

5   반 고흐의 아버지 테오도르-가족들은 그를 도루스라 불렀다-는 위트레흐트 대학(Utrecht University)에서 신학을 공부한 뒤 네덜란드 개혁파(칼빈주의) 목사로 준데르트(Zundert)에서 첫 사역을 시작하였다. 참고. Van Gogh, Vincent. *The Complete Letters of Vincent Van Gogh. Vol.1*, XVIII.

6   Van Gogh, Vincent. *The Complete Letters of Vincent Van Gogh. Vol.1*, 98

7   Van Gogh, Vincent. *The Complete Letters of Vincent Van Gogh*. Vol.1, 198.

8   훗날 베르나르에게 보낸 편지를 보면 반 고흐가 성경을 얼마나 가까이했는지, 그리고 성경을 통해서 얼마나 많은 작품의 영감을 받았는지를 이야기한다. "당신이 성경을 읽는다는 말을 들었습니다. 당신이 성경을 읽기 시작한 것은 참 잘한 일입니다. 나는 언제나 당신에게 성경을 읽으라고 권하고 싶었지만 억제해 왔습니다. 당신이 모세나 바울의 글을 인용하는 것을 볼 때마다 나는 이렇게 말하고 있습니다. 이것이 지금 당신에게 필요한 것이라고 말입니다. 성경은 그리스도에 대해서 말하고 있습니다. 구약의 정점은 그리스도입니다. 복음서 기자들이나 바울 역시 그리스도에 대해서 말하고 있습니다. 성경에 기록된 이야기들은 너무나도 아름답습니다. … 내가 느끼고 있는 그리스도의 모습을 그린 것은 들라크루아(Delacroix)와 렘브란트(Rembrandt)뿐입니다. 그리고 밀레는 그리스도의 가르침을 그렸습니다. 그림이 아닌 종교적인 관점에서 보자면, 그 외의 종교적인 그림들은 약간은 냉소적으로 보게 됩니다. 보티첼리(Botticelli)와 같은 르네상스 초기 화가들이나 플랑드르 화가(the Flemish), 반 아이크(van Eyck)와 크라나흐(Cranach) 등도 그렇습니다. 오직 그리스도만이 영원한 삶이 근본적인 원리라고 선포하고 있습니다. 그 영원한 삶이 마음의 평안과 헌신의 필요성과 존재 이유입니다. 그분은 모든 예술가보다 더 위대한 예술가로서 살아 있는 육체로 일하셨습니다. 이 위대하신 예술가는 인간의 아둔한 현대인의 머리로는 인식할 수 없습니다. 누가 감히 하늘과 땅은 사라지더라도 나의 말은 사라지지 않을 것이라는 그분의 말씀이 거짓이라고 말할 수 있을까요? 그분의 말씀은 너무 풍부해서 창조하는 힘, 순수한 창조의 원동력이 됩니다(1888.6.28)" 참고. Van Gogh, *The Complete Letters of Vincent van Gogh. Vol 3*, 495-496.

9   Naifh, Steven. *Van Gogh: The Life*, 67. 1829년 프랑스 파리에서 설립된 구필 화랑은 판화와 복제 미술품을 전문적으로 취급하던 곳으로 날로 번창해서 런던, 브뤼셀, 베를린,

헤이그, 뉴욕 그리고 파리에 지점을 세 곳이나 가지고 있었다. 구필화랑은 초기 판화와 복제 그림을 취급하였지만 사세가 확장됨에 따라 복제품이 아닌 그림을 사고파는 화랑으로 발전했다. 지분은 구필이 40%, 숙부 센트가 30% 그리고 또 다른 파트너인 레옹 부소가 30%를 소유했다. cf. Meedendorp, Teio. *The Vincent Van Gogh Atlas*, Amsterdam: van Gogh Museum, 2016, 27.

10 당시 헤이그는 프랑스 바르비종파의 영향을 받은 화가들이 모여 헤이그파라는 새로운 화풍을 수립하고 있었다. 안톤 모베(Anton Mauve), 요제프 이스라엘스(Joseph Israels)와 같은 화가들은 야외에서 자연을 직접 관찰하며 그리고자 했다. 야외에서 자연을 직접보고 그리려는 시도는 바르비종의 영향을 받은 것이다. 하지만 이들은 그 위에 17세기 네덜란드 풍속화의 특징이었던 일상성을 추가하였다. 일상성과 대상을 직접보고 그리는 사실주의의 결합은 17세기 황금시대의 네덜란드 미술을 현대적인 감각으로 되살려 놓았다. 이러한 시도는 성공적이었다.

11 Van Gogh. *The Complete Letters of Vincent Van Gogh. Vol.1*, 18.

12 https://en.wikipedia.org/wiki/Historical_urban_community_sizes (2019년 7월 22일 검색)

13 1824년에 내셔널 갤러리(National Gallery)가 설립되었고, 1851년에 빅토리아 앤드 앨버트 뮤지엄(Victoria & Albert Museum) 그리고 1856년에 국립초상화미술관(National Portrait Gallery)이 개관했다.

14 Pickvance, Ronald(1974). *English Influences on Vincent van Gogh*. London: Balding & Mansel Ltd, 28. 1883년 2월 4일 라파드(Anton Rappard)에게 보낸 편지에서10년이 지난 지금도 자신의 마음을 사로잡고 있다고 말할 정도로 잡지에 실린 삽화에서 강력한 인상을 받았다.

15 Van Gogh, *The Complete Letters of Vincent van Gogh. Vol. 3*, 346.

16 Van Gogh, Vincent. *The Complete Letters of Vincent Van Gogh. Vol.1*, 48, 87-91,196.

17 Van Gogh, Vincent. *The Complete Letters of Vincent Van Gogh. Vol.1*, 87-91.

18 Van Gogh, Vincent. *The Complete Letters of Vincent Van Gogh. Vol.1*, 56.

19 Van Gogh, Vincent. *The Complete Letters of Vincent Van Gogh. Vol.1*, 40.

20 Van Gogh, Vincent. *The Complete Letters of Vincent Van Gogh. Vol.1*, 32, 33, 36.

21 Van Gogh, *Vincent. The Complete Letters of Vincent Van Gogh. Vol.1*, 52. 학교에는 열 살에서 열네 살까지의 남자 아이들 스물 네 명이 공부하고 있었다. 정교사는 없었고 열일곱 살 된 보조 교사가 한 명 더 있었다. 반 고흐는 이곳에서 프랑스어와 독일어, 수학을 가르쳤다.

22 Van Gogh, Vincent. *The Complete Letters of Vincent Van Gogh. Vol.1*, 74.

23 Van Gogh, Vincent. *The Complete Letters of Vincent Van Gogh. Vol.1*, 183.

24 Van Gogh, Vincent. *The Complete Letters of Vincent Van Gogh. Vol.1*, 187.
25 Van Gogh, Vincent. *The Complete Letters of Vincent Van Gogh. Vol.1*, 183.
26 Van Gogh, Vincent. *The Complete Letters of Vincent Van Gogh. Vol.1*, 183.
27 Van Gogh, Vincent. *The Complete Letters of Vincent Van Gogh. Vol.1*, 186.
28 Van Gogh, Vincent. *The Complete Letters of Vincent Van Gog.h Vol.1*, 186-187.
29 Sweetman, David. *Van Gogh: His Life and His Art*, 이종욱(역) 『세상의 모든 것을 사랑한 화가』(서울: 한길아트, 2003), 210-218.
30 노무라 야쓰시, ゴッホ紀行. 김소운(역) 『고흐, 37년의 고독』. 서울: 큰결, 2004, 106-110.
31 Van Gogh, Vincent. *The Complete Letters of Vincent Van Gog.h Vol.1*, 195.
32 Van Gogh, Vincent. *The Complete Letters of Vincent Van Gogh. Vol.1*, 206.
33 Van Gogh, Vincent. *The Complete Letters of Vincent Van Gogh.Vol.1*, 222.
34 Van Gogh, Vincent. *The Complete Letters of Vincent Van Gogh. Vol.2*, 363.
35 Van Gogh, Vincent. *The Complete Letters of Vincent Van Gogh. Vol.2*, 362.
36 Meedendorp, Teio (2015). *The Vincent Van Gogh Atlas*, 100.
37 Van Gogh, Vincent. *The Complete Letters of Vincent Van Gogh. Vol.2*, 258.
38 Van Gogh, Vincent. *The Complete Letters of Vincent Van Gogh. Vol.1*, 416.
39 Van Gogh, Vincent. *The Complete Letters of Vincent Van Gogh. Vol.2*, 370.
40 한번은 아인트호벤(Eindhoven)에 있는 한 지인이 자신의 집 식당을 장식할 그림에 대한 조언을 구했을 때, 반 고흐는 벽을 성자들(Saints) 그림 대신 농부들로 채울 것을 권하였다. 반 고흐가 보기에 진정한 성인은 자신의 삶속에서 성실히 살아가는 농부들이었다.
41 Van Gogh, Vincent. *The Complete Letters of Vincent Van Gogh. Vol.3*, 412.
42 나태주, 『오래 보아야 예쁘다』, 서울: 알에이치코리아, 2015
43 Maria Rilke, Riner. *Letters on Cézene*, (New York: Fromm International Publishing, 1985), 20.
44 노무라 아쓰시(野村篤). 『고흐, 37년의 고독』, 107.
45 Heidegger, M. *Basic Writings* (New Yprk: Haper & Collins, 1977), 159.
46 Francoise Gilot & Carton Lake, "Life with Picasso", in Van Gogh: Retrospective, ed. Susan Stein (New York: Macmillian, 1986), 379.
47 Van Gogh, Vincent. *The Complete Letters of Vincent Van Gogh. Vol.2*, 105.
48 Van Gogh, Vincent. *The Complete Letters of Vincent Van Gogh. Vol.1*, 416.
49 Van Gogh, Vincent. *The Complete Letters of Vincent Van Gogh. Vol.1*, 190.
50 Van Gogh, Vincent. *The Complete Letters of Vincent Van Gogh. Vol.1*, 213.
51 Van Gogh, Vincent. *The Complete Letters of Vincent Van Gogh. Vol.1*, 330.

52 Van Gogh, Vincent. *The Complete Letters of Vincent Van Gogh. Vol.1*, 416.
53 Van Gogh, Vincent. *The Complete Letters of Vincent Van Gogh. Vol.1*, 239.
54 Van Gogh, Vincent. *The Complete Letters of Vincent Van Gogh. Vol.1*, 277.
55 Van Gogh, Vincent. *The Complete Letters of Vincent Van Gogh. Vol.1*, 426-427.
56 Van Gogh, Vincent. *The Complete Letters of Vincent Van Gogh. Vol.1*, 437-438.
57 Van Gogh, Vincent. *The Complete Letters of Vincent Van Gogh. Vol.2*, 162.
58 Van Gogh, Vincent. *The Complete Letters of Vincent Van Gogh. Vol.1*, 451-452.
59 Van Gogh, Vincent. *The Complete Letters of Vincent Van Gogh. Vol.2*, 185.

5 카스파 다비드 프리드리히의 풍경화에 반영된 프로테스탄트 회화의 전통

1 레인데르트 폴켄부르흐(Reindert Falkenburg)와 마르텐 드 클라인(Maarten de Klijn)이 대표적인 학자들이다.
2 Reindert L. Falkenburg, "Calvinism and the Emergence of a Dutch Seventeenth Century Landscape Art," *Seeing Beyond the Word*, (Grand Rapids, MI: William B. Eerdmans Publishing Company, 1999), 344-345.
3 Joan Calvin, *Instittutes* I, xvi, 1; Christopher Joby, *Calvinism and the Arts* (Walpole, MA; Peeters, 2007), 182에서 재인용.
4 R. Anslo, Joan de Haes (ed.,) Poësy (Rotterdam, 1713), 159; Christopher Joby, *Calvinism and the Arts* (Walpole, MA; Peeters, 2007), 184에서 재인용.
5 Ulphardus Ekelman, *Lessen uit het Boek der Nature en Ervarenheit* (Groningen, April 8, 1661), 7-8 Joby, Calvinism and the Arts (Walpole, MA; Peeters, 2007), 185에서 재인용.
6 Frank L. Huntley, *Bishop Joseph Hall and Protestant Meditation in Seventeenth-Century England* (Binghamton, NY; Center for Medieval and Early Renaissance Studies, 1981), 123-124.
7 Robert Rosenblum, *Modern Painting and the Northern Romantic Tradition* (New York, NY: Harper & Row, 1975), 18.
8 Katharina Coblenz-Arfken, *Gott in der Natur: Aus den Uferpredigten Gotthard Ludwig Kosegartens* (Bremen, Edition Temmen, 2012), 27-28.
9 Lewis M. Holmes, *Kosegarten's Cultural Legacy: Aesthetics, Religion, Literature, Art, and Music*, (New York: Peter Lang Inc, 2005), 134.
10 J. Bruyn, "Toward a Scriptural Reading of Seventeenth Century Dutch Landscape Painting" in P.C.Suttonetal., *Masters of Seventeenth-Century Dutch Landscape Painting*,

(Amsterdam, 1987/88); Reindert Falkenburg, "Calvinism and the Emergence of a Dutch Seventeenth Century Landscape Art." *Seeing Beyond the Word*, (Grand Rapids, MI: William B. Eerdmans Publishing Company, 1999), 350.

6 김기창과 렘브란트의 성화 속 '이집트' 이야기

이 글은 김진명, "호세아 11장 1-4절과 마태복음 2장 13-15절의 미학적 성경주석에 관한 연구 - 운보 김기창과 렘브란트의 작품에 나타난 '이집트'이해와 해석을 매개로,"『장신논단』, vol. 52-2 (2020.6), 9-36.으로 게재되었던 학술 논문을 일반 독자들에게 전달하기 위한 형태로 수정하여 다시 수록함을 밝혀두는 바이다.

1 Craig L. Blomberg, "Matthew," G. K. Beale and D. A. Carson, Commentary on the New Testament Use of the Old Testament, (Grand Rapids, Saker Academic, 2007), 2.

2 Donard A. Hagner, Matthew 1-13, Word Biblical Commentary, vol. 33A, (Dallas: Word Books, 1995), liv.

3 Craig, L. Blomberg, "Matthew", 2 참조.

4 김기창, 『예수의 생애 - 운보김기창성화집』, (서울: 강미문화사, 1976), 32-33 ; 혜촌 김학수가 한국 기독교 선교 백 주년을 기념하여 1985년에 연세대에 기증했던 「예수의 생애」 작품중에도 '애굽 피난 길'이라는 작품이 있다. https://church.yonsei.ac.kr/church/reference/picture.do?mode=view&articleNo=60830&article.offset=0&articleLimit=12#a], (2020년 3월 28일 접속). 그러나 본 논문에서는 이보다 앞선 시기에 제작된 운보의 작품을 먼저 다루고자 한다.

5 Mariët Westermann, Rembrandt (London: Pheidon Press, 2000), 188.

6 렘브란트는 요셉과 마리아와 아기 예수의 이집트 피난을 주제로 한 그림을 네 작품 이상 그렸으며, 그 작품들은 「이집트로의 피난」 (1627), 「이집트 피난 중 휴식」 (1644), 「이집트 피난 중 휴식」 (1647), 「요셉의 꿈」 (1650-1655) 등이었다.

7 운보는 한국전쟁 당시에 「예수의 생애」를 제작하였고, 렘브란트는 아내와의 사별 이후에 가정의 어려움을 경험하던 시기에 「이집트 비판 중 휴식」이라는 동일한 제목의 작품을 두 점이나 그렸다. 자세한 내용은 본 논문의 렘브란트와 운보의 그림 해설 부분에서 확인할 수 있다.

8 이러한 간학문적이며 융합적인 주석적 연구는 '미학적 성경주석 방법론' 혹은 '미학적 성서해석방법론'(Aesthetic Biblical Interpretation)으로서, 예술가의 그림에 나타난 성경 이해와 묘사를 일종의 주석적 결과로 보고 예술적 관점의 성경해석과 그림에 관련된 성경본문 자체의 성서신학적인 해석의 결과를 종합적으로 검토하는 통섭적 대화를 통하

여 성경본문의 새로운 의미와 메시지를 찾고자 하는 시도로 요약할 수 있다. 이 연구를 위하여 그림 해석에 필요한 '도상학적인 분석'(iconographic analysis)과 성서신학적인 본문 주석을 위한 '모형론적 해석'(typological interpretation)을 활용하여, 구약과 신약의 최종본문 상호 간의 관계에 관한 주석적 연구의 결과와 화가들의 작품에 반영된 예술가의 성경 이해와 해석의 요소들을 종합적으로 검토함으로써 본문 해석의 새로운 가능성과 의미들을 찾아보고자 하는 성경주석방법론이다.

이 주석방법론은 최종본문으로서 성경본문 자체의 역사와 저자의 의도와 메시지에 강조점을 둔다는 점에서 Richard J. Bauch, *Beauty and the Bible: Toward a Hermeneutics of Biblical Aesthetics* (Atlanta: Society of Biblical Literature, 2013)에서 말하는 "성서본문에 나타난 '미'를 찾는 독자반응비평의 한 분야"로서 미학적 성서해석과는 다를 수 있으며, 화가들의 성경본문 해석과 그림의 연관성에 강조점을 두는 Chery Exum, *Art as Biblical Commentary-Visual Criticism from Hagar the Wife of Abraham to Mary the Mother of Jesus*, (London, New York, Oxford, New Delhi, Sidney: T & T clark, 2019)의 내용과 좀 더 유사성을 갖는다고 볼 수 있다.

'미학적성경주석방법론'에 관한 자세한 내용은 다음의 논문들을 참고할 수 있다. 김진명, "렘브란트와 혜촌 김학수의 작품 해석을 통한 미술과 성서신학의 통섭적 대화를 위한 연구 - 출애굽기의 모세 관련 그림과 성경 본문의 해석 문제를 중심으로(14:21-22; 32:19),"『장신논단』 47-1 (2015, 3), 13-40 ; 김진명, "기독교 미술에 나타난 종교개혁과 성경해석의 영향에 관한 연구,"『선교와 신학』 43 (2017), 75-107.

9   김기창,「아기예수 에집트로 피난」(1952), 76cm×63cm, 비단에 채색, '운보문화재단'의 그림 사용 확인 후 화보집 촬영.
10   김기창,『예수의 생애 - 운보김기창성화집』, 14.
11   이연호는 운보가 조선시대 의복과 머리모양 등에 대한 충실한 고증을 통하여「예수의 생애」를 제작하였다고 평가하였다. 이연호, "병자를 고치는 예수",『월간목회』통권 235호 (1996), 249.
12   최석조,『신윤복의 풍속화로 배우는 옛 사람들의 풍류』, (서울: 아트북스, 2011), 55.
13   선을 통한 속도감과 역동성의 묘사는 김홍도의「무동」에도 잘 표현되어 있다. 오주석,『한국의 미 특강』, (서울: 솔출판사, 2003), 62.
14   이연호, "그리스도의 책형",『월간목회』통권 235호 (1996), 248. 이연호는 운보가 그린「예수의 생애」가 한국전쟁의 참상과 우리 민족의 비극을 수난당하는 예수와 기독교에 견주어 표현한 것이라는 운보의 성화작성 동기를 소개하였다.
15   김이순, "한국 기독교미술의 발아와 성숙," 서성록 외 4인 공저,『2019 크리스쳔 아트포럼, Beauty & Eternity』, (서울: 아트미션, 2019), 102-103.

16 김기창, 『예수의 생애 – 운보김기창성화집』, 11.
17 Rembrandt van Rijn, 「The rest on the flight into Egypt」 (1647), 34cm×48cm, National Gallery of Ireland.
18 서성록, 『렘브란트의 거룩한 상상력』, (서울: 예영커뮤니케이션, 2007), 24-25, 36.
19 위의 책, 24-25 ; Mariët Westermann, Rembrandt, 188-189.
20 Kimura Taiji, Meiga No Iibun, 박현정 옮김, 『처음 읽는 서양 미술사』, (파주: 휴머니스트출판그룹, 2007), 231-236.
21 Arthur K. Wheelock Jr., Anne T. Woollett, and Peter C. Sutton ,'Rembrandt's Apostles, (San Diego: Timken Museum of Art, 2005), 1-3.
22 서성록, 『렘브란트의 거룩한 상상력』, 24-31. 그의 작품은 1630년대의 삼손과 같은 영웅적인 주제와 바로크 양식의 역동적 표현에 비해, 1640년대에 접어들면서 많이 달라진 특징들을 보여준다.
23 예를 들어 렘브란트는 'Saskia as Flora'(1634)라는 작품에서 그 당시의 복장을 한 로마 여신 플로라(Flora)를 묘사하기도 했다. David Bomford, Jo Kirby, Ashok Roy, Axel Rüger, Raymond White, Art in making Rembrandt (London: National Gallery Company, 2006), 90.
24 마태복음 2장 13-15의 한글 번역은 '개인역'이며, 헬라어 본문은 Nestle-Alend, *Novum Testamentum Graece 27*. (Stuttgart: Deutsche Bibelgesellschaft, 1993)을 사용하였다.
13 VAnacwrhsa,ntwn de. auvtw/n(ivdou,(a;ggeloj kuri,ou fai,netai katV o;nar tw/| VIwsh,f(le,gwn(VEgerqei.j para,labe to. paidi,on kai. th.n mhte,ra auvtou/(kai. feu/ge eivj Ai;gupton(kai. i;sqi evkei/ e[wj a'n ei;pw soi,\ me,llei ga,r ~Hrw,|dhj zhtei/n to. paidi,on(tou/ avpole,sai auvto,
14 o` de. evgerqei.j pare,laben to. paidi,on kai. th.n mhte,ra auvtou/ nukto,j kai. avnecw,rhsen eivj Ai;gupton( 15 kai. h=n evkei/ e[wj th/j teleuth/j ~Hrw,|dou\ i[na plhrwqh/| to. r`hqe.n u`po. kuri,ou dia. tou/ profh,tou le,gontoj\ evx Aivgu,ptou evka,lesa to.n ui`o,n mou
25 D. Hagner, Matthew 1-13, 1.
26 Richard Viladesau, Theological Aesthetics: God in Imagination, Beauty and Art, 손호현 옮김, 『신학적 미학: 상상력, 아름다움, 그리고 예술 속의 하나님』 (서울: 한국신학연구소, 2007), 41-56.
27 Ibid., 35. 「이두」(ivdou, 보라)와 「파이네타이」(fai,netai, 나타나다)와 같은 역사적 현재형 동사들도 문장 안에서 생동감과 현장감을 더해 주는 요소들이다.
28 Dorothy Jean Weaver, "'Thus you will know them by their fruits': The Roman

Characters of the Gospel of Matthew," John Riches and David C. Sim (ed.), The Gospel of Matthew in its Roman Imperial Context, London, (New York: T & T Clark International, 2005), 120.

29 D. Hagner, Matthew 1-13, 34. 헤그녀는 출애굽기 2장 15절에서 파라오가 모세를 '죽이려고 찾았다'(evzh,tei avnelei/n, 에제테이 아넬레인)라는 표현과 마태복음 2장 13절의 헤롯이 아기예수를 '죽이려고 … 찾았다'(zhtei/n... avpole,sai, 제테인 … 아폴레사이)라는 표현의 유사점 등을 통해 마태복음의 예수님 이야기와 출애굽기의 모세 이야기 사이의 밀접한 연관성을 지적하였으며 '미드라쉬적인 악가다'로 해석하였다.

30 LXX Hosea 11:1의 한글번역은 개인역이며, 헬라어 본문은 Alfred Rahlfs (ed.), *Septuaginta* (Stuttgart: Deutsche Bibelgesellschaft, 1993)을 사용하였다.
dio,ti nh,pioj Israhl kai. evgw. hvga,phsa auvto,n kai. evx Aivgu,ptou meteka,lesa ta. te,kna auvtou/ (그러므로 이스라엘이 어렸을 때에 내가 그를 사랑하였으며, 내가 그 아들들을 이집트로부터 불러내었다.)

31 D. Hegner, Matthew 1-13, 36. 이스라엘 민족의 '하나님의 아들 됨'이라는 전승은 구약 전체에 걸쳐 나타나고 있으며, 이는 '집단적 개인'으로서 표현될 수 있기에 단수와 복수의 표현이 의미상으로 큰 차이를 나타내는 요소는 아니다. cf. W. C. Allen, St. Matthew, The International Critical Commentary(ICC), vol. XXIII (Edinburg: T. & T. Clark, 1907), 15.

32 William Foxwell Albright and C. S. Mann, Matthew, 18 ; Donard Senior, Matthew (Nashville: Abingdon Press, 1998), 47.

33 이연호, "한국인이 그린 예수상,"『신앙세계』, 통권 260호 (1990.4), 126-131 (130-131).

34 김기창,『예수의 생애 - 운보김기창성화집』, 10. 운보는 자신이 사복음서를 놓고 직접 연구하면서「예수의 생애」연작을 제작하였다고 밝혀주었다.

35 MT 호세아 11장 1-4절의 한글번역은 개인역이며, 히브리어 본문은 R. Kittel (ed.), Biblia Hebraica Stuttgartensia (Stuttgart: Deutsche Bibelgesellschaft, 1993)을 사용하였다.

36 Francis I. Andersen and David Noel Freedman, Hosea, The Anchor Bible, vol. 24, Garden city, (New York: Doubleday & Company, 1980), 31-39.

37 Douglas Stuart, Hosea-Jonah, Word Biblical Commentary, vol. 31, (Waco: Word Books, 1987), 175-176.

38 Ibid., 176.

39 H. F. Fuhs, "r[:n,;," G. Johannes Botterweck, H. Ringgren, and Heinz-Josef Rabry (ed.), Theological Dictionary of the Old Testament(TDOT) vol. IX (Grand Rapids,

Cambridge: Wm. B. Eerdmans Publishing Company, 1998), 474-485 (479) 푸스(Fuhs)는 「나아르」가 구약에서 239회 사용되었다고 분석하였으며, 어린이 종, 사환 등의 의미와 성소에서 제의적 기능을 수행하는 사람을 의미하는 낱말로 사용되었다고 보았다 (출 24:5, 삿 17:7 etc.).
40 Douglas Stuart, Hosea-Jonah, 377.
41 H. F. Fuhs, "r[;n,:," 484.
42 E. Lohse, "ui`oj," 360-362. 로제는 메시야로서 '하나님의 아들'과 '하나님의 아들들'로서 이스라엘은 하나님과의 특별한 관계를 말해주는 구약적인 표현임을 분석하였다 ; E. Schweizer, Das Evangelium nach Matthäus, 한국신학연구소번역실,『마태오복음』(서울: 한국신학연구소, 1976), 4.
43 Dale C. Allison, Jr., The New Moses: A Matthean Typology, 142.
44 Ibid. 142 참조; Leonhard Goppelt, Typos: The Typologival Interpretation of the Old Testament in the New, 최종태 역,『모형론: 신약의 구약해석』(서울 새순출판사, 1989), 172.
45 Dale C. Allison. The New Moses : A Matthean Typology, 142 참조.

7 김기창의「요한에게 세례 받음」과 미학적 성경주석

이 글은「구약논단」제80집 (2021.6)에 게재 확정된 "「그리스도의 세례」에 관한 미학적 성경주석 – 운보 김기창의「요한에게 세례 받음」과 배경 본문(마 3:13-17, 레 8:6, 12)에 관한 연구"라는 논문의 3장과 부분적으로 간추린 내용들을 포함하고 있음을 밝혀두는 바이다.
1 이연호, "그리스도의 책형, 병자를 고치는 예수 – 한국기독교미술감상 3 / 운보 김기창 화백",「월간목회」통권 235호 (1996.3), 248.
2 Andrea del Verrocchio (1435 – 1488), Leonardo da Vinci (1452 – 1519),「Baptism of Christ」(1470-1475), oil and tempera on panel, 177×151cm. Uffizi.
https://commons.wikimedia.org/wiki/File:The_Baptism_of_Christ_(Verrocchio_%26_Leonardo).jpg#/media/File:The_Baptism_of_Christ_(Verrocchio_&_Leonardo).jpg
3 Mario Salmi, "1. The Italian Renaissance / Renaissance", *Encyclopedia* of World Art(=EWA) XII (New York, Toronto, London: McGraw-Hill Book Company, 1966), 1-121 (85-86) ; Alexander Rauch, "Renaissance in Italy", Barbara Borngässer, Alexander Rauch, Uwe Geese (ed.), *Renaissance* (Bath, New York etc.: Parragon Books, 2009), 244.

4   Pierodella Francesca (-1492), 「The Baptism of Christ」 (after 1451), egg tempera on poplar wood, 167×116cm, National Gallery. https://commons.wikimedia.org/wiki/File:Piero_della_Francesca_Battesimo_di_Cristo_(National_Gallery,_London).jpg?uselang=en-gb.
5   Barbara Borngässer, Alexander Rauch, Uwe Geese (ed.), *Renaissance*, 192-195 참조; Neil Morris, *The life of Jesus*, 김경은 옮김, 「예수님의 일생」 (서울: 가톨릭출판사, 2003), 14, 193. 이 작품은 피에로가 고향인 토스카나의 산 세폴크로에 있는 작은 수도원을 위해 그렸던 그림으로서, 배경에는 고향 마을의 모습이 담겨있으며, 이 작품은 전체적으로 피에로의 기하학과 원근법에 대한 관심을 잘 드러내주는 작품으로 평가되고 있다.
6   김기창, 「예수의 생애」 (서울: 경미문화사, 1978), 10-11, 38-39. 원래 29점으로 제작되었던 「예수의 생애」는 어느 서독 신부의 부활절 기념 카드 제작을 위한 그림 부탁을 받아 부활하신 예수님을 그린 그림을 추가하여 30점으로 완성되었다.
7   윗글, 11.
8   최경우, "한복 속에 숭고하게 표현된 기독의 생애", 김기창, 「예수의 생애」, 8-9. 최경우는 운보의 그림 속 배경이 모두 피난지 군산의 이웃집들과 마을 풍경들을 담고 있는 것이라고 평가했다.
9   운보, 윗글 11. 운보는 1894년 게일 선교사에 의해 번역 출간되었던 「천로역정」의 삽화를 그렸던 한 무명화가의 그림을 평가하면서 "그 화가는 천당을 남대문과 같은 누각으로, 천사를 선녀로 묘사하여 우리나라 독자들에게 상당히 친근감을 갖게 했다."라고 언급하였다.
10   오주석, 「한국의 미 특강」 (서울: 솔출판사, 2003), 53 ; 최석조, 「신윤복의 풍속화로 배우는 옛 사람들의 풍류」, (파주: 아트북스, 2001), 99. 운보의 그림에서는 좌우측의 가장 위쪽 선녀들이 연주하는 두 개의 피리가 보이고, 좌측 열의 가장 아래 왼편의 선녀가 연주하는 형태의 악기는 대금에 해당하는 것으로 보이지만, 우측 열의 가장 아래쪽 선녀가 불고 있는 악기는 생황이고, 해금이 아닌 다른 현악기도 있다. 혜원 신윤복의 「혜원전신첩」에 수록된 그림 「뱃놀이」의 내용 가운데 뱃머리에 앉아 생황을 연주하는 여인의 모습에서 운보 그림에 묘사된 동일한 악기를 확인할 수 있다.
11   오주석, 「한국의 미 특강」, 27 참조. 오주석은 오른쪽 위에서 왼쪽 아래로 시선이 흐르도록 하는 비스듬한 사선 구도가 한국의 전통 그림에 나타나고 있다고 보았고, 그림 위에 X자를 그어서 대각선 방향으로 그림을 보는 것은 서양식 그림 감상의 방식이라고 대비하여 설명하였다.
12   왕상 1장 33절과 38절에서는 솔로몬의 즉위식이 기혼샘에서 이루어졌다고 기술하였다. 이에 대하여 주석가들은 물로 씻는 정결 의식보다는 단지 기름 부음 의식이 시행된 장소로서의 의미만 확인하였다. James A. Montgomery, *The Books of Kings*, ICC. vol.

6 (Edinburgh: T. & T. Clark, 1976), 77-78; Simon J. DeVries, *1 Kings*, WBC. vol. 12 (Waco: Word Books Publisher, 1985), 16-17.

13   스위니(Marvin A. Sweeney)는 스가랴 4장(3, 14)의 두 감람나무 환상과 관련된 '기름부음 받은 두 사람'을 왕으로서 스룹바벨과 제사장 여호수아의 역할을 상징하는 것으로 해석하였다(254). Marvin A. Sweeney, *The Prophetic Literature*, 홍국평 옮김, 「예언서」(서울: 대한기독교서회, 2015), 254

14   Oscar Culmann, 윗글, 89-107 (93). cf. 마 19:17과 막 10:18.

15   이연호, "한국인이 그린 예수상," 「신앙세계」, 통권 261호 (1990.4), 131 참조.

16   복음서의 공통된 기록 가운데 "예수의 세례 받음"(마 3:13-17, 막 1:9-11, 눅 3:21-22, 요 1:29-34)에 관한 논쟁은 오래된 역사와 함께 매우 다양한 내용으로 전개되어 왔다. 그 주된 내용은 '하나님의 아들이며 메시야인 예수께서 요한에게 세례를 받는 것은 정당한가?'라는 물음과 연관되어 있다. '예수의 세례 받음' 기사의 배경에 대한 다양한 해석들은 마태복음에서 성경에 나타난 하나님의 요구를 충족시킨 사건으로서 세례에 대한 모든 관심이 '메시야'와 '종'의 주제에 강조점을 두거나 혹은 '하나님의 아들 됨'의 문제에 집중된 것으로 정리해 볼 수 있다. 하지만 구약의 전통가운데 '기름 부음' 의식은 왕과 제사장과 예언자에게 적용되었던 것임에도 불구하고, 왕과 예언자 전승의 연관성은 여러 주석서들에서 다루어졌지만, 지금까지 제사장 전승과의 연결 가능성에 관하여는 분명하게 부각되지 않았던 점을 확인할 수 있었다.

운보 김기창의 「요한에게 세례받음」에 대한 도상학적 해석의 결과를 연결하여 진행했던 연구는 '미학적 성경주석'(Aesthetic Biblical Interpretation)의 방법론을 사용한 미술과 성서신학의 간학문(interdisciplinary)적이며 통섭(consilience)적인 대화를 위한 연구로서, 운보 김기창의 작품 「요한에게 세례 받음」에 반영된 본문 해석의 내용을 도상학적으로(ichnographically) 파악하는 작업을 통해, 우선 예술가의 관점에서 이 '예수의 세례 받음' 기사에 관한 본문 이해가 어떻게 이루어졌는지 살펴본 후에, 다음 단계에서는 해석의 결과를 단서로 마태복음 3장 13-17절과 그 배경이 되는 '구약의 관련 본문들'(시편 2편, 이사야 42장, 레위기 8장)을 비교 분석 하는 주석적인 연구 작업을 통하여 '예수의 세례 받음' 기사의 구약적 배경 가운데 하나로서 '제사장 위임식'의 연결 가능성 문제를 제안하였다.

8 삶의 소명을 일깨우는 예술 : 박수근의 회화세계

1   박수근은 1914년 2월 22일 강원도 양구에서 태어났으며, 1965년 5월 6일 소천하였다.

2   박수근, 화가 박수근 - 참는 자에게 복이 있다..『학원』(서울: 학원사, 1963.8월), 151.

3   김복순, "나의 남편 김복순", 『자료로 본 우리의 화가 박수근』 (서울: 시공사, 1995), 19.
4   박수근, "참는 자에게 복이 있다", 121.
5   유준상, 「한국적인 화가의 원상」, 『박수근 화집』- 박수근 사후 20주기 기념 화집 (서울: 열화당, 1985), 25.
6   박수근미술관, 『새로 보는 박수근: 박수근 100장면』, 262.
7   한국미술연구소, "박수근이 밀러부인에게 보낸 편지", 『자료로 본 우리의 화가 박수근』 (서울: 시공사, 1995), 187.
8   Cabanne, Pierre, *Van Gogh* (New York: Thames and Hudson, 1985), 222-224 참고.
9   그린버그(Clement Greenberg)는 회화 예술이 지녀야 할 가장 고유하고 독자적인 특성을 '평면성'이라고 주장한다. 왜냐하면 그림이 어떤 외부 대상을 위해 봉사한다는 것은 문학적인 특성이고, 이러한 문학적 이야기 내용을 빼내는 것을 미술의 자기규정을 위해 필연적인 과정으로 여겼기 때문이다. 그 구체적인 방법은 3차원적인 시각적 일루전을 제거하는 것이었고 그렇게 함으로써 자연스럽게 매체의 물질성을 드러내는 방향으로 나아갔다. 이러한 관점에서 쿠르베나 마네에서 시작한 평면성에 대한 자각이 클리포드 스틸(Clyfford Still), 마크 로스코(Mark Rothko), 버넷 뉴먼(Barnett Newman) 같은 작가들에 이르러 절정에 도달했다고 본다. Thierry de Duve, *Clement Greenberg Between the Lines*, translated by Brian Holmes (Chicago: The University of Chicago Press, 1996), 68-70 참고.
10   생전(生前)의 박수근은 "나의 그림은 유화이기는 하지만 동양화다."라는 말을 하였다. 이 말은 서양 형식의 추종이 아닌, 이 땅의 소박한 사람들의 진실된 삶을 애정 어린 시각으로 바라보았던 박수근으로서는 당연한 귀결이었으며, 엄밀한 의미에서 민족적인 감성을 지닌 '한국 화가'라고 말할 수 있다. 이구열, 『한국 근대회화 선집』, 89.
11   H. Read, "The Significance and Cézanne" in *Art Now*, (London: Faber and Faber Limited, 1967). 51-52.
12   '유희'라는 용어는 독일 고전 문학 시기의 미학자인 프리드리히 쉴러(Johann Christoph von Friedrich Schiller, 1759-1805)가 그의 주저 *Über die ästhetische Erziehung des Menschen in einer Reihe von Briefen* 에서 사용하고 있다.
13   Friedrich Schiller, *Über die ästhetische Erziehung des Menschen in einer Reihe von Briefen*, 344.
14   박수근미술관, 『새로 보는 박수근: 박수근 100장면』, 400.
15   J. Chevalier, *Pascal* (Paris: Plon, 1923), 304.
16   E. Gilson, *Introductiion à l'étude de saint Augustine* (Paris: Vrin, 1987), 37.

17 「학원」(1963.8)에 게재된 인터뷰.
18 서성록, 『박수근』, 49.
19 Philippe Sellier, *Pascal et Saint Augustine* (Paris: Colin, 1970), 144.
20 서성록, 『박수근』, 92.
21 하나님을 향한 하박국의 반응은 과거에 하나님이 이스라엘에 베푸신 은혜에 기인한다. 이러한 신뢰와 고백에 기초해서 진노 중에라도 주의 긍휼을 잊지 말아야 한다고 간구한다. 이를 따르듯 박수근은 같은 민족 간에, 형제간에 죽고 죽임을 당하는 한국전쟁의 현실을 목도할수록 소시민의 삶을 긍휼의 시선으로 바라보았다. 박수근미술관, 『새로 보는 박수근: 박수근 100장면』, 178.
22 "Der kategorischer Imperativ ist also nur einziger, und zwar dieser: handle nur nach derjenigen Maxim, durch die zugleich wollen kannst, daβ sie ein allgemeines Gesetz werde." I. Kant, *Grundlegung zur Metaphysik der Sitten* (Frankfurt am Main: Suhrkamp Taschenbuch Verlag, 1978), 52.
23 키에르케고어는 반복적으로 이웃 사랑의 근거를 하나님 사랑에서, 이런 사랑의 실천 가능성을 하나님 앞에서의 실존적 관계에서 찾는다. Søren Kierkegaard, *Works of Love*, 100.
24 Ibid., 77.
25 Calvin Seerveld, *Rainbows for The Fallen World* (Toronto: Toronto Tuppence Press, 1980), 38.
26 채영삼, "개인과 집단, 그리고 공동체에 대한 성경적 시각", 류호준 편, 『여성이여 영원하라』(서울: 대서, 2010), 317.
27 Ibid., 318.
28 Robert D. Smith, *Apocalypse: A Commentary on Revelation in Words and Images* (Collegeville: The Liturgical Press, 2000), 72.

9 하나님의 긍휼을 품다 : 이연호의 실천적 작품세계

1 이연호, "안악에의 향수", 『새가정』(1976.8.9), p.28
2 이연호, "사람 낚는 어부로 만드시고", 『기독공보』(1996.3.16)
3 이연호, "산기도로 시작했던 어린시절", 『기독공보』(1996.3.2)
4 유동식, "예술에 산 목회자 이연호", 『기독교 사상』(1997.5), 재인용.
5 선전은 1922년에 제 1회 전시회를 개최한 이래 1944년 까지 23년 동안 지속되었다. 선전의 출범은 민족의 저항 의식과 정서의 자주적 표현을 억압하는 문화통치의 일환으

로 창설된 만큼 거기서 진취적인 내용을 기대하기란 어려운 것이었다. 초기의 글씨와 사군자를 제외하고는 모든 부문의 심사위원을 총독부가 위촉한 일본인 미술인들로 정해져 그들의 취향에 맞는 작품들이 양산되는 문제를 낳게 된다. 당시의 우리 미술은 선전에 의해 좌지우지되었고 많은 미술가들이 이 식민시대의 관전인 선전을 통해 성장했다. 서성록, "한국근대미술연구", (미발간책자), pp.57-60

6 이연호, "아버지와 나로 인해 고난 길 가신 어머니", 『새가정』(1991.12), p.59
이연호는 1934년 춘천고등 보통학교 입학 후부터 1939년 방교 당하기 전(13회~18회)까지 매년 선전을 보러갔다.

7 이연호, "빙교당한 지하운동 주모자", 『기독공보』(1996.4.6)

8 처음 9개월 동안은 춘천 경찰서 유도 연수장에서 수갑을 찬 채 지냈으며 서대문 형무소에서는 미결수로 6개월간 지내다가 남궁태, 이찬우, 문세현, 용환각, 백홍기, 조규석, 배근석, 신기철과 함께 징역 2년 6개월을 선고받았다.

9 유동식, "예술에 산 목회자 이연호", 『기독교 사상』(1997.5)

10 감리교 신학교는 미 감리교 한국 선교회가 1887년 한국인 목회자 양성을 위한 목적으로 신학교육을 최초로 실시하였고 1931년 교명을 감리교 신학교로 개칭하고 전문 학교령에 준하여 남녀 공학을 실시하였다. 1951년에는 부산에서 임시수업을 하기도 했다.

11 조선신학교는 1939년 김대현 설립자가 조선신학원 기성회를 조직하고 다음해 4월 조선신학교로 출범하게 된다. 1951년에는 한국신학대학으로 이름을 변경하고 1980년 종합대학교 한신대학으로 새롭게 출범한다.

12 유동식, "예술에 산 목회자 이연호", 『기독교 사상』(1997.5)
13 유동식, "예술에 산 목회자 이연호", 『기독교 사상』(1997.5)
14 이연호, "꾸부러진 화젓가락", 『사랑』(1947.4), p.3
15 이연호, "감사함이 넘쳐흐르고…", 『기독공보』(1996.6.9)
16 심지, "성치 않은 삶 그려온 이연호 목사", 『새가정』(1991.6), p.72
17 이연호, "빈민촌과 교회", 『기독교 사상』(1969.9), pp.70-71
18 이연호, "꾸부러진 화젓가락", 『사랑』(1947.4), p.4
19 위의 책, pp.6-7
20 서성록, 『박수근』, 서울: 도서출판 재원, 2002, p.46
21 이연호, "아직도 미치지 못하고", 기독교 신문, 1946.4.10
22 "Presbyterian in a Packing Case", 『Time』, 1948.2.16
23 이연호, "한강변에 교회와 병원을 세우고", 『기독공보』, 1996.7.13
24 심지, "성치 않은 삶 그려온 이연호 목사", 『새가정』(1991.6), p.72 재인용
25 백명자, "수채화처럼 살다간 고 이연호 목사", 『기독공보』(1999.2.27)
26 "이연호", 조선일보, 1955.10.14

27 Lee Kyung-Sung in Ye Yun-Ho art work Exhibition (San Francisco Theological Seminary, 1989)

28 Chang Bok Chung in Ye Yun-Ho art work Exhibition (San Francisco Theological Seminary, 1989)

29 Water T. Davis, Jr., in Ye Yun-Ho art work Exhibition (San Francisco Theological Seminary, 1989)

30 그는 미국 로렌스 대학에서 학사(1955), 프리스톤 대학에서 신학석사(1960), 샌프란시스코신학교에서 목회학박사(1986), 남가주신학교에서 신학박사(1986)등 학위를 취득하였다.

31 이명의, "하나님과 미술을 사랑한 청빈한 종", 한국 기독교 미술인협회 회보(창간호), 2004

32 심지, "성치 않은 삶 그려온 이연호 목사", 『새가정』(1991.6), p.73 재인용

33 이연호, "꾸부러진 화젓가락", 『사랑』(1947.4), p.4

34 박형성, "민중미술에 한평생 바친 실천신학자", 『현대종교』(1989.6), p.132

35 서성록, 『박수근』, 서울:도서출판 재원, 2002, pp.46-47, 재인용.

36 위의 책.

37 서성록, "재난의 미술; 14세기의 흑사병에서 21세기의 난민 사태까지", 『한국 기독교 미술의 실천과 과제1』(아트미션, 2020), pp.25-40.

38 "이에 종들에게 이르되 혼인 잔치는 준비되었으나 청한 사람들은 합당하지 아니하니 네거리 길에 가서 사람을 만나는 대로 혼인 잔치에 청하여 오라 한대 종들이 길에 나가 악한 자나 선한 자나 만나는 대로 모두 데려오니 혼인 잔치에 손님들이 가득한지라" (마태복음 22:8-10)

39 이석우, "예술과 신앙의 행동인-화가 목사 이연호: 행적과 그 방향을 중심으로", 『한국 현대 기독교 미술 50년』(한국기독교미술인협회, 2015). p.143.

참고 문헌

1 17세기 네덜란드 예술, 종교개혁의 적용과 열매

국내문헌

김영중. (2000). "Regent 계층."『EU 연구』no.6. 35-81.
서성록 (2007).『렘브란트의 거룩한 상상력』. 서울: 예영커뮤니케이션.
_____ (2016). "17세기 네덜란드 풍경화, 종교개혁의 열매."『월드뷰』9. 22-29.
서성록 외 (2011).『종교개혁과 미술』. 서울: 예경.
심정아. (2016). "예술작품에 반영된 '손상된 미'에 대한 연구," 박사학위 논문. 홍익대학교.

해외문헌

Calvin, John. (1963). *Institutes*. Philadelphia: Westminster Press.
Champman, H. Perry. (1966), *Jan Steen: Painter and Storyteller*. Amsterdam: Rijksmuseum.
Dyrness, William. (2001). *Reformed Theology and Visual Culture* (Cambridge: Cambridge University Press.
Falkenburg, Reindert & Finny, Corby. (1999), *Calvinism and the Emergence of Dutch Seventeenth Century Landscape Art – A Critical Evaluation*, M.I: Grands Rapids.
Franits, Wayne. (2015). *Vermeer*. London: Phaidon,
Gombrich, E. H. (1995). *The Story of Art*. 백승길, 이종승 역 (2003).『서양미술사』. 서울: 예경.
Harbison, Craig. (1997). *The Art of the Northern Renaissance*. 김이순 역. (2001).『북유럽 르네상스의 미술』. 서울: 예경.
Israel, Jonathan. (1995). *The Dutch Republic*. Oxford: Clarendon.

Kobayashi, Yoriko. & Kuchiki, Yoriko. (2003). *Nazo Toki Vermeer*. 최재혁 역 (2005).『베르메르, 매혹의 비밀을 풀다』. 서울: 돌베개.

Langmuir, Erick. (2004). *The National Gallery: Companion Guide*. London: The National Gallery.

Larson, Erik. (1979). *Calvinistic Economy and 17th Century Dutch Art*. Maryland: University Press of America.

Mainstone, 깨지뭉. (1981). *Introduction to the History of Art: The Seventeen Century*, 윤귀원 역. (1991).『17세기 미술』. 서울: 예경.

Prak, M. (2007). *The Dutch Republic in the Seventeenth Century*. Cambridge: Cambridge University Press.

Rookmaaker, H. R. (1994). *Modern Art and the Death of a Culture*. Leicester: Apollos.

Stinson, Robert. (1969). *Seventeenth and Eighteenth Century Art*. Dubuque, Iowa: Brown Company Publishers.

Weber, M. Die *Protestantishe Ethick und der Geist des Kapitalismus*, 박성수 역 (2000), 『프로테스탄티즘의 윤리와 자본주의』. 서울: 문예출판사.

Westermann, Marier (2014). *Rembrandt*. London: Phaidon.

Zuffi, Stefano. (2006) *European Art of the Sixteen century*. C.A: Getty Publication.

2 네덜란드 화파의 신학적 배경과 예술적 의의

Susan E. Schreiner, *The Theater of His Glory: Nature and the Natural Order in the Thought of John Calvin*, MI : Baker Academic,1991

Masters of 17th-Century Dutch Landscape Painting, ed.,Peter C. Sutten, Rijsmusuem, Museum of Fine Arts, Philadelphia Museum of Art, 1987

Art in History/History in Art, Studies in 17th-Century Dutch Culture, edited by David Freedberg and Jan de Vries, University of Chicago Press,1991

Wolfgang Stechow, *Dutch Landscape Painting of the Seventeenth Century*, National Gallery of Art, Kress Foundation Studies in the History of Art, no,1, London:

Phaidon,1966

Walters S. Gibon,"Scriptural Reading," in *Pleasant Places: The Rustic Landscape from Bruegel to Ruisdael*, Los Angeles : University of California Press, 2000

C. R. Leslie, *Memories of the Life of Constable*, ed.Jonathan Mayme, London: Phaidon Press, 1951

Seeing Beyond the Word: Visual Arts and the Calvinist Tradition., edited by Paul Corby Finney, Michigan, Cambridge: Grand Rapids,1999

M. de Klijn, *De involed van het Calvinisme op de Noord Nederlands landschap schilder kunst 1570-1630*, Apeldoorn, 1982

Erik Larsen and Jane P. Davidson, *Calvinistic Economy and 17th Century Dutch Art*, New York: University of America, 1979

Gene Edward Veith, *Painters of Faith: The Spiritual Landscape in Nineteenth Century America*, Washington: Regnery Publishing, Inc., 2001

C. H. Spurgeon, *The Treasury of David, An Expository and Devotional Commentary on the Psalms*, Grand Rapid: Baker, 1984

Svetlana Alpers, *The Art of Describing Art: Dutch Art in the Seventeenth Century*, Chicago: University of Chicago Press, 1983

William A . Dryness, *Visual Faith: Art, Theoogy, and Worship in Dialogue*, Baker Book House, 2001

Benjamin Charles Miler, Jr., *Calvin's Doctrine of the Church*, Leiden: E. J. Brill, 1970

St. Augustine's Confessions, tr. Willian Watts, Cambridge: Harvard University, 1968

Saint Augustine: *The City of God*, tr., G. Walsh, Garden City: Image Book,1958

John Calvin, *Sermon on Job*. Grand Rapid, Mich., Eerdmans, 1952, 서문강역, 『칼빈의 욥기강해: 욥과 하나님』, 지평서원, 1988

John Calvin, *Institutes of the Christian Religion*, ed.,by John T. McNeill. trans. by Ford Lewis Battles, The Library of Christian Classics, Philadelphia: Westminster Press, 1960, 김종흡 외 공역,『기독교강요 上,中,下』, 생명의 말씀사, 1988

John Calvin, *Calvin's Commentaries*, Grand Rapids, Michi., Eedmans, 1950-1972, 존 칼빈 성경주석출판위원회편역,『존칼빈 성경주석』, 성서원, 2001

R. Wallace, *Calvin's Doctrine of the Christian Life*, London: Oliver& Boyd, 1959, 나용화역, 『칼빈의 기독교생활원리』, 기독교문화선교회, 1988

Abraham Kuyper, *Lecture on Calvinism*, 김기찬역, 『칼빈주의 강연』, 크리스챤 다이제스트, 1996

Michael Horton, *Where in the World is the Church?* 윤석인역, 『개혁주의 기독교세계관』, 부흥과 개혁사, 1995

3 렘브란트의 「돌아온 탕자」

Aelred of Rievaulx (1961). "The Miorror of Love". in: Eric Colledge. (Ed.). *The Medieval Mystics of England*. London and New York: Schriber

Atkinson, W. E. D. (1964). *Acolastus: A Latin play of the sixteenth century by Gulielmus Gnapheus*. London(Ontario): Humanities Department of The University Of Western Ontario

Berkhof, Louise (1941). *Systematic Theology*. 권수경, 이상원역(2000). 『조직신학』. 서울: 크리스챤 다이제스트.

Baldwin, Robert W. (1983). *The Beholder and the Humble Style in Northern Renaissance and Baroque Religious Art*. Ph. D. Thesis. Harvard University

Baldwin, Robert W. (1987). "The Touch of Love: Gesture of Touch in Three Late Works by Rembrandt: Prodigal Son, Jewish Bride, and Family Group". *Midwest Art History Society*. Ann Arbor: University of Michigan.

Benesch, Otto (1973). *The Drawing of Rembrandt*. London: Phaidon Press Ltd

Bevers, H. and Welzel, B. (1991). *Rembrandt: The Master & his Workshop Etchings*. New Haven and London: Yale University Press

Calvin, John (1986). 김종흡 외 역 『기독교강요』. 서울 : 생명의 말씀사.

Calvin, John (2001). 존 칼빈 성경주석출판위원회역, 『칼빈성경주석』. 서울: 성서원.

Kistemaker, Simon J. (1985). *The Parable of Jesus*. 김근수. 최갑종역 (2002). 『예수님의 비유』. 서울: 기독교문서선교회.

Calvin, John (1972). *A Commentary on Harmony of the Evangelists. Mattew, Mark and

Luke. trans. T. H. L. Parker, eds., D. W. Torrance and T. F. Torrance. Michigan: Grand Rapids.

D'Adda, R and Arpino, G (2004). *Rembrandt*, Rizzoli Libri Illustrati. 이종인역 (2008). 『렘브란트』. 서울 : 예경.

Durham, John(1993). *The Biblical Rembrandt: Human Painter in a Landscape of Faith*. Macon: Mercer University Press.

Haeger, Barbara (1986). "The prodigal son in sixteenth and seventeenth-century Netherlandish art: Depictions of the parable and the evolution of a Catholic image". *Simiolus: Netherlands Quarterly for the History of Art*. 16 (2/3). 128-138.

Halewood, William H. (1982). *Six Subjects of Reformation Art: A Preface to Rembrandt*. Toronto: University of Toronto Press.

Held, Julius S. (1991). *Rembrandt Studies*. Princeton: Princeton University Press.

Jeremias, J. (1963). *Parables of Jesus*. New York: Scribner

Kuretsky, Susan Donahue (2007). "The Return of the Prodigal Son and Rembrandt's Creative Process". *Canandian Journal of Netherlandic Studies*. vol. 28. 23-37.

Mann, Tony (1999). *Rembrandt's Jesus, Meditation on the Life of Christ*. Grand Rapid: Faith Alive Christian Resources

Manuth, Volker (2005). "Rembrandt's Apostle: Pillars of Faith and Witnesses of the Word". in *Rembrandt's Late Religious Portraits*. Washington : National Gallery of Art. 39-56.

Nigg, Walter (1951). *Rembrandt Maler des Ewigen*. 윤선아역 (2008).『렘브란트 영원의 화가』. 서울 : 분도출판사.

Nouwen, Henri J. (1994). *The Return of the Prodigal Son*. 김향안역 (1997).『탕자의 귀향』. 서울: 글로리아.

Packer, J. J. (1973). *Knowing God*. 정옥배역 (1996).『하나님을 아는 지식』. 서울 : IVP.

Rosenberg, Jakob (1968). *Rembrandt: Life and Work*. New York: Cornell University Press

Stechow, Wolfgang (1964). "Heemskerck, the Old Testament, and Goethe".

Master Drawing. 2(1). 37-38

Stratton, Suzanne (1986). "Rembrandt's Beggers: Satire & Sympathy". *The Print Collector's Newsletter*. XVII, no.3, 77-81

Tümpel, Christian (1969). "Studien zur Ikonographie der Historien Rembrandts". *Deutung und Interpretation der Bidlinhalte, Nederlands Kunsthistorisch Jaarboek 20*. 20-38.

Visser't Hooft, W. A (1957). *Rembrandt and Gospel*. Philadelphia: West minster Press. 한중식역 (1992).『렘브란트와 복음서』. 서울 : 혜선출판사.

Westermann Mariët (2000). *Rembrandt*, London: Paidon Press. 강주헌역 (2002). 『렘브란트』. 서울 : 한길아트.

서성록 (2001).『렘브란트, 성서그림 이야기』. 서울 : 도서출판 재원.

서성록 (2007).『렘브란트의 거룩한 상상력』. 서울 : 예영 커뮤니케이션.

4 그림은 눈에 보이는 설교 : 반 고흐의 예술과 소명

나태주,『오래 보아야 예쁘다』. 서울: 알에이치코리아, 2015

라영환.「「성경이 있는 정물화」를 통해서 바라본 고흐의 소명",『신앙과 학문』 20-2(2015): 69-90.

_____. "빈센트 반 고흐의 삶과 예술 그리고 프로테스탄트 정신",『신앙과 학문』 20-4 (2015): 69-85.

_____. "폴 고갱과 반 고흐의 기독교 이미지 사용에 관한 연구",『이미지와 비전』. 서울: 예서원. 89-131.

_____.『반 고흐, 삶을 그리다』. 서울: 가이드포스트. 2015.

서성록. "반 고흐의「감자먹는 사람들」연구",『예술과 미디어』 12-3(2013): 7-13.

심양섭. "빈센트 반 고흐 미술의 기독교적 의미",『신앙과 학문』 16-3(2011): 147-172.

안재경.『고흐의 하나님』. 서울: 홍성사, 2014.

노무라 아쓰시(野村篤).. ゴッホ紀行. 김소운 역.「반 고흐, 37년의 고독』. 서울: 큰결. 2004.

Edwards, Cliff. *A Spiritual and Artistic Journey to the Ordinary: The Shoes of van Gogh*. 최문희 역.『하나님의 구두』. 서울: 솔, 2007.

Heinich. Nathalie (1998). *La gloire de Van Gogh:essai d'anthropologie de l'admiration*. 이세진 역 (2006).「반 고흐 효과: 무명화가에서 문화적 아이콘으로」. 서울: 아트북스.

Gogh, Vincent. *The Complete Letters of Vincent van Gogh v ol.1-3*. London: Thames & Hudson, 2000.

Gogh, Vincent. Drawings and prints by Vincent van Gogh in the Collection of the Kröller-Müller Museum. Otterlo, the Kröller-Müller Museum, 2007.

Meedendorp, Teio. *The Vincent Van Gogh Atlas*, Amsterdam: van Gogh Museum, 2016.

Neifeh, Steven. & Smith, Gregory W. *Van Gogh: The Life*. NewYork: Randon House, 2011.

Pickvance, Ronald. English Influences on Vincent van Gogh. London: Balding & Mansel Ltd,1974.

Riner, Maria Rilke. *Letters on Cézene*. New York: Fromm International Publishing, 1985.

Sund, Judy. *Van Gogh*. New York: Phaidon, 2002.

Sweetman, David. *Van Gogh: His Life and His Art*. 이종옥 역.『세상의 모든 것을 사랑한 화가』. 서울: 한길 아트, 2003.

인터넷자료

https://en.wikipedia.org/wiki/Historical_urban_community_sizes
(2019년 7월 22일 검색)

6 김기창과 렘브란트의 성화 속 '이집트' 이야기

김기창.『예수의 생애 - 운보 김기창 성화집』. 서울: 강미문화사, 1976.
김이순. "한국 기독교미술의 발아와 성숙." 서성록외 4인공저.『2019 크리스천 아트

포럼, Beauty & Eternity』. 서울: 아트미션, 2019, 87-110.

김진명. "렘브란트와 혜촌 김학수의 작품 해석을 통한 미술과 성서신학의 통섭적 대화를 위한 연구 - 출애굽기의 모세 관련 그림과 성경 본문의 해석 문제를 중심으로 (14:21-22; 32:19)."『장신논단』 47-1 (2015, 3), 13-40.

_____. "기독교 미술에 나타난 종교개혁과 성경해석의 영향에 관한 연구."『선교와 신학』 43 (2017), 75-107.

서성록.『렘브란트의 거룩한 상상력』. 서울: 예영커뮤니케이션, 2007.

오주석.『한국의 미 특강』. 서울: 솔출판사, 2003.

이연호. "병자를 고치는 예수."『월간목회』 통권 235호 (1996), 249.

_____. "그리스도의 책형."『월간목회』 통권 235호 (1996), 248.

_____. "한국인이 그린 예수상."『신앙세계』 통권 260호 (1990.4), 126-131.

최석조.『신윤복의 풍속화로 배우는 옛 사람들의 풍류』. 서울: 아트북스, 2011.

Albright, W. F. and C. S. Mann. *Matthew*, The Anchor Bible, vol.26. Garden City, New York: Doubleday & Company, 1982.

Allen, W. C. St. *Matthew*, The International Critical Commentary(ICC), vol. XXIII. Edinburg: T. & T. Clark, 1907.

Andersen, F. I. and Freedman, D. N., *Hosea*, The Anchor Bible, vol. 24. Garden city, New York: Doubleday & Company, 1980.

Blomberg, C. L. "Matthew," Beale, G. K. and Carson, D. A., *Commentary on the New Testament Use of the Old Testament*, Grand Rapids, Saker Academic, 2007.

Bomford, D. Kirby, J., Roy, A., Rüger, A., White, R. *Art in making Rembrandt*. London: National Gallery Company, 2006.

Fuhs, H. F. "r[;n,:." G. Johannes Botterweck, H. Ringgren, and Heinz-Josef Rabry (ed.), *Theological Dictionary of the Old Testament(TDOT)* vol. IX. Grand Rapids, Cambridge: William B. Eerdmans Publishing Company, 1998, 474-485.

Goppelt, L. Typos: The Typologival Interpretation of the Old Testament in the New, 최종태 역.『모형론: 신약의 구약해석』서울: 새순출판사, 1989.

Overman, J. A. *Church and Community in Crisis – The Gospel according to Matthew*, Vallley Forge: Trinity Press International. 1996.

Schneemelcher, W., Eduard Lohse, W. v. Martitz, E. Schweizer. "ui`oj." G. Kittel, G.

Friedrich (ed.) *Theological Dictionary of the New Testament(TDNT)* vol. VIII. Grand Rapids: Wm. B. Eerdmans Publishing Company, 1995, 334-397.

Eduard Schweizer, *Das Evangelium nach Matthäus*, 한국신학연구소번역실 번역.『마태오복음』. 서울: 한국신학연구소, 1976.

Senior, D. *Matthew*, Nashville: Abingdon Press, 1998.

Stuart, D. *Hosea-Jonah*, Word Biblical Commentary, vol.31, Waco: ord Books, 1987.

Taiji Kimura. *Meiga No Iibun*, 박현정 옮김.『처음 읽는 서양 미술사』. 파주: 휴머니스트출판그룹, 2007.

Richard Viladesau, Theological Aesthetics: God in Imagination, Beauty and Art, 손호현 옮김.『신학적 미학: 상상력, 아름다움, 그리고 예술 속의 하나님』. 서울: 한국신학연구소, 2007.

Weaver, D. J., "'Thus you will know them by their fruits': The Roman Characters of the Gospel of Matthew." John Riches and David C. Sim (ed.), *The Gospel of Matthew in its Roman Imperial Context*. London, New York: T & T Clark International, 2005.

Wheelock Jr., A. K., Woollett, A. T. and Sutton, P. C. *'Rembrandt's Apostles*. San Diego: Timken Museum of Art, 2005.

Westermann, M. *Rembrandt*. London: Pheidon Press, 2000.

7 김기창의「요한에게 세례 받음」과 미학적 성경주석

강승일, "소위 '빈 공간 무형상주의'에 대한 도상학적 연구",「구약논단」제27권 1호, 통권 79집 (2021.3), 282-306.

김기창,「예수의 생애」, 서울: 경미문화사, 1978.

김주환, "에스겔의 닫힌 입과 열린 입에 관한 묘사가 가진 함의",「구약논단」, 제27권 1호, 통권 79집 (2021.3), 36-60.

김의원, "제사장 위임식에 관한 연구(레위기 8장)",「신학지남」통권 제260호 (1999. 9), 44-72.

오주석,「한국의 미 특강」, 서울: 솔출판사, 2003.

이연호, "한국인이 그린 예수상", 「신앙세계」, 통권 261호 (1990.4), 131.

_____, "그리스도의 책형, 병자를 고치는 예수 - 한국기독교미술감상 3 / 운보 김기창 화백", 「월간목회」 통권 235호 (1996.3). 248.

조경철, 「마태복음 (1)」, 대한기독교서회 창립 100주년 기념 성서주석 31-1, 서울: 대한기독교서회, 1998.

최경우, "한복 속에 숭고하게 표현된 기독의 생애", - 김기창, 「예수의 생애」, 서울: 경미문화사, 1978, 8-9.

최석조, 「신윤복의 풍속화로 배우는 옛 사람들의 풍류」, 파주: 아트북스, 2001.

Achtmeier, P. J., Green, J. B., and Thompson, M. M., *The New Testament: Its Literature and Theology*, 소기천, 윤철원, 이달 옮김, 「새로운 신약성서개론」, 서울: 대한기독교서회, 2004.

Albright, W. F. and Mann, C. S., *Matthew*, Anchor Bible(AB), vol. 26, New York: Doubleday & Company, 1982.

Allen, W. C., ST. Matthew, The International Critical Commentary(ICC), vol. 23, Edinburgh: T. & T. Clark, 1972.

Bultmann, R., *Theologie des Neuen Tesaments*, 허혁역, 「신약성서신학」, 서울: 성광문화사, 1991.

Clarke, H., *The Gospel of Matthew and its Readers*, Bloomington, Indianapolis: Indiana University Press, 2003.

DeVries, S. J., *1 Kings*, WBC. vol. 12, Waco: Word Books Publisher, 1985.

Dunn, J. D., *Jesus and the Spirit*, Grand Rapids: William B. Eerdmanns Publishing Company, 1975.

Gundry, R. H., *Matthew*, Wm. B. Eerdmans Publishing Company, 1982.

Hartly, John E. *Leviticus*, vol. 4, Dallas: Word Books Publisher, 1992

Jeremias, J., *New Testament Theology*, 정충하역, 「신약신학」, 서울: 새순출판사, 1990.

Keener, C. S., *Matthew*, Downer Grove, Leichster: Inter Varsity Press, 1997.

McManigal, D. W., *A Baptism of Judgment in the fire of the Holy Spirit*, JSNTS 595; London etc.: t&tclark, 2019.

Andrew S. Malone, *God's Mediators-A biblical theology of priesthood*, Downers Grove: IVP, 2017.

Milgrom, J., *Leviticus 1-16*, The Anchor Yale Bible. vol. 3, New Heaven, London: Yale University Press, 2009.

Montgomery, A. J., *The Books of Kings*, ICC. vol. 6, Edinburgh: T. & T. Clark, 1976.

Morris, N., *The life of Jesus*, 김경은 옮김, 「예수님의 일생」, 서울: 가톨릭출판사, 2003.

Neusner, J., Green, W. S., Frerichs, E. S., (ed.), *Judaism and Their Messiahs at the Turn of the Christian Era*, Cambridge: Cambridge University Press, 1993.

Neville, R. C., *Symbols of Jesus*, Cambridge: Cambridge University Press, 2001.

Rauch, A., "Renaissance in Italy", Barbara Borngässer, Alexander Rauch, Uwe Geese (ed.), *Renaissance*, Bath, New York: Parragon Books, 2009.

Salmi, M., "1. The Italian Renaissance / Renaissance", *Encyclopedia of World Art* (=EWA) XII, New York, Toronto, London: McGraw-Hill Book Company, 1966, 1-121.

Smalley, S. S., *1,2,3 John*, WBC vol. 51, Waco: Word Books Publisher, 1984.

Sweeney, M. A., *The Prophetic Literature*, 홍국평 옮김, 「예언서」, 서울: 대한기독교서회, 2015.

https://commons.wikimedia.org/wiki/File:The_Baptism_of_Christ_(Verrocchio_%26_Leonardo).jpg#/media/File:The_Baptism_of_Christ_(Verrocchio_&_Leonardo).jpg.

https://commons.wikimedia.org/wiki/File:Piero_della_Francesca_Battesimo_di_Cristo_(National_Gallery,_London).jpg?uselang=en-gb.

*검색어: 예수의 세례 받음, 제사장 위임식, 기름부음, 미학적 성경주석

7. Abstract

Aesthetic Biblical Interpretation on 「Baptism of Christ」 - A Study for Unbo Kim Ki-Chang's 「Baptized by John」 and Relating texts(Matt. 3:3-17, Lev. 8:6, 12).

Kim Jin Myung, Th. D
Professor, Department of OT Theology
                    Presbyterian University & Theological Seminary

This paper is a study for interdisciplinary dialogue between art and biblical theology using the commentary methodology of Aesthetic Biblical

Interpretation'. First of all, it was examined how the textual understanding of this 'Baptism of Jesus' was achieved from the artist's point of view in Unbo Kim Ki-Chang's work, 「Baptized by John」. The methodology of iconography was used for the interpretation of his Korean style painting. The next step was to conduct an exegetical study of the text for the "Baptism of Jesus" in Matthew 3 and the "Old Testament-related texts" as the background, using the result of the interpretation of Unbo's work as a clue.

The main text of the New Testament that this paper focuses on is Matthew 3:13-17. Unbo introduced this text as a background text linked to the work 「Baptized by John」. Therefore, the study of 'Aesthetic Biblical Interpretation' began with discussion of this text. In this process, through the work of analyzing and comparing the New Testament linked to the picture and the related texts of the Old Testament as the background, an interpretation of the possibility of linking the "priest commitment ceremony" (Lev. 8) as the Old Testament background of the "Baptism of Jesus" was proposed.

*Key Words: Baptism of Jesus, priest commitment ceremony, anointing, aesthetic biblical interpretation

8. 한국어번역

본 연구는 '미학적 성경주석'의 방법론을 사용한 미술과 성서신학의 간학문적 대화를 위한 연구로서, 운보 김기창의 작품 「요한에게 세례 받음」에 반영된 본문해석의 내용을 도상학적으로 파악하는 작업을 통해, 우선 예술가의 관점에서 '예수의 세례 받음' 기사에 관한 본문 이해가 어떻게 이루어졌는지 고찰하였다. 다음 단계는 그 해석의 결과를 단서로 마태복음 3장의 '예수의 세례 받음' 기사의 본문과 그 배경이 되는 '구약 관련 본문들'에 대한 주석적 연구를 진행하였다. 본 논문에서 중점적으로 다루게 된 신약본문은 마태복음 3장 13-17절이다. 운보는 이 본문을 「요한에게 세례 받음」이라는 작품과 연결된 배경 본문으로 소개하였다. 그림과 연결된 신약과 그 배경이 되는 구약의 관련 본문들을 분석하고 비교하는 작업을 통하여, 본 논문은 '예수의 세례 받음' 기사의 구약적 배경으로서 레위기 8장의 '제사장 위임식'의 연결 가능성에 대한 해석을 제안하였다.

9. 한국어요약문

본 논문은 '미학적 성경주석'의 방법론을 사용한 미술과 성서신학의 간학문적 대화를 위한 연구의 결과이다. 운보의 「요한에게 세례 받음」에 반영된 본문해석에 대한 도상학적 연구와 마 3:13-17의 '예수의 수세'기사와 '구약관련 본문들'의 주석적 연구로 구성되었으며, 이를 통해 '세례'(마 3장)기사의 구약적 배경으로서 '제사장 위임식'(레 8장)의 연결 가능성에 대한 해석을 제안하였다.

9 하나님의 긍휼을 품다 : 이연호의 실천적 작품세계

이연호, "안악에의 향수", 『새가정』, 1976.8.9
이연호, "숨겨 놓은 작은 찬송가", 『새가정』, 1977.7
이연호, "아버지와 나로 인해 고난 길 가신 어머니", 『새가정』, 1991.12
이연호, "나의 나 된 것은 하나님 은혜", 『기독공보』, 1996.2.24
이연호, "산기도를 시작했던 어린 시절", 『기독공보』, 1996.3.2
이연호, "사람 낚는 어부로 만드시고", 『기독공보』, 1996.3.16
이연호, "학창시절의 우여곡절", 『기독공보』, 1996.3.30
이연호, "빙교당한 지하운동 주모자", 『기독공보』, 1996.4.6
이연호, "새로운 인생을 꿈꾸는 기간으로", 『기독공보』, 1996. 4.27
이연호, "빈민촌서 만난 걸식소년 H", 『기독공보』, 1996. 5.11
이연호, "감사함이 넘쳐흐르고…", 『기독공보』, 1996.6.9
이연호, "한강변에 교회와 병원을 세우고", 『기독공보』, 1996.7.13
이연호, "주의 은혜 속에 한 평생을, 『기독공보』, 1996.8.24
이연호, "새벽기도회의 의의와 방법", 『복된 말씀』, 1974.7
이연호, "꾸부러진 화젓가락", 『사랑』, 1947.4
이연호, "아직도 미치지 못하고", 『기독교 신문』, 1946.4.10
이연호, "기독교와 미술", 『기독교사상』, 1986.12
이연호, "사명을 다하기 전에는 죽지 않는다", 『월간목회』, 1995.10
Ye Yun-Ho art work Exhibition (San Francisco Theological Seminary, 1989)

유경숙, 『이연호의 작품 세계와 비평 연구』, 안동대학교 교육대학원 석사학위논문 (미발간), 2004
김인수, "이연호 목사", 『기독공보』, 2003.10.4
백명자, "수채화처럼 살다간 고 이연호 목사", 『기독공보』, 1999.2.27
심지, "성치 않은 삶 그려온 이연호 목사", 『새가정』, 1991.6
유동식, "예술에 산 목회자 이연호", 『기독교 사상』, 1997.5
유동식, 최종고, 『화가 목사 이연호 평전』, 서울: 한들출판사, 2014
박형성, "민중미술에 한평생 바친 실천신학자", 『현대종교』, 1989.6
서성록, 『박수근』, 서울: 도서출판 재원, 2002
서성록, "한국근대미술연구", (미발간책자)
서성록, "재난의 미술; 14세기의 흑사병에서 21세기의 난민 사태까지", 『한국 기독교 미술의 실천과 과제1』, 아트미션, 2020
조선일보, "이연호" 1955.10.14
이명의, "하나님과 미술을 사랑한 청빈한 종", 한국 기독교 미술인 협회 회보(창간호), 2004
이석우, "예술과 신앙의 행동인-화가 목사 이연호: 행적과 그 방향을 중심으로", 『한국 현대 기독교 미술 50년』, 한국기독교미술인협회, 2015
"Presbyterian in a Packing Case", 『TIME』, 1948.2.16
"A Letter from the Publisher", 『TIME』, 1948.5.24
"A Letter from the Publisher", 『TIME』, 1950.11.27
"A Letter from the Publisher", 『TIME』, 1950.12.1
"The Eyes of Ye Yun Ho", 『TIME』, 1953.3.23

기독교 미술 이야기 **여섯 개의 시선**

2021년 7월 28일 1판 1쇄 펴냄

기획	한국기독교미술인협회
지은이	라영환, 서성록, 손수연, 김진명, 안용준, 유경숙
펴낸곳	도서출판 예수전도단
	그레이스 미디어(주)
출판 등록	1989년 2월 24일(제2-761호)
주소	서울특별시 관악구 신림로7나길 14
전화	02-6933-9981 · 팩스 02-6933-9989
이메일	ywam_publishing@ywam.co.kr
홈페이지	www.ywampubl.com

ISBN 978-89-5536-613-6

책값은 뒤표지에 있습니다.
잘못된 책은 바꾸어 드립니다.